Konzepte der Humanwissenschaften

Frederick S. Perls
Patricia Baumgardner

Das Vermächtnis der Gestalttherapie

Klett-Cotta

Verlagsgemeinschaft Ernst Klett Verlag –
J. G. Cotta'sche Buchhandlung
Aus dem Amerikanischen übersetzt von
Peter Kalkowski (Buch I) und Hanfried Blume (Buch II)
Die Originalausgabe erschien 1975 unter dem Titel
"Gifts from Lake Cowichan/Legacy from Fritz"
im Verlag Science & Behavior Books, Inc., Palo Alto

Printed in Germany
Umschlag: Klett-Cotta-Design
Gesetzt in der 10 Punkt Century
von Hans Janß, Pfungstadt
Gedruckt auf säurefreiem und holzfreiem
Werkdruckpapier
und gebunden von Wilhelm Röck, Weinsberg

CIP-Titelaufnahme der Deutschen Bibliothek

Perls, Frederick, S.:
Das Vermächtnis der Gestalttherapie / Frederick S. Perls ;
Patricia Baumgardner. Aus d. Amerikan. übers. von Peter
Kalkowski (Buch I) u. Hanfried Blume (Buch II). – Stuttgart :
Klett-Cotta, 1990
(Konzepte der Humanwissenschaften)
Einheitssacht. : Gifts from Lake Cowichan <dt.>
ISBN 3-608-95662-X
NE: Baumgardner, Patricia.

Inhalt

Vorwort

Der Titel dieses Bandes *(Legacy from Fritz)* ist für mich von besonderer Bedeutung. Im Dezember 1969, zu einer Zeit, während der Fritz einen gesundheitlich sehr guten Eindruck auf mich machte, sagte er, er habe das Gefühl, sich auf dem Höhepunkt seines schriftstellerischen Schaffens und seiner Lehrtätigkeit zu befinden. Er unterschrieb einen Vertrag mit Science und Behavior Books, um ein Buch bzw. mehrere Bücher über seine Philosophie und seine Praxis der Psychotherapie zu verfassen. Er bat mich, Transkriptionen von den Vorträgen vorzubereiten, die er einige Monate zuvor in Cowichan gehalten hatte. Cowichan ist eine Kleinstadt an einem Binnenseee, fünfzig Meilen von der Stadt Victoria auf der Vancouver Insel entfernt, die zu British Columbia gehört. Fritz ging 1969 dorthin, um eine Gestalt-Gemeinschaft aufzubauen. Er wollte ein Zentrum ins Leben rufen, um Therapeuten die Gelegenheit zu geben, dort für mehrere Monate zu wohnen und zu studieren. Er spürte damals, daß östliches Gedankengut in diese Vorträge Eingang gefunden hatte. Er wollte auch Transkriptionen von seinen Filmen anfertigen lassen, denn er war davon überzeugt, daß, wenn man sich nur intensiv genug mit den Transkriptionen der Filme beschäftigte, diese eine sehr fruchtbare Ausgangsbasis für außerordentlich interessante Entdeckungen abgeben würden. Er übergab mir dann auch ein Manuskript mit der Bitte, es durchzusehen, und deutete an, daß er einige der darin aufgezeichneten Ideen weiterverfolgen wollte. Während dieser Zeit traf Fritz Vorbereitungen, um nach Cowichan zurückzukehren, wo er seine verschiedenen Projekte zusammenführen und verwirklichen wollte.

Einige Monate später starb er, ohne jemals zum Cowichan See zurückgekehrt zu sein. Ich stand damit vor der Frage, was ich mit dem sehr umfangreichen Material machen sollte. Ich schickte es John Steven und Joen Fagen, aber diese beiden talentierten Leute hatten keine Zeit, weil andere Aufgaben sie in Anspruch nahmen.

Der erste Band kam dann verhältnismäßig unkompliziert zustande. Das Manuskript bedurfte nur geringfügiger redaktioneller Arbeit und erschien unter dem Titel *The Gestalt Approach and Eye Witness to Therapy* (dt.: *Grundlagen der Gestalttherapie*, ^{6}1985).

Der zweite Teil des Buches enthielt Transkriptionen von Filmen. Die meisten Gestalthistoriker gehen davon aus, daß es vor Fritz' Aufenthalt in Esalen geschrieben und später nur leicht überarbeitet worden ist.

Ich stand dann vor dem nicht gerade leicht zu bewältigenden Problem, was ich nun mit dem Rest des mir anvertrauten Materials machen sollte. Eine glückliche Lösung ergab sich dann gleichsam wie von selbst, als ich mehrere Reden von Patricia Baumgardner hörte, in denen sie all das Wesentliche zusammenfaßte, was sie von Fritz während der letzten drei Monate in Cowichan gelernt hatte. Pat hat sich einen sehr lebendigen Eindruck von ihrer Zeit mit Fritz bewahrt. Nach seinem Tod wurden seine Lehren zur Basis ihrer Arbeit. Ich hatte öfter die Gelegenheit, an Pats Therapiegruppen teilzunehmen und auch zu beobachten, wie sie sich in ihrer Familie bewegte. So konnte ich mich aus erster Hand davon überzeugen, daß sie tatsächlich praktiziert, was sie lehrt. Sie hat selbst eine Menge therapeutischer Erfahrungen gesammelt. Ich konnte feststellen, daß es sich bei den Veränderungen, die ihre Patienten durchmachten, weniger um dramatische, sondern eher um vorübergehende Veränderungen handelt, die eben – wie ich vermute – für Wochenend-Workshops charakteristisch sind. Entscheidend ist jedoch, daß diese Veränderungen in eine Therapie integriert werden und diese fördern.

Pat hat ihren ausgezeichneten Beitrag zu diesem Buch 1974 geschrieben. Beim Rest des Buches hat der Herausgeber Richard Bandler die gleiche Sorgfalt walten lassen wie bei *The Gestalt Approach*. Richard Bandler hat zusammen mit John Grinder zwei Bände mit dem Titel *Structure of Magic* (dt.: *Struktur der Magie*, 1981/82) verfaßt. In diesen Büchern geben sie einen Überblick über die Arbeit von Fritz Perls sowie über diejenige von Virginia Satir und Milton K. Erickson.

Der hier vorgelegte Band löst die Aufgabe ein, mit der mich Fritz betraut hat.

Robert S. Spitzer, M. D.
Herausgeber

Buch I
Vermächtnisse vom Cowichan See
(Patricia Baumgardner)

Dank

Ich möchte all meinen Freunden herzlich danken, mit denen ich therapeutisch gearbeitet habe und die sich bereit erklärt haben, mir für dieses Buch einige Ausschnitte aus ihren je individuellen Reisen durch die Psychotherapie zur Verfügung zu stellen.

Vorbemerkung der Autorin

Frederick S. Perls (genannt Fritz) lebte stets in der Gegenwart. Auch wenn er in Erinnerungen an die Vergangenheit eintauchte oder sich Phantasien über die Zukunft hingab, blieben das für ihn immer Erfahrungsdimensionen der unmittelbaren Gegenwart. Manchmal schreibe ich in der Gegenwartsform, weil ich Fritz in meiner Erinnerung höre und sehe, als stünde er in diesem Augenblick vor mir.

An Fritz

Fritz, dieses Buch schreibe ich fünf Jahre nach dem Herbst des Jahres 1969, den wir zusammen am Cowichan See verbrachten. Für mich waren das fünf Jahre, in denen sich meine Wahrnehmung entfaltet hat und während derer ich auf außergewöhnliche Weise mit dem Leben anderer Menschen in Berührung gekommen bin. Möglich wurde das aufgrund jener Monate, die wir miteinander verbracht haben. In diesem Augenblick bin ich mir nicht vieler unbewältigter Aufgaben aus jener Zeit unseres physischen Zusammenseins bewußt.

Mir ist sehr daran gelegen, dir zu erzählen, was ich seitdem gelernt habe. Das, was du mir gegeben hast, ist zu einem physischen Bestandteil von mir geworden. Mein Körper ist jetzt wärmer und ruhiger. Das, was du mir gegeben hast, überlebt in meinen Gefühlen, die in zunehmendem Maße freier fließen. Meinen Stolz, den du mir erstmals deutlich vor Augen geführt hast, habe ich immer noch nicht aufgegeben. Ich habe aber auch nicht mehr das Gefühl, daß er mich aussichtslos gefangenhält. Ich kenne keinen besseren Weg, der zu fruchtbarer Arbeit und zu Entfaltung führt, als den, den du mir eröffnet hast.

Ich habe das Gefühl, daß es mir noch nicht gelungen ist, mein Gleichgewicht zu finden. Du hast in den letzten Monaten deines arbeitsreichen Lebens Therapeuten trainiert und sie darauf vorbereitet, das von dir ins Leben gerufene Workshop-Center zu verlassen, um andere Frauen und Männer mit der von dir entwickelten Therapie vertraut zu machen. Du hast uns von Orten auf der ganzen Welt berichtet, an denen man nach Vortragsrednern und Therapeuten verlangte. Du hast auch mich gefragt, ob ich Interesse daran hätte, nach Boston zu gehen und dort zu lehren und zu arbeiten.

Du hast mir viel von dir gegeben. Immer wieder von neuem und stetig hast du mit mir gearbeitet – du hast mich sogar geweckt und zum Arbeiten angehalten, wenn ich mich in mein Vermeidungsverhalten zurückzog, bis ich schließlich eines Abends meine Kontrollversuche einstellte und entdeckte, daß ich trotzdem überleben kann. Ich ging nicht nach Boston noch an irgendeinen anderen Ort. Ich begab mich vielmehr zurück nach Hause, um in Ruhe meine therapeutischen Ziele zu verfolgen. Über mein eigenes Leben und meine eigene Arbeit hinaus habe ich wenig dazu beigetragen, anderen die Ergebnisse deiner Arbeit zu vermitteln.

So habe ich in meiner Passivität gelebt, doch gleichzeitig drängte es mich, etwas zu unternehmen, um all das, was du mir gegeben hast, nicht nur jenen mitzuteilen, die in meine Praxis kommen.

Fritz, jetzt schreibe ich es nieder. Ich habe den Eindruck, daß dabei eine sehr persönliche und voreingenommene Variante einer Einführung in die Gestalttherapie herausgekommen ist. Ich habe darin nicht die Gesamtheit der Erfahrungen festgehalten, die ich im Zusammensein mit dir gemacht habe. Ebensowenig habe ich all das niedergeschrieben, was ich von dir gelernt habe. Ich habe mich vielmehr auf das konzentriert, was für mich besonders bedeutungsvoll war, was für die praktische Arbeit von Nutzen sein kann und neue Perspektiven eröffnet. Du hast sehr viel mehr gegeben und getan, als ich hier würdigen kann. Ich hoffe, daß diese Einführung, die einige meiner Erinnerungen an dich enthält und einige Erfahrungen, die ich im Zusammensein und bei der Arbeit mit dir gemacht habe, etwas zur Herstellung jenes seelischen Gleichgewichts beiträgt, von dem ich vorhin gesprochen habe. Ich hoffe, daß die Leute dadurch, daß ich ihnen etwas von meinen Erfahrungen berichte, einen Zugang zu dir finden werden.

An den Leser

Die Gedanken, die ich jetzt weitergeben möchte, fassen Erfahrungen zusammen, die ich mit Fritz gemacht habe. Sie beschäftigen sich aber auch mit späteren Ereignissen. Sie reflektieren den Prozeß meiner Auseinandersetzung mit diesen Erfahrungen und stellen nicht zuletzt den Versuch ihrer Verarbeitung dar.

Vor einigen Monaten habe ich zunächst nur im Kopf und dann auf dem Papier einige der Ideen zusammengetragen, die aus der jetzt vier Jahre zurückliegenden Zeit stammen, die ich gemeinsam mit Fritz verbracht habe. Diese Gedanken kreisen um die für mich wichtigsten Entdeckungen, die ich im Bereich der Psychotherapie gemacht habe – als Schülerin von Fritz auf der Vancouver Insel, aber auch in der Zeit davor, als Fritz noch in Esalen war, und in den Jahren seit 1969. Was ich während dieser bewegten Zeit zu Papier gebracht habe, erscheint mir heute selbst etwas eigenwillig, wenn ich an die Zukunft denke und daran, daß ich auch weiterhin von Fritz lernen werde.

Ich habe versucht, Erfahrungen und Gedanken, die für den therapeutischen Prozeß von Bedeutung sind, möglichst gut in Worte zu fassen. Es geht dabei um Gedanken, die meines Erachtens grundsätzlicher Art sind, aber auch praktischen Wert haben. Sie setzen sich mit dem Verhalten des Therapeuten und den Perspektiven seiner Arbeit auseinander.

Fritz' Konzept und dessen theoretische Struktur sind gut dokumentiert. Es ging mir nicht darum, zu dieser Literatur noch etwas hinzuzufügen. Meine Absicht war es vielmehr, mein eigenes Wissen und eine Auswahl der Erfahrungen mitzuteilen, die ich im Rahmen meiner therapeutischen Praxis gesammelt habe. Therapeutisches Handeln heißt für mich, das Fließen meines gesamten Prozesses zuzulassen, so daß ein Mensch, der mit mir zusammen ist, das Wagnis eingehen kann, einen neuen Weg zu beschreiten. Die Entdeckungen, die ich zusammen mit Fritz gemacht habe, habe ich vor allem für meine Töchter Christine und Anne niedergeschrieben – die sich auch mit Gestalttherapie beschäftigen und in zunehmendem Maße den Gestalt-Weg leben – sowie für eine kleine Gruppe von Freunden, die zusammenkommen, um gemeinsam weiterzuarbeiten, und dabei immer wieder feststellen, daß Fritz nach wie vor unter uns ist.

Außer an die Freunde aus meiner Umgebung denke ich aber auch an diejenigen, für die die Gestalttherapie ein besonderes Versprechen enthält, die aber nicht die Gelegenheit hatten, Fritz oder irgend jemanden aus seiner näheren Umgebung kennenzulernen. An meiner Erfahrung, die mit Fritz begonnen und die er tiefgreifend beeinflußt hat, möchte ich vor allem die Menschen teilhaben lassen, die sich in irgendeiner Weise der existentiellen Therapie verbunden fühlen und ihrerseits mit Menschen arbeiten, die zwar gesund sind, aber auf dem Weg zu Ganzheit und Kreativität in Schwierigkeiten geraten bzw. zum Stillstand gekommen sind. Für Menschen, die etwas für ihre Entwicklung tun wollen, ist die Gestalttherapie eine Quelle, die sie auf einer fundamentalen Erfahrungsebene darauf aufmerksam macht, daß sie das Dilemma, in dem sie sich befinden, weithin selbst herbeigeführt haben und daß sie folglich auch den Schlüssel für ihre Weiterentwicklung selbst in den Händen halten.

1 Vermächtnisse vom Cowichan See

Die Gestalttherapie widmet sich dem Menschen in einer Weise, die – um es mit Kierkegaard zu sagen – es ihm ermöglichen soll, in der Kraft verankert zu sein, die ihn konstituiert. (1)

Gestalttherapie ist eine existentielle Therapie, die sich in der Tradition Kierkegaards mit solchen Problemen beschäftigt, die aus unserer Furcht entstehen, Verantwortung für das zu übernehmen, was wir sind und was wir tun.

Fritz Perls hat einen therapeutischen Prozeß entwickelt, der im Idealfall auf vorgefertigte Konzepte verzichtet. Er unterscheidet »reden über« und moralische Grundsätze vom Prozeß der Therapie. Statt mit eigenen Hypothesen oder mit den Erklärungsansätzen zu arbeiten, die der Patient bereithält, sieht Fritz unsere Aufgabe in der Auseinandersetzung mit dem, was ist, und dem beobachtbaren Verhalten, das das Phänomen ausmacht, mit dem wir uns beschäftigen. Nachdem sie diese Unterscheidung getroffen hat, wendet sich die Gestalttherapie dem zu, was wir erfahren, statt dem, was wir darüber denken. Das bedeutet, daß der Gestalttherapeut eine bestimmte Situation schaffen muß. Er selbst wird dabei zu einem Katalysator, der dem Patienten zu einem Bewußtsein von dem verhilft, was in diesem Moment geschieht. Das erreicht er auch dadurch, daß er die vielfältigen Ausweichversuche des Patienten frustiert.

Als Grundlage seines eigenen Entwurfs führt Fritz die Idee der »Gestalt« ein, der wiederum zwei Besonderheiten eigen sind: Vollendung oder Ganzheitlichkeit und Figur. Die Gestalt selbst nennt Fritz die »höchste Einheit der Erfahrung«. Da die Art, in der wir uns selbst erfahren, weithin physischer Natur ist, hängt sie davon ab, wie wir unseren Körper wahrnehmen. Körperliche Bedürfnisse, unvollendete Situationen und deren Zusammenhang sind in diesem Konzept von grundsätzlicher Bedeutung. Findet das Bedürfnis durch den Austausch mit der Umwelt, im gegenseitigen Nehmen und Geben seine Befriedigung, ist die Gestalt vollendet und die Situation beendet. Die Wahrnehmung des Bedürfnisses nimmt dann ab und erlischt. Die Aufmerksamkeit kann sich auf etwas anderes richten. Der Organismus ist offen für eine andere unvollendete Situation und für jene Energie, die sich mit diesem neuen Anspruch entfalten wird.

Das Ziel der Psychotherapie ist es, jene Teile, die der Persönlichkeit verlorengegangen sind, wiederzuentdecken. Abgeleugnete Erfahrungen und Aufgaben können wieder zugänglich gemacht werden. Dieser Prozeß der Wiederaneignung, der Reintegration und Wiederentdeckung von Erfahrung ist das Aufgabengebiet der Psychotherapie. An dem Prozeß der Wiederaneignung von Empfindungsvermögen und von Verhaltensweisen, die der Patient aufgegeben hat und die ihm fremd geworden sind, beteiligt sich der Therapeut so lange, bis der Patient ohne Hilfe sich selbst behaupten und so handeln kann, wie es seiner Person entspricht.

Wir haben es mit Ich-Grenzen zu tun, mit »Ich« und »Nicht-Ich« und damit, wie jemand vor langer Zeit Bestandteile des »Ich« und des »Nicht-Ich« umgewandelt hat. Wir bemerken, daß jemand seine sadistischen Wünsche oder auch nur einen Impuls der Verärgerung nicht wahrhaben will. Wenn er mit einer halben Stunde Verspätung zu einem Termin eintrifft, den wir zuvor miteinander verabredet haben, will er möglicherweise nicht anerkennen, daß er selbst diese Verspätung zu verantworten hat. Er erklärt und glaubt dann schließlich selbst, jemand anders oder die Umstände seien der Grund für das Vermeidungsverhalten, das in seiner Verspätung zum Ausdruck kommt. Der starke Autoverkehr hat ihm dann zum Beispiel seine Autonomie genommen und seine Verspätung verursacht. Oder jemand anders hat ihn durch ein Telefonat aufgehalten. Manchmal ist es auch ein unwiderstehlicher Drang, alles mögliche vor dem Verlassen des Hauses zu erledigen – die »Erziehung« des Klienten, die sich seiner Kontrolle entzieht und die er daher auch nicht selbst zu verantworten hat. »Ich kann's nicht ändern.« Was sich ein Mensch in solchen Fällen versagt und für sich selbst aufgegeben hat, ist häufig die Erfahrung des Erfolgs und der eigenen Wichtigkeit, und manchmal sieht es so aus, als sei jeder Versuch, eine eigene Lebensweise zu verwirklichen, dazu verurteilt, an den Vorstellungen anderer zu scheitern.

Das heißt, wenn wir uns von unseren Ich-Grenzen, unseren Gefühlen und einer unserer Natur entsprechenden Lebensweise abwenden, setzen wir uns unter Druck, erstarren in Strukturen und nehmen Verhaltensmuster an, die nur noch wenig mit dem zu tun haben, was wir wirklich sind. Wenn wir bestimmte Teile von uns aufgegeben haben, sind wir von unserer Energie und Kraft getrennt. Hier führt uns Fritz ins Zentrum, zum Kern der Angelegenheit. Es ist also nicht möglich, große Teile unseres Selbst, d. h. die Lebens- und Handlungsweisen, die unser wirkliches Selbst ausmachen, aufzugeben, ohne daß wir dafür mit einem Verlust an Vitalität bezahlen müßten. Wenn wir ein Gefühl oder einen Handlungsimpuls abweisen, unterbrechen wir das Fließen der Energie, die unser organisches Sein trägt. Fritz weist uns einen Weg, der die Wiederaneignung dieser Energie, dieser verlorengegangenen Kraft ermöglicht: Es kommt darauf an, einen Weg zu finden, der es uns erlaubt, wieder in Verbindung zu treten mit jenen Teilen unseres Selbst, die uns fremd geworden sind. Wir müssen willens sein, die Wahrnehmung, die wir uns verboten haben, wieder zuzulassen und die Gefühle und Verhaltensweisen zu akzeptieren und zu integrieren, die zum »Nicht-Ich« geworden sind.

Die Gestalttherapie bietet uns dafür eine Methodologie. Für ihre Arbeitsweise ist die Unterscheidung zwischen »reden über« und Erfahrungen machen wesentlich. Es ist für uns nichts Ungewöhnliches, daß Patienten zu uns kommen, nachdem sie zum Beispiel fünf Jahre in einer Behandlung waren, die hauptsächlich aus »reden über« bestand. Wenn solche Patienten oft auch einen ganzen Vortrag über ihre Persönlichkeitsstruktur und Pathologie halten können, so bedeutet das nicht, daß sich damit etwas an ihrem Leiden geändert hätte. Immer noch kämpft der Patient gegen sich selbst und steht, pragmatisch gesehen, immer noch ziemlich genau dort, wo er bereits vor fünf Jahren gestanden hatte.* Er weiß alles und versteht wenig. Ein Wissen, das sich in solchen Erklärungen erschöpft, ist nicht genug. Da der Patient mit Hilfe der Therapie seine eigene Stärke erkennen soll, um Selbstvertrauen zu entwikkeln, um aus sich selbst heraus handeln und es mit der Welt aufnehmen zu können, ohne darüber seine eigenen Werthaltungen preiszugeben, müssen wir ihm die Möglichkeit bieten, Erfahrungen zu machen.

Im Gegensatz zu »denken über« bedeutet Erfahrung für mich *in*

---

* Ich will hier nicht behaupten, daß Leute, die mit einer Gestalttherapie begonnen haben, von diesem Schicksal nicht auch ereilt werden können. Besonders wenn die Therapie unterbrochen wird, ist die Rückkehr zu den alten, von Selbstzweifeln geprägten Verhaltensmustern sehr gut möglich.

Kontakt sein; in Verbindung oder in Berührung sein – sowohl mit sich selbst als auch mit der Umwelt. Ich erinnere mich, daß Fritz zu uns sagte: »Wenn ich dem Patienten erlaube, in seinem Kopf zu bleiben, dann muß ich wissen, daß sich damit für ihn nichts ändert.« Die Methodologie der Gestalttherapie besteht darin, immer wieder zu einer relationalen Seinsweise zurückzukehren.

Wir sehen unsere Aufgabe darin, die unechten sozialen Rollen des Patienten zu bestimmen, gemeinsam mit ihm aufzuarbeiten und die Leerstellen in seiner Persönlichkeit zu füllen. Wir setzen uns mit den Rollen des Patienten auseinander, die seine Gefühle austrocknen und ins Leere laufen lassen, weil zwischen ihnen und seinen biologischen Bedürfnissen ein Widerspruch besteht. Die Erfahrung der Leere, das Vermeidungsverhalten des Patienten, jene Bereiche des Lebens, denen er sich nicht stellt, weil er sich den mit ihnen verbundenen Anforderungen nicht gewachsen fühlt, während er zugleich bei anderen alle erdenklichen Fähigkeiten vermutet – all das sind Anzeichen für die Leerstellen seiner Persönlichkeit.

Als ich Fritz bei seiner Arbeit beobachtete, sah ich die stets von ihm betonte Überzeugung bestätigt, daß die Aufgabe der therapeutischen Arbeit tatsächlich in der Auseinandersetzung mit folgenden zwei Phänomenen besteht: mit »faulen« Rollen und leeren Stellen in der Persönlichkeit. Fritz kommt dann auf die Methode zu sprechen, was bedeutet, ständig auf die Wahrnehmung einzugehen, und auf die wichtigsten Werkzeuge, die der Patient mitbringt: seine Stimme und seine Erwartungen während der therapeutischen Situation. Auf diese Weise hat Fritz all das zur Verfügung gestellt und entwickelt, was wir für unsere Arbeit benötigen: das Ziel, die Methode und die Werkzeuge. Seine überragende Leistung bestand darin, daß er die Zusammenhänge zwischen folgenden Phänomenen herausgestellt hatte: den sozialen Rollen und Leerstellen in der Persönlichkeit, der Wahrnehmung, der Stimme und den Erwartungen. Vielleicht war keines von Fritz' Vermächtnissen wichtiger für mich als seine oft wiederholten Zitate: »Maya, Maya, alles ist Spiel.« »Alles ist Spiel, und nur einige Weise wissen das.« Diese Worte, die Fritz sprach, als wir zusammen arbeiteten und lebten, verstand ich um so besser, je mehr ich die Stärke spürte, die von der Integration des Ziels der Gestalttherapie, ihrer Methode und ihrer Werkzeuge ausging. Es ist das »Spiel« des Patienten, das wir in seinem Ausdruck, seinen Wirkungen, seiner Bedeutung und in seinem Verhältnis zum Selbst untersuchen müssen.

Sehen wir uns jetzt zwei zentrale theoretische Argumente an, die die Gestalttherapie im Hinblick auf psychoanalytische Konzepte vorgebracht hat. Fritz betrachtet die Neurose als einen Prozeß des Unachtsamwerdens und einer fortschreitenden Abspaltung von unseren Möglichkeiten infolge der Verweigerung von Erfahrung. Diese mit Freuds Konzept der Repression und Hemmung korrespondierende Auffassung ist das Fundament für das, was Fritz als das Ziel der Therapie betrachtet. Dies besteht in der Aufhebung des repressiven Verhaltens, eines Verhaltens, das uns unachtsam werden läßt. Fritz nimmt eine kritische Revision der Freudschen Theorie vor. Damit verändert er die Grundlagen der Psychotherapie und eröffnet ihr neue Möglichkeiten. Er weist darauf hin, daß Freuds rückwärtsgewandter Erklärungsansatz das selbstzerstörerische Verhalten als Resultat einer frühen destruktiven Erfahrung begreift, die sich im Laufe der Zeit verfestigt hat. Die Frage ist dann, ob wir mit der psychoanalytischen Theorie annehmen, daß ein solches Kindheitstrauma eine fixierende Wirkung hat und unser ganzes späteres Leben beherrscht, oder ob wir davon ausgehen, daß diese Argumentation mit der Zeit in eine Entschuldigung verwandelt worden ist, an die man glauben kann. Fritz gibt uns jedenfalls zu bedenken, daß wir unsere unglückliche Vergangenheit auch hegen und pflegen können; daß wir dazu neigen, uns an unsere unglückliche Vergangenheit zu klammern, weil wir uns weigern, Verantwortung zu übernehmen für unser Handeln und für die Ausbildung eines unabhängigen Verhaltens. Diese Auffassung steht im Gegensatz zu der Freuds, daß wir auf einer infantilen Stufe bleiben, wenn wir hilflos von weit zurückliegenden Ereignissen beherrscht werden. Die Konsequenzen, die sich aus dieser unterschiedlichen Auffassung ergeben, sind für den Therapeuten von grundlegender Bedeutung, denn sie bilden die Voraussetzung für ein von Grund auf verändertes Vertrauen in die Möglichkeiten der Psychotherapie.

Die Gestalttherapie geht davon aus, daß der menschliche Organismus und seine Umwelt, zu der selbstverständlich auch andere Menschen gehören, eine unauflösliche Einheit bilden. Kein Mensch existiert ohne den anderen. Daher richtet die Gestalttherapie ihre Aufmerksamkeit auf das, was sich in biologischer und sozialer Hinsicht zwischen dem Organismus und der Umwelt zuträgt. Die

Wachheit des Körpers ist eine nie verlöschende, vielleicht sogar die primäre Quelle, die dem Patienten zur Verfügung steht, wenn er in Auseinandersetzung mit dem, was ihn umgibt, sich selbst entdeckt. Da sich das gesunde Selbst in einer relativ ungehinderten Weise mit der Welt austauscht, beschäftigen wir uns in biologischer Hinsicht zum Beispiel mit solchen Patienten, die ihre Atmung unterdrücken oder ihrem Körper die Nahrung entziehen; in sozial-emotionaler Hinsicht mit Personen, die sich weigern, zu hören oder andere Menschen zu berühren. Wir versuchen dann herauszufinden, wodurch das Fließen der Energie unterbrochen wurde. Wenn Patienten abmagern oder sich in sich selbst zurückziehen, weil sie ganze Bereiche ihrer Welt von der Erfahrung ausschließen, erscheinen sie uns autistisch, verloren in sich selbst. Wir wenden uns dann diesen Prozessen selbst zu. Wir können sofort damit beginnen, die Art dieser Selbstbeobachtung aufzudecken und uns mit der Wahrnehmung des Patienten auseinanderzusetzen, der er einiges von seiner Energie vorenthält. Zugleich bemühen wir uns um eine Stärkung der Umweltkontakte, die der Patient noch zuläßt.

Während ich über diese Dinge schreibe, die für mich so etwas wie der solide Felsen sind, der die Gestaltstruktur trägt, macht mir die Unzulänglichkeit der Begriffe zu schaffen. Ich kenne keinen Begriff, der in irgendeiner Weise adäquat wäre, um die Person zu benennen, die im Mittelpunkt der Therapie steht. Für mich sind Menschen, die zu uns kommen, um in der Therapie mit uns zu arbeiten, keine »Patienten« oder »Klienten«. Sheldon Kopp scheint mir dem, wie ich darüber denke, noch am nächsten zu kommen, wenn er sie die »Pilger« der Psychotherapie nennt. (2) Der Therapie, wie wir sie in der Tradition der Gestalttherapie kennen, wird mit Sicherheit kein Erfolg beschieden sein, wenn wir unkritisch Anleihen bei der Medizin, beim Geschäftsleben oder bei Erziehungsmodellen machen, indem wir einfach die Rollen und die unterschiedlichen Merkmale von Schülern und Lehrern oder Kranken und Heilern übernehmen. Wenn jemand mit solchen Stereotypen zu uns kommt, weiß der Therapeut bereits, wie er in der weiteren Zusammenarbeit darauf eingehen kann. Mehr als alles andere sind wir im therapeutischen Prozeß Suchende, die nach einer neuen Weise des Seins Ausschau halten. Das Wort, das am besten meine Gefühle für die suchende Person zum Ausdruck bringt, mit der ich in der Therapie arbeite, ist Freund. Wir geben einander wechselseitig. Wenn ich über diese besonderen Freunde schreibe, verwende ich die gebräuchlichen Begriffe Patient und Klient nur deshalb, weil ich dafür kein anderes Wort kenne, das uns allen verständlich wäre. Folgendes hat uns Fritz hinterlassen:

Gestalt:
Eine existentielle Psychotherapie, die sich auseinandersetzt mit dem, was tatsächlich vorhanden ist – mit dem existierenden Phänomen. Ihre Grundlage ist nicht das »reden über« oder das, »was sein sollte«.

Ziel:
Die Wiederentdeckung der Teile, die der Persönlichkeit verlorengegangen sind.

Phänomene, an denen gearbeitet wird:
Soziale Rollen: Verhalten, das im Widerspruch zum natürlichen Prozeß steht.
Leerstellen in der Persönlichkeit: Teile des Selbst, die nicht mehr erfahren bzw. am Ausdruck gehindert werden.

Methode:
Die kontinuierlich auf die Wahrnehmung gerichtete Aufmerksamkeit.

Werkzeuge:
Für die Rollen: die Stimme.
Für die Leerstellen: Vermeidungsverhalten, Ansprüche, die der Patient während der therapeutischen Situation zum Ausdruck bringt.

Die entstehende Gestalt:
Es existiert jeweils nur ein Phänomen zur Zeit. Unbeendete Situationen offenbaren sich durch den Fluß von Hintergrundmaterial in die Vordergrundfigur.

Erfahrung:
Erfahrung ist Kontakt. Mit uns selbst sind wir in Kontakt über unseren Körper und unsere Gefühle. Die Welt erfahren wir durch unsere fünf Sinne.

Körperliche Wahrnehmung:
Sie ist der Schlüssel, um die Schwierigkeiten des Patienten aufzudecken. Unbeendete Situationen und Gefühle, die am Ausdruck gehindert werden, äußern sich in körperlichen Spannungen.

Wahrnehmung

Der entscheidende Grundsatz besagt, daß jeweils nur ein Phänomen zur Zeit im Vordergrund stehen kann. Wenn wir diese fundamentale Voraussetzung akzeptieren, kann unsere Energie recht einfach auf das Zusammensein mit dem Patienten gelenkt werden, indem wir in uns hineinhorchen und fragen, »was geschieht hier?« Das bewahrt uns vor solchen Verwirrungen, denen wir selbst zu erliegen drohen, wenn wir unseren eigenen Deutungen nachjagen, unsere eigenen Maßstäbe anlegen oder wenn wir uns auf irgendeine andere Weise vergeblich abmühen. Es kommt zunächst vor allem darauf an, den Prozeß zu entdecken, der in diesem Moment abläuft und für den Patienten im Vordergrund steht.

Dieser Prozeß des Entdeckens geschieht durch Wahrnehmung, durch unsere eigene Wahrnehmung und durch die des Patienten. Ich möchte jetzt einige Aspekte dieses unausschöpflichen Gegenstandes betrachten, die sich für mich als die Brennpunkte des ganzen Therapiekomplexes erwiesen haben:

- Die Bedeutung des ganz und gar subjektiven Charakters der Wahrnehmung.
- Das Wahrnehmungskontinuum als Medium der Unterscheidung zwischen uns selbst, der Welt und der vermittelnden Zone.
- Wahrnehmung als der Weg, der es erlaubt, das »Wie« des Verhaltens zu verstehen.
- Kontakt und Rückzug.
- Gefühle und Muskeln.

Wahrnehmung ist subjektiv. Uns selbst nehmen wir durch unseren Körper und unsere Gefühle wahr. Ein Bewußtsein von der Welt haben wir, indem wir wahrnehmen, was außerhalb unserer Haut ist, indem wir sehen, hören, fühlen, schmecken, riechen. Die Wahrnehmung eines anderen kann ich selbst nicht wahrnehmen. Zugang habe ich nur zu seinem beobachtbaren Verhalten. Von dem anderen weiß ich nur, was er bereit ist, mich wissen zu lassen. Das ist eine Grenze, die für die Psychotherapie von großer Bedeutung ist. Wieder höre ich Fritz sagen: »Niemals weißt du mehr als die Person auf dem heißen Stuhl.«* Man sollte sich das stets vor Augen halten.

* »heißer Stuhl« (hot seat): in der Gestalttherapie sitzt darauf der Klient, der gerade »arbeitet«; d. Ü.

»Ich weiß niemals so viel wie die Person auf dem heißen Stuhl.« Ich nehme nur jene Bereiche wahr, die jemand meiner sinnlichen Wahrnehmung darbietet. Ich bin darauf angewiesen, daß er mir Zugang gewährt zu der Erfahrung, die er von seinem Körper und seinen Gefühlen hat, daß er mir den Fluß und die Veränderungen mitteilt, die er angesichts der Ereignisse durchlebt, die jeweils für ihn in den Vordergrund treten und dann wieder in den Hintergrund zurückweichen.

Wir sprechen jetzt also von der Selbstwahrnehmung eines anderen Menschen, bei der wir ansetzen, um über das »Wie« der Ereignisse zu einem Verständnis seines ständigen Werdens zu gelangen. Wie empfindet er seinen kontinuierlichen inneren Wandel? Wenn der Patient bereit ist, seine körperliche und emotionale Wahrnehmung zu verbalisieren und für den Moment alle Rationalisierung unterläßt, wird er im Laufe der Zeit eine Reihe von Spannungen entdecken, die auf Situationen verweisen, die er noch nicht abgeschlossen hat. Der Patient äußert »Unbehagen«, und jedes Unbehagen, das nicht durch Krankheit oder ein Trauma hervorgerufen wurde, ist Ausdruck und Ergebnis eines unausgedrückten Gefühls. Der Körper signalisiert uns unseren Unwillen, das zu sein, was wir wirklich sind. Wenn der Patient mitteilt, daß seine Arme angespannt sind oder daß sein Herz heftig schlägt, ermöglicht er uns einen Zugang zu dem »Wie« seiner Selbstverzerrung, und wir können erkennen, auf welche Weise er sich selbst daran hindert, das zu sein, was er ist. Ein Bewußtsein von diesem »Wie« zu entwickeln, ist der erste Schritt auf dem Weg, sich selbst zu finden. Indem wir unsere Aufmerksamkeit darauf richten, wie der Patient sich selbst erfährt, erfüllen wir zugleich die Gestaltmaxime, in der Gegenwart zu arbeiten. Fritz hat hervorgehoben, daß das Gegenwärtigsein im Jetzt darauf beruht, daß wir unsere Aufmerksamkeit und Wahrnehmung miteinander vereinen. Der Gestalttherapeut hält ständig nach Möglichkeiten Ausschau, die ihm einen Zugang zu dem »Wie« der in der Gegenwart ablaufenden Ereignisse eröffnen. Er verfolgt den Wahrnehmungsfluß des Patienten.

Grundsätzlich verlangt diese Aufgabe, daß zwischen zwei Bereichen einer an sich unteilbaren Totalität oder Einheit unterschieden wird: zwischen dem Menschen und seiner Welt. Wir erklären das Wesen und die Eigenschaften jeder der beiden Komponenten, indem wir sie bei unserer Arbeit gegeneinander abgrenzen. Denn im Verlauf des Therapieprozesses verfolgen wir frühzeitig ein bestimmtes Ziel. Es geht darum, sicherzustellen, daß dem Patienten in zunehmendem Maße bewußt wird, wann er sich selbst erfährt, wann er seine Welt wahrnimmt und wann er von seinem Intellekt Gebrauch macht. Dem Patienten dazu zu verhelfen, diese Unterscheidung zu treffen, ist meines Erachtens die Voraussetzung für alles weitere. Er kann einfach nicht weiterarbeiten und vorankommen, solange er nicht zu unterscheiden weiß zwischen dem, was er selbst und was nicht er, sondern das andere bzw. seine Umwelt ist – solange er nicht dazu in der Lage ist, den Unterschied zwischen dem, was wirklich besteht, und seinen Kopfgeburten, seiner Phantasie zu erkennen. Im allgemeinen arbeite ich mit Leuten, die bemerkenswert intelligent sind und sich entsprechend artikulieren können. Aber dennoch habe ich unter jenen, die zu uns kommen und nach einer Therapie verlangen, niemanden getroffen, der nicht noch einiges im Hinblick auf die Unterscheidung zwischen sich selbst, dem Kopf und seiner Umwelt zu lernen gehabt hätte. Sobald jemand erst einmal begonnen hat, diesen Unterschied zu begreifen, weiß er erfreulicherweise auch schon, daß das, was er für sich tun kann, viel mehr ist, als er zunächst vermutet hat.

Wir arbeiten also mit fundamentaler Wahrnehmung: des Selbst, wie es physisch und emotional erfahren wird, und der Welt, wie sie sich durch Sehen, Hören, Fühlen, Riechen und Schmecken erschließt. Die dritte Seinssphäre, den Intellekt, nennt Fritz die vermittelnde Zone bzw. die DMZ (intermediate zone). Er geht davon aus, daß das Denken (»das Operieren mit deinem Computer«) etwas anderes ist als Erfahrungen zu machen, und er fügt hinzu, daß der Intellekt, diese DMZ, die »Hure der Intelligenz« ist, denn die ganze Persönlichkeit ist als Quelle der Intelligenz aufzufassen. Unmißverständlich erklärt Fritz, was seiner Meinung nach bei unserem Zugang zu Informationen den Vorrang hat. Was und wie etwas geschieht, entdecken wir, je nach dem, wo es stattfindet, entweder draußen in der Welt oder in uns selbst, nicht aber in unseren Köpfen, wie es uns erscheint. Wir lernen durch Tatsachen und nicht durch das, was wir uns ausdenken oder vorstellen. Diese Feststellung läuft keineswegs darauf hinaus, intellektuelle Prozesse per se abzuwerten. Sie werden nur insofern relativiert, als sie dazu mißbraucht werden können, uns anderer Quellen des Wissens zu berauben. Freuds Entdeckung der zwischen dem Selbst und der Welt vermittelnden Sphäre und der Bedeutung, die ihr besonders als einer Bühne des Probehandelns zukommt, ist für Fritz vielleicht das entscheidende Freudsche Vermächtnis. Darin, daß Freud das Denken weithin als Probehandeln begriffen hat, stimmt er mit ihm überein. Fritz setzt sich mit den spezifischen Funktionen des Intellekts auseinander: mit dem Denken, Berechnen, Planen, Erinnern, Antizipieren, Phantasieren und eben dem Probehandeln. Wir spielen in Gedanken die Zukunft durch, um zu vermeiden, daß wir die Zukunft leben. Wir verdecken einen anderen Menschen, indem wir zwischen ihm und uns die Erzeugnisse unserer Vorstellung aufrichten. Fritz führt uns als nächstes vor Augen, wie der intellektuelle Prozeß in seiner neurotischen Form arbeitet und Stereotypen, Vorurteile und katastrophische Erwartungen hervorbringt. In dem Maße, in dem wir uns selbst in diese Erzeugnisse verstricken, können wir andere Leute und Ereignisse nicht mehr so sehen und hören, wie sie wirklich sind. In der Therapie setzen wir uns kritisch mit dem intellektuellen Prozeß als einer Seinsweise auseinander, die uns verwehrt, uns zu erfahren, und uns daran hindert, die Welt zu sehen und zu hören. Man kann nur hoffen, daß der Patient frühzeitig im Verlauf der Therapie bemerkt, auf welche Weise er seinen Kopf einsetzt, um seine Erfahrung und Wahrnehmung zu blockieren. Am Cowichan See sagte Fritz, daß das Niveau seines eigenen Wahrnehmungsvermögens, das uns immer wieder in Erstaunen versetzte, allein darauf zurückzuführen sei, daß seine Mittelzone verhältnismäßig wenig verwirrt sei.

Im allgemeinen fangen wir damit an, daß wir dem Patienten dabei helfen, festzustellen, wann er in Kontakt ist und wann er sich zurückgezogen hat; wann er Erfahrungen macht und wann er in seinem Kopf ist. Die grundlegende Methode ist dabei das Wahrnehmungskontinuum – grundlegend nicht nur bei der Einführung des Patienten in die therapeutische Arbeit, sondern auch für sein kontinuierliches Wachstum während und nach der Therapie. Als ich Fritz' Arbeit drei Monate lang täglich beobachten konnte, überraschte es mich, daß er wieder und wieder auf das Wahrnehmungskontinuum zurückkam, und zwar mit außergewöhnlichen Ergebnissen. Dabei fällt mir ein bestimmter Abend ein. Fritz arbeitet mit mir in einer kleinen Gruppe und bedient sich des Wahrnehmungskontinuums, indem er mich auffordert, einen nach dem anderen anzusehen und meine Gefühle zum Ausdruck zu bringen, während ich die Reihe durchgehe. Als ich für einige Momente in jedes der vertrauten Gesichter sehe, empfinde ich sehr viel – Ärger und Sorge einerseits und Freude und Zuneigung anderseits. Fritz beobachtet das und hört zu, sagt aber nichts, während ich jeden einzelnen ansehe und meinen Gefühlen freien Lauf lasse. Er spürt, wie die Gefühle aufsteigen und an Intensität gewinnen. Nachdem ich diesen Prozeß abgeschlossen habe, bemerkt er: »Ihr seht die Kraft dieser Methode.« Die Gefühle, die ich damals hatte und die ich auch heute noch in der Erinnerung habe, bestätigen das.

Die Arbeit mit dem Wahrnehmungskontinuum verlangt vom Patienten, daß er hörbar kundtut, wie er sich selbst wahrnimmt. Dabei sollte er sich eine Zeitlang allein damit auseinandersetzen, wie er sich selbst erfährt. Im Anschluß daran wird er aufgefordert, umzuschalten und über das zu sprechen, was er außerhalb seiner selbst wahrnimmt. Danach lassen wir ihn abwechselnd zwischen sich und der Welt hin- und hergehen. Unterbrochen wird er, wenn er seinen Verstand einschaltet. Es kommt darauf an, ihm die Möglichkeit zu geben, sich selbst zu hören und festzustellen, daß er seine Gefühle und seine Wahrnehmung verlassen hat und im Begriff ist, in die Mittelzone hinüberzuwechseln. Im Workshop oder in der Gruppe wird er gebeten, seine Aufmerksamkeit auf sich selbst zu richten, anschließend auf die anderen, auf jeweils einen zur Zeit, um nach jedem einzelnen zu sich selbst zurückzukehren und festzustellen, wie er sich selbst erfährt, *nachdem* er die anderen wahrgenommen hat.

Wenn der Patient es gelernt hat, den Fluß der Wahrnehmung seines Körpers und seiner Gefühle mitzuteilen, lassen wir ihn nach und nach seine Phantasie hinzufügen, so daß er sich von der Wahrnehmung der Welt über die Vorstellung, die er von der Welt und besonders von anderen Menschen hat, zu seiner inneren Erfahrung hin bewegt. »Ich sehe, daß dein Körper abgewandt und unbewegt ist, während auf deinem Gesicht ein Ausdruck von Verärgerung steht. Ich glaube, daß du verärgert bist. Ich bin beunruhigt.« Während der Patient sich selbst hört, wie er den Prozeß zur Sprache bringt, der ihm Schwierigkeiten bereitet, weil er seinen Intellekt dazu gebraucht, selbstquälerische und angstvolle Vorstellungen zu schaffen, bewegt er sich durch die drei Sphären des Seins. Vergleicht er seine Wahrnehmung mit seinen Vorstellungen, kann er den Unterschied entdecken, und er wird feststellen, daß die Auswahl dessen, worauf er reagiert, großen Einfluß auf sein Verhalten hat.

Anfangs, wenn der Patient seine Augen und Ohren noch nicht von seinem Kopf unterscheidet und wenn er zwischen sich und der Welt noch keinen Unterschied macht, wird er erzählen, daß er Traurigkeit »sieht« oder Scheitern »spürt«. Er »weiß«, daß jemand ihm Vorwürfe machen wird. Was immer seine Vorstellungen sein mögen, er unterstellt sie als gegebene Tatsachen, ohne zu bemerken, daß er sich nur in seiner eigenen Gedankenwelt bewegt und daß er das, was sich außerhalb seiner selbst ereignet, zum großen Teil übergeht. Da ich oft mit Leuten zusammen bin, die am Anfang einer Therapie stehen, fällt es mir leicht, Fritz' Auffassung zu teilen, daß mehr als 90 Prozent eines Geschehens auf Projektion zurückzuführen sind.

Das Wahrnehmungskontinuum ist also das Fundament. Man sollte sich seiner immer wieder bedienen. Wir leiten den Patienten an, sich mit dem Wechsel seiner Erfahrung vom Kontakt zum Rückzug auseinanderzusetzen; mit dem Wechsel zwischen ihm und dem Therapeuten, zwischen ihm und physisch anwesenden Menschen oder auch solchen, von denen er nur annimmt, sie säßen auf einem Stuhl vor ihm. Wenn er sich des ganzen Spektrums seiner Wahrnehmung bedient, wird er dafür in vielerlei Hinsicht belohnt: Er wird seine sinnliche Wahrnehmung in stärkerem Maße einbeziehen, statt mehr oder weniger ausschließlich in seiner Gedankenwelt zu verweilen; statt Erfahrung von vornherein einzuschränken, wird sie bereichert. Er gelangt zu dem einzig sicheren Wissen über sich selbst. Er lernt die grundsätzlichen Fertigkeiten, die er benötigt, um kommunizieren zu können. Ich habe festgestellt, daß es – auch wenn es mich gelegentlich langweilt – notwendig ist, bei der Einführung in das Wahrnehmungskontinuum und unseren ständigen Rückgriffen darauf Geduld walten zu lassen. Es braucht einige Zeit, bis die Menschen in der Lage sind, sich darauf einzulassen und zwischen Erfahrung und Intellektualisierung, zwischen sich selbst und dem anderen zu unterscheiden. Dazu muß der Patient nach meiner Erfahrung erst einmal imstande sein, denn sonst kann er mit dem, was die Gestalttherapie darüber hinaus noch zu bieten hat, kaum etwas anfangen. Wenn er das Wahrnehmungskontinuum erst einmal beherrscht, weiß er, wie er vorzugehen hat. Er hat damit eine Grundlage erworben, die es ihm ermöglicht, Verantwortung für sich selbst zu übernehmen, etwas geschehen zu lassen, immer neue Entdeckungen zu machen und zu kommunizieren.

Fritz sagt: »Vertraue stets auf die sich abhebende Gestalt.« Er geht davon aus, daß mit der Zeit selbst dann etwas auftaucht, wenn der Patient wenig zu erfahren scheint und nichts von sich gibt. Wir müssen nur bereit sein zu warten. Solche Momente des Wartens werden von der Überzeugung getragen, daß ein inneres Fließen von Ereignissen der natürliche Zustand des Menschen ist, daß jeder von uns jederzeit »unfertig« oder in seinen Gefühlen unentschlossen ist und daß das Wesen unseres emotionalen Fließens die Wahrnehmung des Unabgeschlossenen erlaubt.

An dieser Stelle möchte ich darauf hinweisen, daß es wichtig ist, zwischen solchen Patienten zu unterscheiden, die ruhig auf das Auftauchen einer bedeutenden Vordergrunderfahrung warten, und solchen, die unbeweglich in einer ausweglosen Situation verharren. Hat der Patient ein lebendiges Gefühlsleben? Hat er zur Ruhe gefunden oder tötet er seine Gefühle ab, um etwas zu vermeiden? Verhält er sich so, als sei er sich seiner selbst nicht bewußt, während er uns gegenüber allerlei Geschäftigkeit an den Tag legt? Wenn der Patient ein Phänomen, das für uns offensichtlich und deutlich zu erkennen ist, nicht wahrhaben will, können wir etwas Besseres tun als zu warten. Wir können ihm mitteilen, was wir wahrnehmen: »Ist dir bewußt, was deine Hand macht?« Seine Bewußtheit entwickelt sich, indem er seine Aufmerksamkeit dort konzentriert, wo sich seine Energie befindet. Auf diese Weise kann seine Hand ihre Mitteilung machen, und es eröffnet sich die Möglichkeit, das Unabgeschlossene zu bewältigen. Auf die Probleme der Sackgasse und auf das, was der Therapeut in diesem Fall tun kann, werden wir später eingehen. Jetzt geht es mir darum, unsere Wahrnehmung des Patienten so weit zu schärfen, daß wir erkennen können, ob wir es mit jemandem zu tun haben, der sich selber bremst. Im allgemeinen wissen wir dann, ob es besser ist, zu warten oder dem Patienten etwas von unserer eigenen Wahrnehmung mitzuteilen.

Auf die Sequenz von Kontakt und Rückzug möchte ich besonders eingehen. Kontakt heißt, zu irgend jemandem oder zu irgend etwas, das sich außerhalb von einem selbst befindet, eine Verbindung zu haben. Rückzug heißt, von der Welt isoliert zu sein, während man sich in seinen Gefühlen bewegt oder von der Arbeitsweise der DMZ in Anspruch genommen ist. Wenn wir den anderen beobachten, versuchen wir stets in Erfahrung zu bringen, ob er sich autistisch auf sich selbst bezieht oder ob er an den Erscheinungen teilhat, die ihn umgeben. In welchem Rhythmus wechselt er zwischen beiden Bereichen hin und her? Welche Kontakte läßt er zu? Wo hält er sich meistens auf? Kehrt er, nachdem er andere Menschen wahrgenommen hat, zu seinen Gefühlen oder in seinen Kopf zurück? Am Cowichan See erläuterte uns Fritz sein Verständnis von solchen Leuten, die sich, statt sich auf etwas oder jemand anderen zu beziehen, in hohem Maße autistisch verhalten. Er sagte: »Diese Leute haben keine Augen.« Sie projizieren sich in die Welt, versuchen unsichere Situationen zu vermeiden und machen sich zum Mittelpunkt der Aufmerksamkeit. Anstelle der Augen, die ihnen erlaubten, die Welt zu sehen, haben sie Spiegel, um das Bild einfangen zu können, das andere Leute von ihnen haben. Manche Leute, die ihre Augen zugunsten der Selbstbeobachtung aufgegeben haben, scheinen jeden Kontakt abzulehnen, der über das Augenblickliche hinausgeht. Wird ihnen das verwehrt, sondern sie sich ab und ziehen sich in ihre Isolation oder ihre Angstgefühle zurück. Dieses Phänomen beinhaltet, daß diese Menschen ihre Aufmerksamkeit vor allem auf sich selbst richten und daß sie von anderen beachtet und anerkannt werden wollen. Manch einer hält solche Voreingenommenheit sogar für Wahrnehmung. In diesem Fall ist es wichtig, immer wieder zu fragen: »Zu wem sagst du das?« »Mit wem möchtest du zusammensein?« »Gibt es jemanden, dem gegenüber du dies zum Ausdruck bringen möchtest?« Man muß zunächst einmal feststellen, ob der Patient überhaupt bereit ist, einen anderen Menschen an sich heranzulassen. Die Arbeit mit dem Wahrnehmungskontinuum ist ein Beitrag zur Stärkung dessen, was von den Augen und Ohren übriggeblieben ist. Was auch immer das akute Problem eines solchen Patienten sein mag, er ist zu einem gewissen Grad in seiner Selbstsicht gefangen. Die Therapie setzt sich notwendigerweise mit diesem nicht zu übergehenden Aspekt des neurotischen Prozesses auseinander. Wir beginnen damit, dem Patienten zu der Erkenntnis zu verhelfen, daß er seinem Selbstbild verhaftet ist. Das geschieht, indem er auf die für ihn charakteristische Sequenz von Kontakt und Rückzug aufmerksam gemacht wird.

Um herauszufinden, was er vermeidet, müssen wir darauf achten, in welchen Situationen sich der Patient zurückzieht. Wenn er sich dem, was hier und jetzt um ihn herum passiert, nicht gewachsen fühlt, wird er einen Ort in seiner Phantasie aufsuchen, an dem er sich zumindest etwas wohler fühlt. Man muß darauf achten, was sich in der Welt des Patienten abspielt, wenn er sich emotional davonmacht. Es kann durchaus sein, daß er das, womit er nicht konfrontiert werden will, von seiner Wahrnehmung ausschließt. Der Therapeut muß wissen, wann es angebracht ist, an den Gefühlen der Hilflosigkeit zu arbeiten. Wenn man sieht, daß der Patient festgefahren ist und kämpft oder etwas zu vermeiden beginnt, besteht eine Möglichkeit darin, ihn zu bitten, seine Augen zu schließen und in der Phantasie seinen Wünschen nachzugehen. Wenn er von dieser Reise zurückgekehrt ist, können wir den Ort, den er in seiner Phantasie aufgesucht hat, mit der Situation hier und jetzt vergleichen. Vergleicht man, was er hier und dort empfindet, wird ersichtlich, was er vermeidet. Er vermeidet eine bestimmte gegenwärtige Situation, die in ihm ein bestimmtes Gefühl hervorruft. Mitunter ist es notwendig, die Patienten etliche Male dazu aufzufordern, zwischen dem Hier und Jetzt und dem Ort ihres Rückzugs hin und her zu gehen. Erst nachdem sie diesen Prozeß des öfteren wiederholt haben, lassen sie von ihrem festgefahrenen Pfad ab, hören auf wegzurennen und sind zu dem Risiko bereit, sich auf etwas einzulassen. Ich erinnere an eine Frau, die bei Fritz in Behandlung war und Vermeidungsverhalten immer dann erkennen ließ, wenn sie mit den Katastrophenphantasien konfrontiert wurde, die in ihr durch die Erfahrung von Nähe ausgelöst wurden. Lachend und unglaubhaft klingend schien sie abzudriften. Wenn Fritz sie aufforderte, ihrer Phantasie zu folgen, begab sie sich auf ein Segelboot. Die gegenwärtige Situation, der große, hell erleuchtete Raum des Gemeinschaftshauses, in dem sich die ganze Gruppe zur abendlichen Arbeit zusammengefunden hatte, bestand für sie aus »hellen Lichtern – grell, steif und eng«. Auf dem Segelboot fand sie Trost und die Ruhe, die sie von dort aus mitnehmen konnte in das Hier und Jetzt mit seinen Lichtern und Leuten.

Wohlüberlegt bat Fritz die Leute manchmal, bestimmte Dinge zwischen der wirklichen Welt und dem Ort des Rückzugs hin und her zu tragen. Eine Erfahrung, die an einem der beiden Orte ihren Ursprung hat, kann in den anderen mitgenommen werden, und was jemand empfindet, wird dann von der gegenwärtigen Situation auf die Phantasiewelt übertragen oder umgekehrt. Gesten, Gefühle und Begabungen, die einem hier zu eigen sind, können mitgenommen werden in die Welt der Phantasie, um ein vergangenes Ereignis emotional zum Abschluß zu bringen. Gegen Ende unserer Zeit auf der Vancouver Insel arbeitete Fritz eines Morgens mit mir; dabei versetzte ich mich noch einmal in eine Zeit, die einige Jahre zurücklag, die ich aber noch nicht bewältigt hatte. Ich meine den Todestag meines Mannes. Fritz forderte mich auf, meine Liebe, die ich für ihn – für Fritz – empfand, auf meinen Mann zu übertragen. Ich tat, wozu er mich aufforderte, und gewann meinen inneren Frieden zurück. Auf diese Weise gelang es mir, einiges von dem Kummer loszuwerden, der mich seit langem bedrückt hatte.

Zwei weitere Punkte halte ich für wichtig. Der eine betrifft den Kontakt und der andere hat etwas mit Vitalität zu tun. Kontakt enthält immer auch einen gegenteiligen Aspekt – die Isolation. Ich habe noch vor Augen, wie Fritz uns gleichermaßen einen nach dem anderen ansieht und in aller Gelassenheit sagt: »Kontakt heißt Unterschiede anerkennen.« Ich nehme an, er wollte damit auf das Phänomen der Gegensätzlichkeit hinweisen – darauf, daß wir Unterschiede wahrnehmen müssen, wenn wir das andere erfahren wollen. Ich kann einem anderen Menschen nur begegnen, wenn ich mir darüber im klaren bin, daß er »Nicht-Ich« ist, daß wir als voneinander getrennte Entitäten existieren. In diesem Zusammenhang betonte Fritz, daß wir ohne das Moment der Trennung, das dem Kontakt innewohnt, gar nicht von Kontakt sprechen können, sondern allenfalls von einem undifferenzierten Ineinanderfließen (Konfluenz). In einem solchen Fall handelt es sich dann nicht mehr um zwei unterscheidbare Wesen, die sich aufeinander beziehen. Wenn jemand in der Beziehung zu einem anderen Menschen seine Eigenständigkeit aufgibt, beobachten wir vielmehr ein »Mit-Strömen«, Konfluenz; zwei Menschen bewegen sich, als wären sie ein und dieselbe Person.

Wir müssen also darauf achten, mit welchem der beiden Phänomene wir es zu tun haben – mit Kontakt oder Konfluenz. Ein Mensch, der echten Kontakt erlebt, kooperiert. Ohne Kontakt fügt er sich nur. Im ersten Fall erfährt der Patient sich auch weiterhin als vom Therapeuten getrennt, nimmt aber dennoch am Geschehen teil. Er kann sich darauf einlassen. Zumindest in einem erkennbaren Ausmaß reagiert er in Kenntnis dessen, was er fühlt, und handelt dementsprechend. Er selbst tritt in Erscheinung. Im Falle der Konfluenz fügt sich der Patient lediglich. Er unterwirft sich. Oberflächlich betrachtet, scheint er zuzuhören und einzugehen auf das, was sich in seiner Umgebung ereignet, um »bedeutsam« zu sein und Anteilnahme zu zeigen. Doch wenn wir richtig zuhören und hinschauen, stoßen wir darauf, daß diese Fügsamkeit ohne Leben ist. Der Patient bringt nichts Lebendiges ein, das ihn in seiner Einzigartigkeit auszeichnete. Was ihn von anderen unterscheidet, hat er aufgegeben. Dadurch, daß der Patient dem Therapeuten hinterherläuft, ist ihm nicht geholfen. Wir Therapeuten müssen erkennen, daß wir es mit Konfluenz zu tun haben, und wir müssen bei unserer Arbeit an diesem Phänomen daran denken, daß es sich dabei nur um ein vordergründiges Geschehen handelt.

Kontakt ist also eine Voraussetzung für den therapeutischen Prozeß. Das scheint eine triviale Bemerkung zu sein, da Kontakt oder Erfahrung essentielle Bestandteile des Wachstums und des Lebens selbst sind. Wenn wir nicht schon vorher ein Bewußtsein davon haben, werden wir spätestens in der Therapie darauf stoßen, daß die Dinge nicht ganz so einfach liegen und daß wirklicher Kontakt immer auch eine schwierige Aufgabe ist.

Wie kommt Kontakt überhaupt zustande? Zu unterschiedlichen Anlässen trug Fritz seine Gedanken dazu vor: »Wir können Kontakt nicht herstellen. Kontakt findet statt. Wir kommen dadurch miteinander in Berührung, daß wir uns so verhalten, wie wir wirklich sind.« Manche Leute sprechen auch von dem »Bemühen«, sich näherzukommen. Sie haben nicht verstanden, daß Kontakt zugelassen, aber niemals auf Verlangen hergestellt werden kann. Die meisten von uns benötigen einige Zeit, um das zu verarbeiten. Das einzige, was wir für das Zustandekommen des Kontakts tun können, ist, uns dabei selbst nicht im Wege zu stehen. Wenn wir mit dem Wahrnehmungskontinuum arbeiten, wird der Klient sehr bald erfahren, was es heißt, etwas geschehen zu lassen. Erst dann kann er den nächsten Schritt tun. Wenn er nämlich von seinen Bemühungen um Kontrolle abläßt und den Kontakt geschehen läßt, werden seine Kraft und seine Vitalität von neuem sich entwickeln. Damit sind wir wieder bei der Wahrnehmung. Und erneut höre ich Fritz' Stimme, die sagt: »Wahrnehmung ist alles.«

Die Qualität der Vitalität ist Ausdruck dafür, wie die beiden Arten des Kontakts – der Kontakt zu sich selbst und derjenige zur Welt – aufeinanderfolgen. Fritz hat darauf hingewiesen, in welcher Weise die Erfahrung in einem Bereich durch diejenige in einem anderen Bereich belebt werden kann. Betrachten wir jetzt, was das für unser Handeln bedeutet. Wenn der Patient nicht sehen oder hören will, kann er vielleicht mit sich selbst in Kontakt treten. Oder wenn er sich weigert, sich mit seinen Gefühlen auseinanderzusetzen, ist er dann überhaupt dazu bereit, seine Umgebung wahrzunehmen? In jedem Fall kann auch der jeweils andere Prozeß unterstützt werden. Nehmen wir zum Beispiel das Problem der Angst, die am häufigsten anzutreffende Hemmung. Wenn wir den Patienten so weit bringen können, seine Symptome für eine Weile auf sich beruhen zu lassen, und wenn er während dieser Zeit wenigstens etwas von dem sieht und hört, was um ihn herum geschieht, so kann das durchaus schon dazu beitragen, daß er über die Angstbarriere hinausgelangt und zu dem vorstößt, was er fühlt und von seiner Wahrnehmung fernhält. Spürt der Patient Angst, bedeutet das, daß er den Kontakt zu sich selbst verloren hat und nicht wissen will, was er wirklich fühlt. Wir bitten ihn dann, uns mitzuteilen, womit er außerhalb seiner selbst in Kontakt kommt. Wenn er wieder zu sich selbst zurückkehrt, nachdem er erzählt hat, was er sieht und hört, fühlt er sich meistens ruhiger, kann seine Gefühle besser differenzieren und ist eher dazu in der Lage, sich zu bewegen. In diesem Zusammenhang fällt mir eine aufgeweckte und gewandte junge Frau ein, die in kritischen Momenten ihres Lebens Angstsymptome entwickelte und sich dadurch immer wieder zum Scheitern verurteilte. Nachdem sie sich drei Jahre in ihrem Haus vergraben hatte, begann sie mit einer Therapie, und zur gleichen Zeit erhielt sie einen Arbeitsplatz. Sie berichtet, daß sie jedesmal, wenn sie an ihrem Arbeitsplatz eintrifft, von heftigen Angstgefühlen überwältigt wird. Wir stellen fest, daß sie kaum etwas hört und sieht. Ich bitte sie daraufhin, in ihrer Phantasie noch einmal ihren Arbeitsplatz aufzusuchen und mehr von dem zu berichten, was sie dabei sieht und hört. Sie ist zwischen ihren Gefühlen und dem Arbeitsplatz hin- und hergerissen und nimmt nach und nach immer mehr wahr. Wenn sie dann zwischendurch zu sich selbst zurückkehrt, zeigt sich, daß ihre Angst allmählich abnimmt und Gefühle der Verärgerung hochkommen. Durch den Kontakt mit der Welt haben sich ihre Gefühle derart verstärkt, daß der Ärger ihre Wahrnehmungsschwelle schließlich durchbricht. Die Angst weicht dem vitalen Gefühl.

Gefühle, das sind wir wiederum selbst. Sie sind die Quelle unserer

Energie und motivieren unser Verhalten. Gefühle lösen körperliche Empfindungen aus. Wir arbeiten ausgehend von einer Annahme, die sich bei den vielfältigen Beobachtungen, die Fritz angestellt hat, immer wieder bestätigte: Gefühle und Muskeln sind miteinander verbunden. Wir haben allen Grund, uns über einen Patienten Gedanken zu machen, der ununterbrochen still und zurückhaltend zu sein scheint. Wird ein natürlicher Verlauf des Geschehens zugelassen, werden innere Erfahrungen oder Gefühle hervorgerufen und Muskeln in Bewegung gesetzt. Das führt dann zu dem beobachtbaren Verhalten, das von anderen erfahren wird. Andererseits eignen wir uns mit seiner Hilfe auch die Welt an. Es handelt sich dabei um einen wechselseitigen Prozeß, den Fritz »Austausch mit der Welt« genannt hat. Wenn der Patient immerfort zurückhaltend ist und seine Bewegungen unterdrückt, ist sein energetischer Prozeß gestört und seine Auseinandersetzung mit der Welt beeinträchtigt. Wir müssen dann sehen, wie wir dazu beitragen können, daß er es seinem Körper gestattet, sich zu bewegen.

Die Gestalttherapie klärt uns über die Bedeutung der körperlichen Wahrnehmung auf. Mit dieser grundlegenden Dimension kommt es zu einer Methodologie, zur Entdeckung von Gefühlen, die unterhalb der Wahrnehmungsschwelle gehalten werden. Wir beschäftigen uns mit dem »Wie« der Restriktionen, die der Patient seinem Körper auferlegt. Wir beobachten, wie er seinen Körper überhaupt wahrnimmt. Er muß auf die Anspannung seiner Muskeln erst einmal aufmerksam werden. Wenn er im Zusammenhang damit lernt, seinen Körper nicht mehr zu unterdrücken, und ihn statt dessen seine Botschaften übermitteln läßt – wenn der Patient also die Fähigkeit entwickelt, etwas geschehen zu lasssen –, dann besteht die Aussicht, daß sich etwas verändert. Werden die Spannungen erst einmal wahrgenommen, kann der zur Bewegungslosigkeit verurteilte Körper wieder seine Dynamik entfalten, und durch die Befreiung des Körpers fangen dann auch die Gefühle des Patienten wieder an zu fließen. Jedesmal wenn ich sehe, wie dieses Fließen wieder einsetzt, ergreift mich Ehrfurcht, als erlebte ich ein Wunder. Und wieder höre ich Fritz, der uns versichert: »Bewußtheit per se – durch und aus sich selbst heraus – kann heilsam sein.« (3) Auf natürliche Weise geht aus der bewußten Wahrnehmung eine bedeutende Veränderung hervor, und ich wüßte nicht, wie eine solche sonst erreicht werden könnte.

In besonderer Weise hängt das Verhältnis von Körper und Gefühl auch mit unserem Rechts-Links-Dualismus zusammen. Für Fritz kommen in unserer linken Körperhälfte die Empfindungen und Gefühle zum Ausdruck, während er der rechten Körperhälfte die motorischen Prozesse, unsere gegenständliche Auseinandersetzung mit der Welt zuordnet. Dem entspricht auch der Dualismus von Yin und Yang, unseren weiblichen und männlichen Aspekten. Dieses Verhältnis hat mich häufig beschäftigt, oft in Träumen. Um die Konflikte zu lösen, die den Patienten gefangenhalten, da es ihm nicht gelingt, seine Gefühle in motorisches Verhalten umzusetzen, kann man ihn auffordern, erst die eine und dann die andere Seite wahrzunehmen und anschließend einen Dialog zwischen der rechten und der linken Seite zu führen, unter Umständen auch zwischen bestimmten Teilen jeder Seite, je nachdem, welche davon gerade im Vordergrund stehen. Wenn der Patient sich abwechselnd in seine beiden Seiten einfühlt, entsteht in der Regel ein dramatischer Gegensatz. Wird der Patient zu jeder der miteinander in Verbindung stehenden Seiten, äußert sich seine körperliche Wahrnehmung häufig in Gefühlen der Frustration und des Verlangens, oder er fühlt sich zur Passivität verurteilt und hat den Wunsch, sich zu behaupten. Gegensätze können zum Vorschein kommen, und in den Prozeß ihrer Vermittlung fließen Gefühle ein. Damit beginnt die Integration.

Ein Ort für die Therapie

»Ich kann dir nicht helfen, es zu tun. Aber ich kann einen Ort zur Verfügung stellen, an dem du es tun kannst.«

Diese Worte von Fritz stammen aus der Zeit in Esalen, bevor er von dort wegging, um mit seiner Gemeinschaft am Cowichan See auf der Vancouver Insel zu beginnen. Wir sitzen nebeneinander an einem langen, mittlerweile fast leeren Tisch und essen zu Mittag. Zu meinem Glück ist dies ein Essen, bei dem Fritz nicht die Stille beobachtet. Ich nutze diese Gelegenheit, um ihn nach dem Ort zu fragen, den er für unseren künftigen Aufenthalt und für unser Training gewählt hat. Ich erzähle ihm auch, wie festgefahren und unfertig ich mich fühle. Ob er mir helfen kann? Seine Antwort ließ nicht auf sich warten. »Ich kann dir nicht helfen, es zu tun (. . .).« Doch in der für Fritz charakteristischen Weise versichert er mir sogleich in einigen knappen Worten, die ich nie vergessen werde. »Ich kann dir einen Ort zur Verfügung stellen (...).« Wir verabreden, daß ich ihn dort besuchen werde. Und nun, als Fritz diesen Ort mit anderen Augen sieht, erzählt er mir, daß der Cowichan See und seine Umgebung ein wenig der Schweiz ähneln.

Die Arbeit des Therapeuten besteht darin, einen Ort zur Verfügung zu stellen – einen Ort, der einem anderen Menschen die Möglichkeit gibt, sich mit sich selbst auseinanderzusetzen und zu sich selbst zu finden. Die besondere Weise, in der wir auf den Patienten eingehen, ermöglicht es uns, einen geeigneten Ort auszusuchen. Der »Weg«, den wir beschreiten, entwickelt sich dadurch, daß wir die gegenwärtige Situation nicht verlassen, wenn wir uns mit dem »Wie« des Verhaltens auseinandersetzen. In dem Maße, in dem es uns gelingt, einen Ort anzubieten, an dem man entdecken und erfahren kann, was es heißt, daß sich in diesem Moment unseres Zusammenseins etwas ereignet, haben wir dem Patienten die besten Voraussetzungen für die Arbeit geschaffen, die er sich vorgenommen hat. Die Arbeit mit dem Fließen vorhandener Phänomene, der wir uns verpflichtet fühlen, beruht auf zwei grundlegenden Voraussetzungen der Gestalttherapie. Es gibt nur den gegenwärtigen Moment, und wie der Patient *jetzt* handelt, so handelt er auch in seinem Leben außerhalb der therapeutischen Situation. Mit jemandem jetzt zusammensein heißt, aufmerksam zu verfolgen, worauf auch immer sich seine Wahrnehmung richtet – und zugleich unseren eigenen Prozeß wahrzunehmen. So begreift Fritz den Zusammenhang von Aufmerksamkeit und Wahrnehmung. Die ständig hervortretende Gestalt bzw. das Fließen der Ereignisse vom Hintergrund in den Vordergrund, wie es sich im Patienten zuträgt, enthüllt uns das »Wie«.

Unsere Arbeit zielt auf eine besondere Art von Aufmerksamkeit. Betrachten wir für einen Moment den Therapeuten, seinen Körper, seine Gefühle und wie er sich auf seine Arbeit vorbereitet. Der Therapeut steht einfach zur Verfügung. Er benutzt seine Ohren und Augen, um das Offenkundige wahrzunehmen. Er nimmt, so ist zu hoffen, wahr, was da ist, das von einem anderen Menschen geschaffene Phänomen. Der Therapeut bleibt aber auch, was er ist. Das heißt, mit seinem Körper und seinen Gefühlen in Verbindung stehend, verbietet er sich innerlich nicht, seiner Absicht entsprechend zu reagieren. Den Therapeuten zu spielen, heißt für mich, die Ausdrucksformen meiner Reaktion als ein ökonomisches Auswahlverfahren zu betrachten. Im Idealfall möchte ich in einem verhältnismäßig engen Kontakt mit meinen Gefühlen, meinem Körper und meiner Stimme bleiben, um möglichst viel von meinen Gefühlen und meinem inneren Wandel zu verstehen. Nach außen möchte ich nur den Teil meiner inneren Erfahrung zum Ausdruck bringen, von dem ich mit gutem Grund annehmen darf, daß er die therapeutische Arbeit fördert. Während ich diesen Prozeß selektiver Reaktionen verfolge, will ich nichts Unaufrichtiges mitteilen. Ich hoffe, daß ich zumindest etwas von dem verstehe, was ich im gegebenen Moment bin, um es geschehen lassen zu können, statt es zu behindern. Denn wenn ich mich verstelle oder nicht mehr wahrhaft bin, wenn ich versuche, mich zu verstecken oder den anderen in die Irre zu führen, wird durch mein Handeln auch die Authentizität des Patienten blockiert. Er bleibt dann sich selbst überlassen und hat niemanden, mit dem er zusammensein kann oder der für ihn erreichbar wäre. Mit einer Ausnahme, auf die wir später zurückkommen werden, verlangt eine Aufmerksamkeit, die über das alltägliche Maß hinausgeht, die eigene Authenzität. Ich höre Fritz' Stimme. Sie ist weich. Ich bin ergriffen, traurig und besorgt. »Ich werde bei dir sein. Ich werde bei dir sein mit meinem Interesse, meiner Langeweile, meiner Geduld, meinem Zorn, meiner Anteilnahme. Ich werde bei dir sein.«

Die stillschweigende Voraussetzung dabei ist, daß unser Gegenüber etwas anbieten wird, womit wir uns auseinandersetzen können. Wenn er oder sie jedoch nichts einbringt, können wir uns gleichfalls zurückziehen, etwa an einen Ort, an dem wir selbst gern sein würden, oder um eine Pause zu machen. Wir können dabei unseren eigenen Rhythmus von Kontakt und Rückzug erfahren. Man sollte jedoch nicht versuchen, sich »mit nichts« aufzuhalten. Den Unterschied zwischen dem Gebrauch unserer Energie, um bewußt und absichtlich aufmerksam zu sein – eine schwer zu bewältigende und mühevolle Aufgabe –, und dem Gebrauch unserer Wahrnehmung als einer existentiellen Bedingung unseres Seins hat Fritz immer wieder betont. Ich halte diese Unterscheidung für sehr hilfreich. Wenn wir von uns selbst verlangen, ständig mit der anderen Person zusammenzubleiben, beginnen wir schon, etwas von ihr zu verlangen, statt für das erreichbar zu sein, was sie einbringt. Wir erklären dann dieses und jenes für unzulässig und kämpfen gegen den natürlichen Rhythmus, in dem wir kommen und gehen. Wir haben unsere Mitte verloren. Wahrnehmung ist. Wir können sie zulassen. Wir können sie nicht nach Belieben herstellen.

Ich spreche jetzt über den Begriff »geschehen lassen«. Fritz' Gebot war: »Treibe den Fluß nicht an. Er fließt von selbst.« Nur indem wir den anderen und uns selbst zur Entfaltung kommen lassen, geben wir dem, was ist, die Möglichkeit, sich zu offenbaren. Wenn wir einfach unser natürliches Fließen zulassen, hat der Patient die Möglichkeit, an einem Prozeß teilzunehmen, der sich gerade nicht dadurch auszeichnet, alles Mögliche in der DMZ zu ersinnen und sich dann darüber den Kopf zu zerbrechen. Ein solcher Vorgang ist vielmehr ein Merkmal neurotischen Verhaltens.

»Etwas geschehen lassen« und »zu jemandem eine Verbindung haben«, das läßt sich auch nicht mit der Helferrolle vereinbaren. Wenn ich nämlich der Helfer bin, dann bist du derjenige, dem geholfen wird. Dadurch habe ich mehr Macht als du. Doch das ist genau die Situation, in der sich der Patient ohnehin schon befindet und in die er uns hineinzudrängen versucht. Wenn wir den Helfer spielen, bleiben wir, sobald uns der Patient gegenübertritt, auf diese Rolle festgelegt. Geraten wir in den Sog seines Spiels und meinen wir aufgrund unserer Machtposition »helfen« zu können, werden wir uns mit dem Patienten nur im Kreise drehen und dazu beitragen, daß er einigermaßen hilflos in der von ihm bezogenen Position verharrt. Er wird dann nach wie vor von uns erwarten, daß wir ihm den Ausweg zeigen. Die Stellung, die die Gestalttherapie gegenüber dem sogenannten Helfen einnimmt, ist unzweideutig. »Für mich übernehme ich die volle Verantwortung. Für dich kann ich keine Verantwortung übernehmen.« Fritz sagt: »Einem anderen die Verantwortung abzunehmen, in sein Leben einzugreifen, ist das gleiche, wie sich omnipotent zu fühlen.« Ich erinnere mich in diesem Zusammenhang an einen Abend, an dem ich Fritz um etwas bat, was er mir unmöglich erfüllen konnte. Folgendes gab er mir daraufhin mit auf den Weg: »Du kannst auf meine Liebe zählen, aber nicht darauf, daß ich dich versorge.«

An dem Ort, den wir für die therapeutische Arbeit nach unserer Behandlungsmethode einrichten, geben wir anderen Menschen zu verstehen: »Ich kann dir nicht helfen. Ich werde bei dir sein. Du wirst selbst tun, was du für notwendig hältst.«

Verhalten aufdecken – Implikationen für die Gestalttherapie

Zunächst wollen wir den theoretischen Hintergrund skizzieren, den Fritz für die Beobachtung des Patienten während des Therapiekurses bereitstellt. Vor diesem Hintergrund kann der Gestalttherapeut ein bestimmtes Verhalten wahrnehmen und verstehen. Fritz' theoretische Formulierungen, einschließlich seiner Erläuterung der »Stufen der Neurose«, zeichnen sich durch Klarheit und Eindeutigkeit aus. Er gibt uns eine allgemeingültige Landkarte für die Reise durch die Therapie an die Hand. Um herauszufinden, wie er auf den Patienten einzugehen hat, muß der Therapeut wissen, an welchem Ort auf der Landkarte sich der »reisende« Patient befindet. Die erfolgreichen Etappen dieser Reise verlangen vom Therapeuten sehr unterschiedliche Formen der Beteiligung. Das ist auch dann der Fall, wenn das, was der Patient in bestimmten Augenblikken zum Ausdruck bringt, sich so anhört und so aussieht, als habe sich für ihn nichts geändert. Unabhängig davon, wie sehr sich die Situationen gleichen mögen, und selbst in Anbetracht der Einzigartigkeit der Reise, die der Patient unternimmt – wenn du deine Landkarte zur Hand hast, wird er dich wissen lassen, wo er sich befindet.

Die Neurose zeichnet sich durch Wahrnehmungsverlust aus. Mit ihm beginnt ein Prozeß, in dessen Verlauf immer mehr Erfahrungsmöglichkeiten aufgegeben werden. Zwei Phänomene treten auf, wenn ein Mensch immer weniger an Wahrnehmung und an Reaktionen zuläßt, zu denen er fähig wäre, das heißt, wenn er sich das unmittelbare »Wissen« von seiner Welt und sich selbst versagt: die Leblosigkeit seines Geistes und seiner Antriebe sowie Leerstellen in seiner Persönlichkeit. Die Leblosigkeit können wir hören und sehen. Im Hinblick auf die Fähigkeiten, die ihm abhanden gekommen sind – auf die Leerstellen –, sind wir auf Rückschlüsse angewiesen. Sehen wir uns aus der Nähe an, was mit uns passiert, wenn wir neurotisch werden, so treffen wir auf das erste Stadium unserer Weigerung, das sein zu wollen, was wir tatsächlich sind, wenn unsere Erregung oder unsere Gefühle daran gehindert werden, in motorisches Verhalten zu fließen. Wir empfinden dann mit Unbehagen intensive Gefühle, die nicht zum Ausdruck gebracht werden. Von diesem Aufruhr und diesem Leiden können wir befreit werden, wenn wir einen Schritt weitergehen: Wir können die unbehagliche

Erregung dadurch verringern oder loswerden, daß wir die Gefühle selbst reduzieren bzw. ausschalten. Wenn wir derart nicht nur gehindert sind, das zu sein, was wir sind, sondern darüber hinaus auch noch unsere Selbsterkenntnis blockiert ist, werden wir ängstlich und fangen unwillkürlich an, uns zu verstellen und Rollen zu spielen. Weil wir der Welt nicht mehr gewachsen sind und weil wir das, was wir wollen, nicht mehr unmittelbar bekommen können, müssen wir nach einem anderen Weg Ausschau halten. Nachdem wir bereits so viel von unserem Selbst aufgegeben haben und uns damit einiges von unserer eigenen Kraft abhanden gekommen ist, versuchen wir dann, uns anderer zu bedienen, um das zu erreichen, was uns fehlt. Da höre ich wieder Fritz' Worte: »Künstliche Rollen zu spielen und die Welt zu manipulieren, um Unterstützung zu finden, sind in jedem Fall das gleiche.«

Hier möchte ich Fritz' »fünf Stufen der Neurose« kurz darlegen. Ich stelle in komprimierter Form das Wesentliche der Straßenkarte dar, die Fritz uns hinterlassen hat. Es ist ratsam, sich etwas ausführlicher damit zu beschäftigen, um zu einem gemeinsamen Verständnis jenes allgemeinen Kurses zu gelangen, der der je individuellen Entwicklungsreise durch die Therapie zugrunde liegt.

Die Klischees:
Unbedeutende Förmlichkeiten.
Das Spielen von Rollen:
»Als-ob-Verhalten«. Unser Dasein.
Ausweglose Situationen/Sackgasse:
Blockiertes Sein bzw. Seinsweisen, die aufgegeben wurden. Gefühle der Haltlosigkeit, Panik und des Verlorenseins.
Implosion:
Eingezwängte Gefühle. Angst vor dem Nichts und dem Tod.
Explosion:
Die bei der Implosion einander gleichgewichtig entgegengesetzten Kräfte lösen sich im spontanen Gefühl.
Leben:
Gefühl des Vertrauens. Die Kreativität wird positiv zur Geltung gebracht.

Die Arbeit des Therapeuten findet zu einem großen Teil im Bereich der zweiten Stufe statt. Sie besteht also wesentlich in der Identifikation von Rollen und in der Auseinandersetzung mit ihnen. Dabei kommt es darauf an, die Leerstellen in der Persönlichkeit zu beheben und das existentielle Dilemma des Klienten zu klären. Hört der Patient auf, seine »Als-ob-Rollen« zu spielen, gerät er in eine Sackgasse. Er erfährt dann, daß er auf keinem der von ihm beschrittenen Wege einfach das sein kann, was er ist, ohne dabei Angst zu empfinden. Seine Angstgefühle beseitigt er dadurch, daß er seine Gefühle und sein Handeln erstickt. Auf dieser, der implosiven Stufe, hat er keinen Zugang zu seiner Energie. Erst die Explosion ins Gefühl setzt Energie frei und läßt das authentische Leben hervortreten. Die Gestalttheorie geht davon aus, daß ein wirklich lebendiger Mensch in der Lage sein sollte, vier Arten von Explosion zu erleben: in die Freude, in den Zorn, in den Sex, ins Leid.

Im Zusammenhang mit den meines Erachtens grundlegenden Ideen der Gestalttheorie möchte ich jetzt kurz auf einige häufig vorkommende Verhaltensweisen eingehen, denen im Hinblick auf eine erfolgreiche Teilnahme am Therapiekurs einige Bedeutung zukommt. Später, wenn wir uns speziell der Arbeit des Therapeuten zuwenden, werde ich etwas ausführlicher darauf eingehen. Es geht mir jetzt um die Art, wie sich jemand in seiner Umwelt bewegt, um Vermeidungsverhalten, um Furcht, Verstimmung und Schuldgefühle, Projektion, Stolz, Selbsterniedrigung, um die »giftige Persönlichkeit« und »Bärenfängerei«.

Fritz hat uns dazu angehalten, vor allem auf die Art und Weise zu achten, in der sich der Patient auf seine Umwelt einläßt. Das »Wie« seines Verhaltens beginnt mit der Dimension: autistisch – relational. Man muß klären, ob seine bevorzugten Formen der Auseinandersetzung mit der Umwelt von ihm selbst, seiner Umwelt oder seinem Intellekt ausgehen. Wo befindet er sich? Auf wen oder was richtet sich seine Aufmerksamkeit? Was beschäftigt ihn, wenn er abwesend zu sein scheint? Wenn er mit sich selbst beschäftigt ist, fragen wir, mit welchem seiner Bereiche er auf welche Weise beschäftigt ist. Wissen wir, wo sich der Patient befindet, können wir ihm begegnen. Wir können die für ihn charakteristischen Formen der Auseinandersetzung mit seiner Umwelt erkennen und beobachten, wie er sie handhabt. Wir bringen in Erfahrung, bei welchen Anlässen er umschaltet, wann er kommt und wann er geht und bei welchen Ereignissen in seiner Umwelt er es vorzieht, die Gegenwart zu verlassen, oder unter welchen Umständen er bereit ist, zurückzukehren. Wir erfahren, wie er sich in diesen drei Sphären des Seins bewegt, wie er mit ihnen umgeht und auf welche Weise er vermeidet.

Wenn der Patient regrediert oder sich an einen Ort der Phantasie zurückzieht und uns später von diesem Ort erzählt, können wir die Voraussetzungen entdecken, die er braucht, um sich wohl zu fühlen und sich um sich selbst zu kümmern. Wir erkennen, was er an jenem von ihm bevorzugten Ort hervorbringt, und finden so heraus, was er vermeidet bzw. woran es der gegenwärtigen Situation seiner Meinung nach fehlt. Dabei fällt mir eine junge Frau ein, die die Therapiesituation verläßt, um in ihrer Phantasie ihr Schlafzimmer aufzusuchen, in dem sie Gitarre spielt und allein ist. Sie hat Freude an der Musik, die sie selbst macht. Sie fühlt sich zufrieden und in Kontakt mit ihrer eigenen Kreativität. »Niemand sagt mir, was ich machen soll.« Wir bemerken, daß sie Kontakt vermeidet, weil sie glaubt, durch ihn zu sehr gefordert und beeinträchtigt zu werden. Auf Kontakt reagiert sie mit Gefühlen der Angst, Verärgerung und Inkompetenz. Wir können feststellen, daß sie ihr Selbst als von anderen bedrängt erfährt und deshalb vor Leuten zurückschreckt, die etwas von ihr verlangen. Von ihrer eigenen Kraft zur Selbstbehauptung hat sie das meiste aufgegeben. Damit wissen wir, was wir für unsere Arbeit mit der Patientin wissen müssen: Wir kennen jetzt die Eigentümlichkeit ihres Daseins. Es setzt sich zusammen aus einer als übermächtig und aufdringlich phantasierten Welt – von der sie herabgesetzt wird – sowie aus ihrer eigenen Rolle als hilfloses Opfer: das sind die entscheidenden Bestandteile ihrer Existenz.

Das Vermeidungsverhalten des Patienten zeigt uns den Ausschnitt seiner Welt, den er nicht erfahren will. Es enthüllt uns, wodurch er sich selbst verzerrt und hemmt. Es liefert darüber hinaus Anhaltspunkte für die Leerstellen in seiner Persönlichkeit. Wenn wir uns mit dem Vermeidungsverhalten beschäftigen, können wir dem Patienten zunächst einmal die Möglichkeit geben, sich seiner Furcht bewußt zu werden. Ist er dazu bereit, kann er im Anschluß daran wieder das Risiko jener Erfahrung eingehen, die er sich zuvor verboten hat. Mit Vermeidungsverhalten haben wir es zu tun, wenn er das Hier und Jetzt, die gegenwärtige Situation verläßt. Es gibt viele Möglichkeiten zu fliehen. Wir können zum Beispiel physisch fortgehen – fortgehen, indem wir uns von unseren Augen und Ohren zurückziehen und derart die Welt ausschließen. Wir können auch aufhören zu reagieren auf das, was wir wahrnehmen, oder uns in unseren Kopf zurückziehen. Im letzten Fall bringen wir es fertig, uns sowohl von uns selbst als auch von der Welt zu entfernen. Findet der Klient immer wieder Wege, die Gegenwart zu verlassen, um vor jeder neuen Erfahrung zu fliehen, so stellt er damit lediglich sicher, daß sich durch die Therapie für ihn nichts ändern wird. Er wird damit fortfahren, die Muster seiner Existenz und jenes relativ reduzierten Lebens zu wiederholen, die ihm sein Vermeidungsverhalten erlaubt.

Wir setzen uns also damit auseinander, wie der Patient sein eigenes Fließen und das unseres Zusammenseins unterbricht und wie er es vermeidet, etwas geschehen zu lassen. Aus dem vermutlich unerschöpflichen Repertoire möglicher Erscheinungsformen des Vermeidungsverhaltens wollen wir jetzt einige hervorheben, die häufiger anzutreffen sind: der Patient »sendet« die Vergangenheit. Er plaudert über sie, erinnert sich an sie und entwirft sich ein Bild von der Zukunft. Um das Jetzt zu verlassen, macht er darüber hinaus von seinem Körper, seiner Stimme und einigen besonderen Begriffen Gebrauch.

Mit der Analogie vom »Senden« meint Fritz ein unadressiertes Reden, daß also jemand seine Gefühle kundtut, ohne einen bestimmten Adressaten zu haben. Während niemand zuhört oder zusieht, werden Worte hervorgebracht, die durcheinanderpurzeln und einander zusammenhanglos ablösen. Ich erinnere mich, wie Fritz mit einer Frau arbeitete, die in diesem Sinne sendete, um Kontakt zu vermeiden. Zwar können wir senden und diesen Prozeß als ehrlichen Ausdruck unserer Gefühle betrachten, doch fehlt uns die Wahrnehmung, so haben wir zu niemandem eine Verbindung. Das habe ich an jenem Tag begriffen, als ich sah, was sich zwischen Fritz und der Patientin abspielte. Das Jetzt wird im Geplauder verlassen, um über Menschen nachzusinnen, die gar nicht anwesend sind. Das Denken an jemanden und Reden über jemanden, der gar nicht anwesend ist, ermöglicht es, im Geiste einen abgeschotteten Zufluchtsort aufzusuchen, der sowhl von der Person, um die die Gedanken kreisen, als auch von der aktuellen Umwelt weit entfernt ist. In der Vergangenheit oder in der Zukunft zu verschwinden heißt, den Kontakt durch die Erinnerung und das Probehandeln zu blockieren. Erneut gewinnt dabei die DMZ die Oberhand. Mit der Vergangenheit und der Zukunft können wir nur arbeiten, wenn der Patient bereit ist, die Vergangenheit und die Zukunft als Bestandteile seiner Erfahrung des Jetzt zu begreifen. Wir können mit unseren Gefühlen auch in der Weise in die Vergangenheit und Zukunft reisen, daß sie zur Gegenwart werden. Wenn sich der Patient aber der Vergangenheit und der Zukunft bedient, um etwas zu vermeiden, kann er nicht die Erfahrung des Werdens machen. Indem er sich erinnert, indem er an etwas denkt und über etwas redet, macht er von seinem Intellekt Gebrauch. Die Gegenwart hat er damit aber schon verlassen.

Seine Stimme benutzt der Patient ebenfalls, um das Jetzt zu verlassen: Er murmelt vor sich hin, beginnt etwas und bricht ab, flüstert, ist akustisch nicht mehr zu verstehen, bringt seine Worte überhastet und unverständlich hervor; und statt zum Ausdruck zu bringen, was er fühlt, benutzt er seine Stimme als Instrument zum Spielen von Rollen. Er weicht mit seinem Körper und seinem Gesicht aus, indem er sich abwendet, auf den Boden sieht, an den Fingern herumfummelt, grundlos lächelt, sich windet, verschließt und seine Muskeln anspannt. Diese alltäglichen, uns bekannten Ausdrucksformen des Verhaltens gewinnen an Gewicht, wenn wir sie als Zeichen der Verzweiflung begreifen, die deutlich darauf hindeuten, daß jemand seine Energie darauf verwendet, wegzulaufen.

Wir achten außerdem darauf, wie jemand sich und andere dadurch verdinglicht, daß er die Worte »ich« und »du« in »es« verwandelt. Ich habe mir immer sehr viel Zeit dafür genommen, die Leute zu unterbrechen und sie zu bitten, das von ihnen verwendete »es« durch Personalpronomen zu ersetzen und ihre unpersönlichen Aussagen in persönliche umzuwandeln. Ich meine, es besteht für sie die Möglichkeit, sich die Teile, die ihnen verlorengegangen sind, dadurch wieder anzueignen, daß sie Wendungen wie »Alles ist so mies« in »Es geht mir schlecht« oder »Was für ein trauriger Tag« in »Ich fühle mich heute niedergeschlagen« verwandeln. Ich bitte den Patienten, daß er von dem weithin depersonalisierten »Nicht-Ich« des »es« oder »etwas« die zu ihm gehörenden Anteile zurückholt. »Du« und »ich« sind zumindest potentiell handelnde Subjekte. Das »es« bleibt dagegen passiv, ihm widerfährt etwas. Die Erfahrung des Opfers ist, daß »etwas geschieht«. So gewinnen wir Unabhängigkeit nur auf Kosten unserer Autonomie. Wenn jemand einen Teil von sich in »es« verwandelt, tötet er diesen Teil und schaltet ihn aus. Fritz hat das immer wieder betont. Es gelingt dem Patienten auf diese Weise nämlich, mit einem Schlag sein Gefühl des Kontakts loszuwerden und den Kontakt in einen Bereich zu verlegen, der sich seiner Verantwortung und seinen Einflußmöglichkeiten entzieht.

Fritz' Erörterung des Angstgefühls, des Gekränktseins und der Schuld enthält Hinweise, die für die Struktur der Gestalttherapie sehr wichtig sind. Das Gefühl der Angst wird als »Furcht vor der Bühne« betrachtet. Wir meinen vielfach, dadurch etwas darzustellen, daß wir einige Spielarten von Verhalten zur Schau stellen, die die anderen beobachten können. Wir proben unsere Darstellung und glauben, daß sie nicht an die von unserem Stolz vorgegebenen Normen heranreicht. So quälen wir uns mit dem physischen Unbehagen, das wir Angst nennen. Die Angst ist ein Hinweis darauf, daß wir die Gegenwart zugunsten einer imaginären Reise in die Zukunft verlassen haben. Per definitionem heißt ängstlich sein, daß jemand mit Phantasiegebilden und der Zukunft beschäftigt ist. Kommt man zum gegenwärtigen Moment zurück und beginnt wieder zu hören und zu sehen, nimmt die Angst ab und verschwindet. Übertriebene Zurückhaltung und Angst gehören eng zusammen. Es handelt sich hierbei meines Erachtens um eine Schlüsselstelle für den Therapeuten. Angst ist ein »Ersatz-«Gefühl, das auftritt, wenn wir etwas zum Ausdruck bringen oder darstellen wollen, aber uns selbst nicht erlauben, das, was sich in unserem Inneren zuträgt, zu offenbaren. Der starken inneren Erregung muß erlaubt werden, in die eine oder andere Form expressiven Verhaltens zu fließen, andernfalls wird sie Angst zur Folge haben.

Das Gefühl des Gekränktseins ist ein klassischer Fall für unseren Unwillen, etwas zu sagen oder geschehen zu lassen. Fritz nennt das treffend »Verbissenheit«. Der Verdruß kommt wie von selbst. Was sich dahinter verbirgt, sind unsere Ansprüche. Gekränkt zu sein heißt, von Ansprüchen gefangengehalten zu werden, die wir verbergen, um unsere Position aufrechtzuhalten. Wir ziehen es vor, unseren Zorn zu hegen, und weichen vor einer möglichen Lösung zurück. Lieber halten wir an einer unabgeschlossenen Situation fest und lassen andere dafür bezahlen. Das Gefühl der Kränkung beruht auf der Vorstellung, »Er ist mir etwas schuldig«, und beinhaltet, um die Schuld auszugleichen, im Gegenzug, »Ich schulde ihm etwas«. Fritz hat in diesem Zusammenhang darauf aufmerksam gemacht, daß Schuld eine nach außen projizierte Kränkung ist. Um das Schuldgefühl auflösen zu können, muß sich die Arbeit mit dem Patienten darauf konzentrieren, die Kränkung aufzudecken, die den eigentlichen Kern seiner Schuldgefühle ausmachen. Um am Festgefahrensein arbeiten zu können und um darauf hinzuwirken, daß der Patient von seinen vergeblichen Anstrengungen abläßt, wird er zuerst gebeten, die erlittene Kränkung auszudrücken und im Anschluß daran seine Ansprüche zu artikulieren. Schließlich fordern wir ihn auf, selbst die Verantwortung für seine Ansprüche zu übernehmen.

Immer wieder hat Fritz festgestellt, daß Verhalten zu 90 Prozent aus Projektion besteht. Darin stimme ich ihm zu. Vielfach gerät das, was ich bin, und das, was ich nicht bin, durcheinander. Wir wollen einige unserer Eigenschaften nicht als die unsrigen akzeptieren und ziehen es vor, sie irgendwo außerhalb von uns, als Eigenschaften anderer, wahrzunehmen. Dieses Verleugnen ist ein Ausdruck nicht zugelassener Wahrnehmung. Der Preis, den wir für die Unvollständigkeit zahlen, die sich daraus für uns ergibt, ist ein Verlust an kreativem Potential. Teile von sich selbst wegzugeben heißt, etwas von seiner eigenen Kraft aufzugeben. Diese einfache, von Fritz aufgestellte Gleichung ist ein entscheidender theoretischer Lehrsatz mit weitreichender Bedeutung. Grundsätzlich geht die Gestalttheorie davon aus, daß wir einige der Möglichkeiten, die uns abhanden gekommen sind, wiedergewinnen können. Durch Beobachtung der Projektion vermag der Therapeut das, was verschüttet wurde, der Erfahrung wieder zugänglich zu machen. Das ist für den Klienten notwendig, um die Gefühle, die ihm fremd geworden sind, wiedergewinnen zu können und um seine Kraft zu steigern.

Stolz und Selbsterniedrigung sind zwei weitere Erscheinungsformen des Verhaltens, mit denen sich die Gestalttherapie in besonderer Weise auseinandersetzt. Man sollte auf der Hut sein, wenn der Patient sich stolz fühlt oder Stolz zur Schau trägt, insbesondere wenn sich dieser Stolz auf eine der von ihm bevorzugten sozialen Rollen bezieht. Es fällt mir dazu ein Abend am Cowichan See ein. Die ganze Gruppe hat sich in dem großen Raum zur Therapiesitzung versammelt. Ich hatte gerade mit Fritz gearbeitet, und er hatte mir dabei zu verstehen gegeben, daß ich ihm gegenüber das nette Mädchen spielte. Schließlich brachte er es auf den Punkt: »Du bist eine gute Mutter, eine gute Tochter, eine gute Enkeltochter.« Als ich den heißen Stuhl verlasse und weggehe, höre ich hinter mir Fritz' Stimme: »Es ist ganz besonders schwer, das Verhalten zu ändern, wenn der Patient auf dieses Verhalten stolz ist.« Sofort überkam mich Angst. Ich wußte nur zu gut, wie recht er hatte. Als dann Schamgefühle in mir aufstiegen, schmolz meine Angst dahin, und durch diese Schamgefühle konnte ich wiederum auf meine vollkommene Blindheit gegenüber diesem Stolz aufmerksam werden. Wenn ich bemerke, wie andere Leute sich entzweien, nur um ihrem Stolz Genüge zu tun, und wenn ich bemerke, daß dieser Stolz zerstörerische Rollen begünstigt, halte ich seit dieser Zeit sogleich inne, um den Stolz eingehender zu behandeln. Ich erinnere mich, daß Fritz eine anschauliche Geschichte von Nietzsche zur Hand hatte, die von der Auseinandersetzung zwischen dem Stolz und der Erinnerung handelt, von der bereitwilligen Unterwürfigkeit der Erinnerung gegenüber dem Stolz, sobald dieser sein Haupt erhebt und behauptet, »so kann es nicht gewesen sein«.

Das Phänomen der Selbstqual in ihren verschiedensten Erscheinungsformen bietet meines Erachtens Anlaß zu unendlichen Studien. Wir legen uns selbst Hindernisse in den Weg. Wir leiden unter eingebildetem Unrecht und Terror. Wir lehren uns selbst das Fürchten. Wir erzeugen Angst. In Konflikten und durch Unentschlossenheit verurteilen wir uns zur Unbeweglichkeit. Wir hegen und pflegen unsere liebgewonnenen, schmerzerzeugenden Phantasien. Wir beschwören Bilder, die wir uns von anderen machen, und suchen uns die kleinen Ausschnitte der Wirklichkeit heraus, die unsere Verzweiflung bestätigen. Gehören wir gar zu den Leuten, die sich mit einiger Entschiedenheit immer wieder selbst frustrieren, bringen wir regelrecht Alpträume hervor. Auf unzähligen Wegen werden wir zu unserem eigenen Teufel und stellen unsere Energie in den Dienst der Rollen, die wir als Quälende und Gequälte einnehmen. Der Teufel taucht auf und nimmt Gestalt an, weil wir unsere Energie darauf verschwenden, uns selbst im Wege zu stehen. Sein Gefährte, der Gequälte, erscheint und ist aufgrund des Leidens völlig unbeweglich. Wir sehen, daß jemand mit Händen und Füßen um etwas ringt, doch es geschieht nichts. Die Erscheinungsformen solchen Verhaltens sind für den, der quält, und für die Menschen in seiner Umgebung frustrierend und mit allerlei Strapazen verbunden. Der Gestalttherapeut konzentriert sich auf den Prozeß und auf die Rolle. Er läßt sich nicht von den vordergründigen Ereignissen vereinnahmen. Diese Freiheit braucht er, um das Phänomen der Selbsterniedrigung identifizieren zu können.

Ein letzter Aspekt betrifft Leute, die Fritz »giftig« genannt hat.

Ohne etwas zu beschönigen, nennt Fritz eine Person eine »giftige Persönlichkeit«, für die es charakteristisch ist, Gefühle vorzugeben, die sie gar nicht empfindet, und die daran Gefallen findet, andere Leute scheitern zu lassen. Fritz unterscheidet Menschen, die genügend guten Willens für die Zusammenarbeit mit dem Therapeuten mitbringen und immerhin die Bereitschaft zeigen, an sich zu arbeiten und so weit sie selbst zu sein, daß sich überhaupt etwas ändern kann, von jenen, die sich beim Therapeuten einschmeicheln wollen, um ihn dann zu sabotieren, zu frustrieren und für unfähig zu erklären. Ihnen ist jedes Verhalten recht, sofern es nur die Ziele des Therapeuten durchkreuzt. Wie bei jedem anderen, der in ihrer Welt etwas bedeutet, sind diese Leute von Anfang an darauf aus, den Therapeuten kleinzukriegen. Fritz hat darauf hingewiesen, daß man dies ziemlich schnell und frühzeitig herausfindet. Im allgemeinen fallen sie während der ersten Sitzung durch ihr hämisches Grinsen auf oder durch einen Mund, der zu lächeln scheint, während der Rest des Gesichts ungerührt bleibt. Das Grinsen wird vielfach auch dann beibehalten, wenn bereits verschiedene Formen feindseligen Verhaltens zum Vorschein gekommen sind, als wollten sie auf ein rotes Tuch losstürmen. Der Patient bemüht sich eifrig, etwas vorzutäuschen, was er gar nicht empfindet. Zugleich sendet er widersprüchliche Botschaften, wobei die feindseligen überhandnehmen. Und wieder taucht Fritz in meiner Erinnerung auf. Er sagt: »Achte auf jene Personen, die etwas zur Schau stellen und dann so tun, als würden sie dies tatsächlich empfinden.« Im Gegensatz dazu benutzen verhältnismäßig gutwillige Leute, Fritz nennt sie »wohlerzogen«, ihre sozialen Rollen und Spiele (von ihren Manipulationsversuchen einmal abgesehen) als ein Vehikel, um ihre Gefühle zum Ausdruck zu bringen. Die Rollen geben ihnen eine Struktur oder ermöglichen ihnen, auf vertraute Weise Erfahrungen zu machen und sich auszudrücken. Sie bedienen sich ihrer nicht in der Absicht, andere zu korrumpieren und zu besiegen.

Der »Bärenfänger« beschwindelt uns, indem er uns Geschenke anbietet und uns umsorgt. Dann zieht er sich plötzlich zurück. Sein Handeln folgt einem Muster, das sich ständig wiederholt: Er lädt uns ein, wartet so lange, bis wir fast bei ihm angekommen sind, und schlägt dann die Tür zu. Er bietet von sich aus seine Liebe an, seine Freude, seinen Sex, und während wir uns langsam darauf einlassen, bleibt er noch in unserer Nähe. Dann entzieht er sich plötzlich, verschwindet und läßt uns verwirrt und allein zurück. Man denke beispielsweise nur an eine vorzeitige Ejakulation oder an einen Geschäftspartner, der verschwindet, sobald das Geschäft zu einem Abschluß gebracht werden soll; an jemanden, der uns emotional immer wieder verläßt, nachdem er uns zu einer Beziehung eingeladen hat; an jemanden, der ständig verabredete Termine bricht, oder an den Patienten, der viel verspricht und plötzlich zerstört, was er erreicht hat. Bevor er in seinem Verhalten plötzlich, ohne Ankündigung umschwenkt, bestrickt der Bärenfänger oft mit verführerischem Charme. Wenn die Fälle permanenten Rückzugs sich häufen, kann jemand, der das Objekt dieses Schauspiels ist, so verwirrt werden, daß er womöglich meint, selbst verrückt zu sein. Friedrich Heer berichtet von den Lehren, die die Kaiserin Matilda im 12. Jahrhundert ihrem Sohn mit auf den Weg gab; sie erzog ihren Sohn in Anlehnung an Vorstellungen, die sie der Kunst der Falknerei entnommen hatte: Er solle den Freunden und Verbündeten ihre Belohnung zeigen. Sie vor ihren Augen baumeln lassen. Aber den Köder zurückziehen, ehe sie ihn erreichen könnten. Die Befolgung dieses Ratschlags barg nach Heer Risiken, denn er bürdete beiden der an diesem Sport beteiligten Parteien eine Last auf, die sie überforderte: Henry starb als ein erschöpfter und verbitterter Mann. (4) Es kommt darauf an, den Falken frühzeitig zu erkennen.

Ich höre Fritz, wie er zum wiederholten Male und unmißverständlich sagt: »Fang gar nicht erst an, mit einer giftigen Person zu arbeiten. Es gibt nur eine Möglichkeit: verlasse sie.« Meine Erfahrung ist etwas weniger absolut. Ich habe Leute getroffen, die anfangs einiges an giftigem Verhalten an den Tag legten, und ich habe trotzdem die Arbeit mit ihnen fortgesetzt. Der Erfolg rechtfertigte am Ende den Aufwand. Wenn ich die Arbeit mit solchen Leuten aufnehme, sehe ich hinter ihren Versuchen, mich zu frustrieren, immer noch etwas, das zu Hoffnungen Anlaß gibt. Verspüre ich den Wunsch, an die Arbeit zu gehen, obwohl ich dabei mit eindeutigen Formen feindseligen Verhaltens konfrontiert werde, gebe ich dem Patienten von Anfang an zu verstehen, daß ich mich darauf nicht einlassen werde. Ich erkläre ihm, daß ich keineswegs uneingeschränkt darauf vertraue, daß er wirklich etwas Bedeutsames für sich selbst tun möchte oder tatsächlich tun wird. Mit unmißverständlichen Worten, denen ich durch mein ganzes Verhalten Nachdruck verleihe, gebe ich ihm zu verstehen, daß ich die Arbeit mit ihm nicht fortsetzen werde, wenn er seine Energie in erster Linie dazu nutzt, mich zu frustrieren. Wir haben schon etwas erreicht, wenn er sich dafür entscheidet, einige Formen seines feindseligen Verhaltens aufzugeben, und wenn er zu einer größeren Bereitschaft findet, ehrlich zu arbeiten.

Nachdem wir uns mit diesen durchaus nicht ungewöhnlichen Mustern des menschlichen Verhaltensspektrum beschäftigt und uns über einige Eigentümlichkeiten Gedanken gemacht haben, möchte ich abschließend einige Selbstverständlichkeiten festhalten. Jeder von uns hat im Repertoire seiner Verhaltensmöglichkeiten all diese verschiedenen Arten zu sein. Wir unterscheiden uns voneinander durch die prozentuale Verteilung dessen, was wir auswählen und zum Ausdruck bringen. Im Falle eindeutig giftigen Verhaltens muß der Therapeut zwei Aspekte gegeneinander abwägen: In seinem eigenen Interesse muß er sich die Frage beantworten, wieviel negatives Verhalten er tolerieren, mit wieviel negativem Verhalten er es aufnehmen will, und er muß unter dem Gesichtspunkt möglicher therapeutischer Interventionen die Anteile an feindseliger Manipulation und an Wohlwollen abschätzen, die den Patienten jeweils charakterisieren.

2 Die Arbeit des Therapeuten

Wahrnehmungen des Therapeuten

Gehen wir einmal davon aus, daß wir den Patienten zum ersten Mal sehen. Wir beginnen mit der Beobachtung und widmen uns dabei besonders:

der Dimension des relationalen Verhaltens und des Rückzugsverhaltens. Man muß auf den Kontakt achten. Zu wieviel Erfahrung ist der Patient bereit? Wieviel erfährt er von sich selbst, wieviel von seiner Welt?

den Leerstellen in der Persönlichkeit. Dabei muß man auf Vermeidungsverhalten und auf Anzeichen von Hilflosigkeit achten. Wie viele und welche seiner Bereiche sind verlorengegangen?

der Stimme. Hierbei kommt es darauf an, seine wichtigsten sozialen Rollen zu identifizieren. Wie groß ist das Ausmaß der Authentizität seines Verhaltens?

der Dimension wohlwollend – giftig. Das ist der Schlüssel, der die Arbeit ermöglicht. Zeigt der Klient die Bereitschaft zur Zusammenarbeit?

Es ist zu hoffen, daß der Patient zumindest in der einen oder anderen Form bereit ist, mit seinem eigenen Prozeß und seiner Umwelt in Kontakt zu treten; daß sein Vermeidungsverhalten nicht ununterbrochen anhält, daß seine Stimme nicht nur gekünstelt ist und daß er einige ehrliche Gefühle zeigt. Damit haben wir etwas, mit dem wir arbeiten können. Mit offenen Augen und Ohren warten wir darauf, daß jenes Phänomen zum Vorschein kommt, dem wir entnehmen können, was den Patienten beschäftigt. Indem wir uns für all das Material offenhalten, dem der Patient möglicherweise erlaubt, zum Vordergrund zu werden, sind wir in der Gegenwart bei ihm. Wir bleiben dabei wir selbst und gestatten uns zugleich das wahrzunehmen, was er mit seinem Verhalten zum Ausdruck bringt. Wir gehen von der grundsätzlichen Annahme der Gestalttheorie aus, daß die sinnliche Wahrnehmung dem Patienten jene unabgeschlossene, ihn belastende Erfahrung offenbart und zugänglich macht.

Wahrnehmung hat ein Objekt. Die Existenz des Objekts oder Phänomens ist nachweisbar. Es ist das beobachtbare Faktum, mit dem sich der Gestalttherapeut beschäftigt. Seine Augen und Ohren sind Instrumente der Wahrnehmung, mit deren Hilfe er entdeckt, was der Patient enthüllt und mit denen er registriert, was unmittelbar und zwingend ist. Das Ereignis, das wir als Vordergrund wahrnehmen, wird in der Form, *in der es tatsächlich auftritt*, zum Brennpunkt unserer Aufmerksamkeit. Es liegt nicht in unserem Interesse, diesen Aspekt einer eingehenderen intellektuellen Prüfung zu unterwerfen. Es geht uns vielmehr darum, daß der Patient dessen Existenz akzeptiert. Mit den primären Verhaltensformen kommen wir nicht durch unsere Verstandestätigkeit, sondern durch unsere Wahrnehmung in Berührung. Wir wollen die jeweiligen Verhaltensweisen nicht durch Erklärungen ausschließen; wir wollen sie vielmehr dem Prozeß ihrer Entdeckung öffnen.

Das beobachtbare Geschehen, das existierende Phänomen *ist*: es besteht für sich. Jenseits dessen, was wir durch unsere Wahrnehmung erfahren, gibt es nichts mehr. Wenn wir es für richtig halten, können wir etwas von unseren Gedanken hinzufügen, solange wir unsere Interpretationsangebote nicht mit dem Erfahrungsprozeß verwechseln und solange wir diesen intellektuellen Beitrag für so wichtig halten, daß wir eine Unterbrechung des Erfahrungsflusses dafür in Kauf nehmen. Ich glaube, die meisten von uns benötigen sehr viel Zeit, bis sie im Hinblick auf ihre eigene Erfahrung erkennen, was wir von den Phänomenologen lernen können. »Eine Rose ist eine Rose ist eine Rose«, zitierte Fritz am Cowichan See. An dieser Stelle kehre ich zu einem denkwürdigen Abend bei Sonnenuntergang zurück. Ich sehe, daß Fritz auf mein Häuschen zukommt, und gehe hinaus, um ihn bei einem Spaziergang zu begleiten. Wir sind allein und sprechen nicht. Wir haben einander eingehakt und gehen langsam ein paar Schritte einen Hügel hinauf. In dem Moment lasse ich die Abenddämmerung, Fritz und unsere gemeinsame Bewegung hinter mir und fange an, ein Programm für die Zukunft in Worte zu fassen. Er geht weiter, ohne seinen Griff zu lockern und seine Schritte zu unterbrechen und ich weiß, daß er da ist. Er sagt nichts. Ihm ist daran gelegen, seine Erfahrung nicht zu unterbrechen.

Entdeckungen

Es ist unsere Absicht, dem Patienten Entdeckungen zu ermöglichen. Vorausgesetzt, er ist dazu bereit, wollen wir ihn dabei unterstützen, einige seiner Bereiche und seine Kraft wiederzuentdekken. Die Kraft, die ihm fremd geworden ist und zu der er keinen Zugang mehr hat. Die grundsätzliche Maxime der Gestalttherapie lautet in diesem Zusammenhang: »Lernen heißt Entdecken.« Was immer der Therapeut unternimmt: In dem Maße, in dem er den Selbstfindungsprozeß des Patienten beeinträchtigt, in dem er diesen Prozeß unterbricht oder behindert, trägt er lediglich dazu bei, daß eine Therapie nicht stattfindet. Das Entdecken ist das Herzstück des Wachstumsprozesses und die Essenz der Psychotherapie. Die Rolle des Therapeuten besteht darin zu unterstützen und nicht darin zu lehren; er »ist dabei«, statt etwas aufzudrängen. Auf sein Vorstellungsvermögen greift er zurück, um Situationen zu entwikkeln, in denen der Patient sich selbst erforschen und neue Erfahrungsdimensionen für sich selbst entdecken kann.

Soviel dazu, um darauf hinzuweisen, daß der Therapeut bei der Arbeit des Patienten ein Teil des Hintergrundes ist. Er handelt wie ein Katalysator, der Vorsorge für eine Reihe von Situationen trifft. Er ist ständig gefordert, »neue Orte« bereitzustellen, wobei er den Patienten in seinem Fluß und bei den Veränderungen, die dieser durchmacht, begleitet, um einen Hintergrund entstehen zu lassen, der dem kontinuierlichen Werden dieser Person förderlich ist. Scheitert der Therapeut an dieser Aufgabe, gelingt es ihm also nicht, dem Patienten einen Ort zur Verfügung zu stellen, an dem er eine Umgebung vorfindet, die sich von dem unterscheidet, was er bereits kennt, und die in ihm neue Reaktionsformen hervorruft, wird auch das Entdecken ausbleiben, und der Patient wird die Therapie so verlassen, wie er gekommen ist.

In seiner Rolle als Hintergrund und Katalysator für die Arbeit des Patienten ist der Therapeut damit beschäftigt, Vorstellungen zu entwickeln, Vorschläge zu machen und existentielle Situationen zu schaffen, die der Patient zu bewältigen hat. Die entsprechenden Ideen entwickeln sich aufgrund seiner Wahrnehmung vom Patienten, aufgrund der Wahrnehmung seiner eigenen Reaktionen, seiner Erinnerung und seines Vorstellungsvermögens. Darüber hinaus werden sie von seinem Wissen über die Wirkungsweise der

Therapie getragen. Indem er sich all diese Quellen zunutze macht, entwirft der Therapeut Modelle, die den Patienten ermutigen und ihm die Gelegenheit bieten, solchen Bereichen und Erfahrungen nachzugehen, die er sich seit langem verboten hat. Fritz unterscheidet zwei fundamentale Arbeitsweisen. Sie unterscheiden sich je nach dem, ob dem Patienten nur die Arbeit erleichtert wird, oder ob der Therapeut eine aktive Rolle übernimmt. Im letzteren Fall ist der Therapeut nicht nur Bestandteil des Hintergrundes, sondern selbst einer der beiden Hauptakteure. Seine Rolle gehört dann ebensosehr zum Vordergrund wie die des Patienten. Fritz hebt hervor, daß der Therapeut verstehen und entscheiden muß, ob die therapeutische Aufgabe allein dadurch bewältigt werden kann, daß er unterstützend tätig wird, oder ob es zusätzlich notwendig ist, gegenüber dem Patienten eine aktive Rolle einzunehmen.

Zu meinen eindrucksvollsten und unvergeßlichen Erinnerungen an die Arbeit mit Fritz gehört die, als er – um meine »Snob«- und »Lady«-Rolle zu ergänzen – den unterwürfigen Diener spielte. Offenbar war dieses ungewöhnliche Schauspiel notwendig für mich, damit ich meine Scheuklappen ablegen konnte, die mich mein Leben lang daran gehindert haben, diese Rollen zu erkennen. Wenn Fritz mit mir arbeitet, muß er zweifellos intensiv seine Augen und Ohren benutzen. Er muß seine Gefühle berücksichtigen und sein Vorstellungsvermögen einbeziehen, denn es ist ihm nicht entgangen, daß es in diesem Fall mit unterstützenden Maßnahmen allein nicht getan ist. Soll es mir gelingen, über die entscheidende, meiner Wahrnehmung entzogene Inszenierung der »Lady« hinauszuwachsen, muß er eine aktive Rolle übernehmen, und das macht er dann auch. Am Cowichan See scheinen alle von Fritz' sehr aktiver Darstellung des unterwürfigen Dieners beeindruckt zu sein. Abgesehen davon, daß auch ich davon sehr beeindruckt bin, verschlägt es mir die Sprache. Ich bin ängstlich, verärgert und fühle mich verloren. Eine Zeitlang bin ich davon überzeugt, daß einer von uns beiden verrückt ist. Nachdem ich all das hinter mir gelassen und erfahren habe, wie man sich fühlt, wenn man in einer entscheidenden Sackgasse steckt, erzählt mir Fritz, daß mir stets ein Ausweg bleibt und daß ich mit meiner Reise fortfahren kann, wenn ich das Lebensmittelgeschäft in der von ihm geplanten neuen Gemeinschaft übernehme. Ich fühle mich betroffen und denke noch lange Zeit an dieses Lebensmittelgeschäft.

Fritz' Ideen und die von ihm entwickelten Prinzipien, die uns bei unseren Entdeckungen den Weg weisen, sind, so denke ich, in vielerlei Hinsicht einzigartig. Sie stehen zum Teil im Widerspruch zu der Praxis, die sich an der traditionellen psychoanalytischen Arbeitsmethode orientiert. Zulassen, daß der Patient *selbst* seine Entdeckungen macht, läßt sich nicht damit vereinbaren, daß der Therapeut Interpretationen anbietet oder sich vage auf seine eigenen Vorstellungen verläßt. Indem wir den Patienten mit unseren Interpretationen konfrontieren, wird das Entdecken auf mehrfache Weise behindert. Wir neigen zu Interpretationen, die die Gesamtheit des Prozesses ausschließen. Mit seinen Interpretationen bekräftigt der Therapeut dem Patienten lediglich noch einmal, wovon er ohnehin schon überzeugt ist; daß er nämlich der Benachteiligte ist gegenüber dem Therapeuten, der mehr weiß und mächtiger ist. Durch die intellektuelle Form seiner Erklärungen veranlaßt dieser den Patienten, in seinem Kopf (und das heißt Verstand) zu bleiben und DMZ-Funktionen Vorschub zu leisten, statt ein Gefühl für Erfahrungen zu entwickeln. Auf diese Weise bestätigt der Therapeut nur, daß er der aktive Macher ist und der Patient der passive Rezipient. Zudem nimmt der Therapeut mit seinen Interpretationen dem Patienten die Möglichkeit, dadurch, daß er »als erster dort ankommt«, etwas zu entdecken. Der Therapeut beansprucht die Entdeckung für sich. Dadurch wird sie dann zu einem Geschenk an den Patienten.

»Interpretieren« ist etwas, das eher den Therapeuten als den Klienten betrifft. Jener enthüllt dabei seine eigene Phantasie, gibt sie als Tatsache aus und überreicht sie (womöglich mit der Geste des Stolzes) dem Patienten. Um jemand anderen nicht in dieser Weise zu belasten, muß der Therapeut sich zunächst einmal einfach selbst wahrnehmen. Er muß wissen, wann er es mit seinen eigenen Gefühlen und Vorstellungen zu tun hat. Die Vorstellungen, die er entwickelt, können für den Klienten von intellektuellem Interesse sein oder auch nicht. Andererseits ist die Phantasie des Therapeuten ein unverzichtbares Werkzeug für die Arbeit, das sehr wertvoll ist, solange das, was er mit ihrer Hilfe entwickelt, nicht mit dem Selbst des Patienten verwechselt wird. Der Gestalttherapeut entwickelt ganz bewußt Vorstellungen in der Absicht, dem Klienten eine bestimmte Szenerie zu verschaffen. Er bietet ihm eine Bühne und Requisiten, zuweilen auch Charaktere und ein Ensemble, um ihm die Möglichkeit zu geben, jene Rollen durchzuspielen, in denen er sich am liebsten sieht, und um ihm die Gelegenheit zu geben, sich mit den Ausschnitten seines Daseins auseinanderzusetzen, die er auf die Welt projiziert. Mit Hilfe seiner Phantasie läßt der Therapeut eine Welt entstehen, in der das »Opfer« diejenigen ausfindig machen kann, die ihn bedrängen. Im Anschluß daran kann er dann deren Rollen einnehmen. Er kann denen, die sich in diesem Prozeß um ihn versammelt haben, »eine Predigt halten« und seine Verfolger loswerden. Der Klient macht seine Entdeckungen dadurch, daß er seine Erfahrungen innerhalb der Kulissen seiner Existenz macht.

Wir nehmen unsere Phantasie in Anspruch, sofern sie in irgendeiner Form dazu beiträgt, den therapeutischen Prozeß zu fördern. Während eines sonnigen Morgens am Cowichan See entwirft Fritz eine solche Phantasie. Vor dem Hintergrund meiner bevorstehenden Abreise aus diesem Märchenland auf der Vancouver Insel, die ich verlassen werde, um einige Tage zu Hause an der Küste zu verbringen, stecke ich in einer ausweglosen Situation: einerseits bin ich nicht mehr richtig hier, anderseits möchte ich aber auch nicht abreisen. Ich bin mit einigen Leuten in Barrys gemütlichem Häuschen am See, kann aber nicht recht teilhaben an dem, was um mich herum geschieht, und fühle mich kraftlos. Daraufhin übergibt mir Fritz ein Geschäft. Ich sehe es sofort deutlich vor mir. Es ist ein großer Laden mit den unterschiedlichsten Angeboten. Fritz fragt, was in diesem Laden verkauft wird, und fordert mich auf, etwas auszusuchen. Ich gehe zu den Fahrrädern, kann mich aber zwischen zwei verschiedenen Ausführungen nicht recht entscheiden. Meine Starrheit gebe ich erst auf, als ich ein Verhältnis zu dem entwickle, was meines Erachtens den Vorzug verdient. An dem Phantasieort, zu dem mich Fritz geführt hat, mit ihm zusammen, bin ich wieder bereit, mich zu bewegen. Ich entscheide mich für das blaue Fahrrad, und nachdem das geschehen ist, werde ich auch in das Flugzeug nach San Francisco steigen.

Ich denke wieder an Fritz, daran, wie er mit Nachdruck hervorhebt: »Du weißt niemals mehr als die Person auf dem heißen Stuhl.« Meine eigenen Vorstellungen liefern mir keine Informationen über die Erfahrung, die der Patient in seinem Inneren macht. Ich meine, daß Fritz' Lehren ein Gebot für den Therapeuten enthalten. Es geht dabei um Zurückhaltung gegenüber den eigenen

Vorstellungen, um die Grenzen ihrer Brauchbarkeit und um ein Verständnis für das ihnen innewohnende destruktive Potential. Die Rolle des Therapeuten beinhaltet für mich die Verpflichtung, umsichtig und rücksichtsvoll von der eigenen Phantasie Gebrauch zu machen.*

Verantwortung übernehmen

Zu dem Prozeß, in welchem der Patient sich entdeckt, gehört unabdingbar hinzu, daß wir ihn immer wieder auffordern, die Verantwortung für sich selbst zu übernehmen. Die Bühne dafür haben wir schon bereitgestellt. Die Verhaltensmaxime des Therapeuten, »Ich werde bei dir sein. Du wirst selbst tun, was du für notwendig hältst«, sowie dessen Vorbehalte gegenüber der Helferrolle überlassen es dem Patienten, selbst die Verantwortung für sich zu übernehmen. Der Therapeut schafft einen festen Rahmen, in dem er für seine eigenen Verhaltensweisen die Verantwortung trägt, es aber ablehnt, Verantwortung für den Patienten zu übernehmen, eine Art des Zusammenseins, bei der durch Erfahrung Erwartungen übertragen werden. Der Patient wird diese Erfahrung prüfen und versuchen, sie für sich umzupolen. Bei all dem ist entscheidend, daß der Therapeut erkennt, wie der Patient es von sich aus darauf anlegt, eine Situation so zu verstehen und seinen Ansprüchen gemäß zu beeinflussen, daß der Therapeut den starken Mann spielen und die ganze Angelegenheit schon lösen wird. An diesem Punkt hat der Therapeut unmittelbar drei Aufgaben. Er muß erkennen, auf welche Weise der Patient versucht, von anderen Unterstützung zu bekommen, statt sich selbst zu bemühen. Der Therapeut muß sich außerdem davor hüten, sich vom Patienten vereinnahmen zu lassen und zu seinem Fürsorger zu werden. Er muß schließlich wissen, wie er mit dem manipulativen Verhalten des Patienten umzugehen hat.

* Sartre schreibt in bezug auf das Wissen, das wir von einem anderen Menschen haben, daß dieser ein unerreichbares System von Erfahrungen darstelle. Aber in dem Maße, in dem man sich bemühe, das reale Wesen seiner Repräsentationen zu erfassen, gehe man über das Feld seiner Erfahrung hinaus. Man sei mit einer Reihe von Phänomenen konfrontiert, zu denen man per Intuition die Grenzen seines Wissens überschreite. (5)

Der Patient stellt an diesem Punkt etwa fest: »Ich komme mit dieser und jener Situation nicht zurecht. Aber du bist dazu in der Lage. Ich brauche dich. Du mußt mir den Weg zeigen, damit ich weiterleben kann.« Vielfach ist das überhaupt kein Leben mehr, sondern eine Existenz, die sich hauptsächlich dadurch auszeichnet, daß der Patient sich in immer größerem Umfang an Leute wendet, die Gefallen daran finden, die Angelegenheiten von anderen zu lösen. Der Therapeut ist dann häufig nur die letzte Station. Der Patient hofft, »daß die Last damit ein Ende hat«.

Auch in diesem Fall weichen Struktur und Vorgehensweise der Gestalttherapie grundsätzlich von der traditionellen Therapie ab, bei der vielfach von den »Bedürfnissen des Patienten« die Rede ist. Der Therapeut geht dann von diesen aus und scheint zu glauben, daß der Patient etwas »braucht, um überleben zu können«. »Die Bedürfnisse des Patienten« – ich habe diesen Satz im Ohr, der sich von den Ansprüchen herleitet, mit denen der Patient anderen – eben auch dem Therapeuten – begegnet, um bei ihnen emotionale Unterstützung zu finden. Mit seiner unmißverständlichen Unterscheidung zwischen dem Bedürfnis und den Ansprüchen hat Fritz etwas Entscheidendes geleistet. Um dem Patienten klar und deutlich seine unausgesprochenen Ansprüche zu vergegenwärtigen, die er mit »Ich komme damit nicht zurecht und darum brauche ich (. . .)« bemäntelt, fragen wir ihn, »weshalb brauchst du das?« Wenn er bereit ist, sich selbst zuzuhören und seine sogenannten »Bedürfnisse« weiter zu erkunden, wird er entdecken, daß er vielmehr etwas »will«. Dadurch kann er zu der Einsicht gelangen, daß er »Etwas-nötig-Haben« deshalb als eine existentielle Notwendigkeit ausgibt, weil er damit den Versuch verbindet, die Kontrolle über den Therapeuten zu bekommen. Grundsätzliche Voraussetzung dafür, daß der Patient die Verantwortung für sich selbst übernehmen kann, ist, daß er bemerkt, wann sein »ich brauche« auf Vermeidungsverhalten und entsprechende Manipulationsversuche hinausläuft. Unser physischer Körper »braucht« Wasser, Nahrung, Schlaf, Sauerstoff und Wärme, um am Leben zu bleiben. Als emotionale Wesen erwarten und wollen wir zwar etwas von anderen, doch können wir, falls notwendig, durchaus damit leben, daß andere sich unseren Ansprüchen verweigern.

Wenn wir uns den fundamentalen Aspekten zuwenden, die mit dem Prozeß zu tun haben, in welchem der Patient lernt, zunehmend die Verantwortung für sich selbst zu übernehmen, arbeiten wir mit den sprachlichen Erscheinungsformen des Vermeidungsverhaltens, vor allem mit den unpersönlichen Pronomen und Verben, die im Passiv verwendet werden. Wir hören, daß der Patient sich zum »es« depersonalisiert und dadurch zum passiven Rezipienten der Wechselfälle einer Welt wird, in der nichts von Bestand ist. »Das habe ich getan« wird zu »es passierte«. Ich muß die Leute immer wieder unterbrechen, um sie aufzufordern, sich zu sich selbst zu bekennen. Mit dem, was irgendwo anders geschieht und jemandem passiert, können wir nicht arbeiten. Daher ermutigen wir die Patienten, einen Weg zu finden, der vom »Das ist ein anstrengender Tag« zum »Ich strenge mich an« führt, oder vom »Das wird eine lange Unterhaltung werden« zum »Ich rede viel«. Eine andere überstrapazierte sprachliche Wendung besteht darin, daß »Ich kann nicht« anstatt »Ich will nicht« benutzt wird. Der Patient bringt sprachlich zum Ausdruck und macht die Erfahrung, daß er nicht kann. »Ich kann dir gar nicht sagen, wie ich mich fühle.« »Ich kann morgens nicht aus dem Bett kommen.« »Ich kann mich nicht erinnern.« Solange der Therapeut die Erklärungen hinnimmt, mit denen der Patient seine Unfähigkeit begründet, kommen beide nicht weiter. Ansätze eines Ausweges ergeben sich, wenn der Patient zu entdecken beginnt und dann auch akzeptiert, daß sich hinter seiner Hilflosigkeit Unwille verbirgt. Man kann ihn dazu auffordern, sich selbst zuzuhören, indem er zu seinem Gegenüber wird, indem wir ihm ein Feedback geben, ihn nachahmen, an seinen Gefühlen teilhaben, die Rolle des Gegenspielers übernehmen usw. Diese und andere Möglichkeiten schöpfen wir aus, bis der Patient sein Vermeidungsverhalten erkennt und bis er bereit ist, sowohl sprachlich wie auch über die sprachliche Ebene hinaus die Verantwortung für jeden Ausschnitt seines Verhaltens zu übernehmen, wie unangemessen, »unbeabsichtigt« und unakzeptabel es ihm auch erscheinen mag.

Die Sequenz von Vermeidungsverhalten, Angst und Wahrnehmung

Sowohl das Entdecken als auch das Übernehmen der Verantwortung für uns selbst hat zur Voraussetzung, daß wir teilnehmen an dem, was sich außerhalb unseres Intellekts ereignet. Wahrnehmung ist der Weg, auf dem wir uns und unsere Welt entdecken. Der Kontakt zum unmittelbaren Fließen unseres Selbst und zu dem, was sich um uns herum ereignet, ist die einzige Basis, die es uns ermöglicht, uns zu uns selbst zu bekennen, uns zu akzeptieren und Verantwortung zu übernehmen für das, was wir sind und tun. Wenn wir die andere Seite der Medaille betrachten, sehen wir, daß sich das Vermeidungsverhalten auf die Wahrnehmung bezieht. Genauer gesagt, die elementare Wahrnehmung, der wir ausweichen, ist die innere Erfahrung. Das ist ein entscheidender Punkt mit pragmatischen Konsequenzen. Im allgemeinen meint der Patient, er vermeide lediglich Ereignisse (an denen u. a. auch andere Menschen beteiligt sind) seiner Umwelt. Wenn er aber erst einmal entdeckt hat, daß es die (eingebildeten) Gefühle sind – mit denen er auf diese Ereignisse reagiert –, vor denen er davonläuft, ist er in der Lage, das Risiko neuer Erfahrungen einzugehen. Es ist möglich, daß wir ein äußeres Ereignis nicht ändern können, doch man kann durchaus seine Gefühle ändern. Es besteht für den Patienten dann die Möglichkeit, nicht weiter davonzulaufen, das jeweils Bestehende zu erkennen und zu akzeptieren und zu entdecken, daß seine Gefühle zumindest erträglich sind.

Um das Erfahrungsvermögen ausdehnen zu können, müssen wir erst einmal fragen, wodurch es eigentlich beschränkt worden ist. Da das Vermeidungsverhalten daraus entstanden ist, daß die Wahrnehmung auf ein Minimum reduziert worden ist, um auf diese Weise den Kontakt auszuschließen, und weil Angst ein Hinweis auf Vermeidungsverhalten ist, beschäftigen wir uns in der Therapie sehr ausführlich damit, die Angst und das Vermeidungsverhalten des Patienten zu beobachten und zum Gegenstand unserer Arbeit zu machen. Sullivan hat als erster in einer seiner frühen Arbeiten über die besondere Bedeutung der Angst darauf aufmerksam gemacht, daß Angst immer etwas Zwischenmenschliches ist. Es läßt sich hinzufügen, daß Angst mit einer inneren Erfahrung verbunden ist, die vielfach noch gar nicht eingetreten ist, die die betreffende Person aber vorwegnimmt und vor der sie sich fürchtet. Das heißt, zwischen der Einbildung und der Angst besteht eine Wechselwirkung. Wenn er erfolgreich an seinen von Hilflosigkeit geprägten Rollen arbeiten will, muß der Patient diesen Zusammenhang auf der Ebene der Erfahrung erkennen und verstehen. Die Angst hat unweigerlich unsere Auseinandersetzung mit dem Verhängnis

(Trauma) zur Folge, das der Klient sich einbildet. Wir setzen uns mit dem Inhalt seiner Phantasiegebilde auseinander, sobald er Angstgefühle entwickelt, und wir beschäftigen uns mit der »katastrophischen Erwartung«, deren Wirkung Fritz eingehend untersucht hat. In diesem Zusammenhang kommt es darauf an, daß der Patient zwischen Furcht (die er vielfach zu empfinden meint, obwohl es sich in den seltensten Fällen tatsächlich um Furcht handelt) und Angst zu unterscheiden lernt. Auch wenn die inneren Erfahrungen identisch zu sein scheinen, sind die Anlässe für Furcht und Angst verschieden; in einem Fall existieren sie wirklich, im anderen sind sie nur eingebildet. Um Furcht geht es, wenn es in der Welt eines Menschen eine äußere Bedrohung gibt, die sich beobachten läßt (ein Auto, das auf ihn zurast; ein Feuer, das außer Kontrolle geraten ist). Um Angst handelt es sich dagegen, wenn wir in uns furchtähnliche Gefühle entwickeln, während aber gar keine äußere Gefahr besteht. Wenn wir den Klienten auffordern, seine Angstgefühle zu benennen, fordern wir ihn implizit auch dazu auf, die Verantwortung für seine Phantasiegebilde und für seine Reaktionen auf etwas zu übernehmen, das gar nicht existiert.

Meines Erachtens kommt es darauf an, daß wir mit der Angst auf zwei verschiedenen Ebenen arbeiten. Wir wollen einmal die Komponenten der Einbildung, das heißt die Arbeitsweise (Funktion) der vermittelnden Zone, verdeutlichen und erkunden, weil durch sie jene unerträgliche Bedrohung hervorgerufen wird und weil sie stets die neurotische Angst begleitet. Zum andern wollen wir mit Hilfe der körperlichen Wahrnehmung an den Symptomen arbeiten, an den verstärkt auftretenden Empfindungen körperlichen Unbehagens, die der Patient zu vermeiden sucht. Wenn er bereit ist, dieses Unbehagen ein Stück weit zu tolerieren und Verantwortung dafür zu übernehmen, daß er diese Gefühle selbst erzeugt, kann er auch entdecken, auf welche Weise er dazu beiträgt, sich selbst Unannehmlichkeiten zu bereiten. Er erlaubt seinem Körper so zu sein, wie er ist, wenn er durch die einfache Wahrnehmung zu verstehen beginnt, wie er sein inneres Selbst entstellt. Damit öffnet sich der Weg für Veränderungen. In Fällen auffälliger Angst, die konstant über einen längeren Zeitraum angehalten hat, ist sehr intensive Arbeit mit der Phantasie und der körperlichen Wahrnehmung erforderlich. Man muß dann auf all das eingehen, was zum existentiellen Problem des Patienten beiträgt. Diese Arbeit nimmt sehr viel Zeit in Anspruch. Sie verlangt viel Kraft, und es ist notwendig, eine Reihe verschiedener Wege zu beschreiten.

Fritz betrachtet Angst als unseren »élan vital« oder als einen Zustand der Erregung. Für mich ist Angst die Energie oder Erregtheit, die am unangenehmen Ende eines umfassenden Kontinuums erfahren wird, das sich auch in die andere Richtung ausdehnt. Im allgemeinen gibt der Patient mit seinem Vermeidungsverhalten den unliebsamen Angstgefühlen nach. Dadurch entfernt er sich von einem Großteil seiner Energie. Unsere Absicht ist es, ihm einen Ort anzubieten, an dem er nach und nach die Bereitschaft entwikkelt, das, was ihn bedrückt – in diesem Fall die Angst – zu erfahren. Wenn er sie zu vermeiden versucht, bringen wir ihn zurück und bleiben bei ihm. Sobald er einmal damit angefangen hat, seine Angst zu tolerieren und einzugestehen, widersetzt er sich nicht mehr. Er fließt dann vielmehr mit sich selbst und beginnt sich zu bewegen. Wenn er von seinem Zustand des Festgefahrenseins abläßt, erfährt er, daß er keineswegs hilflos ist. Er weiß dann, daß er den Schmerz der Angst überleben kann, und entdeckt sein eigenes Fließen. Er erfährt die Kraft, die sich entwickelt, wenn dieser Fluß zugelassen wird, diese ihm selbst innewohnende Eigenschaft, die aus der Bewegung besteht. Das scheinbare Paradoxon tritt hervor und löst sich auf: »Wenn ich es geschehen lasse, fließe ich und ändere mich. Wenn ich versuche, Kontrolle auszuüben und mich zu ändern, leistet ein Teil von mir Widerstand. Dann bin ich unbeweglich.« Wenn wir noch einmal zu dem Punkt zurückkehren, an dem der Patient ursprünglich seiner Angst ausgewichen ist, wird deutlich, wodurch er jetzt für seine Anstrengungen, die die therapeutische Arbeit von ihm verlangt, entschädigt wird. Er hat entdeckt, daß er sich andere Gefühle erschließen kann, indem er den Schmerz der Angst ein Stück weit zuläßt. Er kann sich den Umständen, mit denen er konfrontiert ist, nicht entziehen, aber es gibt erfreuliche Neuigkeiten: er kann sie bewältigen.

Wir achten also auf Symptome, die darauf hinweisen, daß der Patient bestimmten Aspekten, die seiner Situation eigen sind, aus dem Wege geht. Die verschiedenen Formen des beobachtbaren Verhaltens, die dabei zum Vorschein kommen, sind alle Variationen ein und desselben Themas: das Weggehen aus dem Hier und Jetzt. Wir hören, daß der Patient seine Stimme verändert, gekünstelte Rollen spielt, sich in seinen Kopf zurückzieht und einen Strom aus Worten hervorbringt. Wir können die Anzeichen seiner Beunruhigung beobachten und stellen fest, daß er sich Scheuklappen anlegt, die ihn daran hindern, das Offensichtliche zu sehen, daß er leise und still wird und sich zurückzieht, sich bei Belanglosigkeiten aufhält und versucht, uns mit Fragen oder einem ganz neuen Symptom zu vereinnahmen. Wir werden dann zunächst ein wenig experimentieren, um herauszufinden, ob er bereit ist, sich mit dem Phänomen seines Davonlaufens auseinanderzusetzen. Daß er sich selbst hört und sieht und seine innere Erfahrung zum Ausdruck bringt, können wir ihm dadurch erleichtern, daß wir ihn an unseren Reaktionen auf sein Verhalten teilhaben lassen. Hört und sieht er es überhaupt, wenn sein Verhalten auf ihn zurückgespiegelt wird? Wird er in dieser oder jener Situation handeln oder sein Vermeidungsverhalten ausspielen, oder wird er sich einen bestimmten Gegenspieler aussuchen, um mit ihm einen Dialog zu führen? Wird er es zulassen, daß das Gefühl, das er in diesem Moment empfindet, ihn an einen anderen Ort und in eine andere Zeit zurückträgt, um verstehen zu können, was damals geschehen ist? Es ist zu wünschen, daß der Patient jetzt vor allem drei Dinge entdeckt: die Tatsache, daß er davonläuft, die Methode, die seinem Vermeidungsverhalten zugrunde liegt, und das Wesen der inneren Erfahrung, die er abzublocken versucht, indem er bestimmte Teile seiner Welt meidet.

Leere

Eine andere Form, einen Teil von uns auszuschließen, wird als Leere erfahren. Wenn wir mit dieser besonderen Form von Leere arbeiten, haben wir es mit einem von Fritz' Konzepten zu tun, das ich für unsere Arbeit für ausgesprochen hilfreich halte. Dabei wird die sterile Leere in eine fruchtbare Leere verwandelt. Die Person erfährt in ihrem physischen Sein im wahrsten Sinne des Wortes ein Loch, einen Raum des Nichts. Der Patient fühlt sich geplagt und vermißt etwas. Er hat das Gefühl, unvollständig zu sein. Wir arbeiten darauf hin, daß der Patient sich seiner eigenen Quellen bedient, um diese Leere in Substanz zu verwandeln.

Wir fangen wie immer an dem Punkt an, an dem wir uns gerade befinden. Zuerst fragen wir den Patienten, in welchem Bereich er seine Leere empfindet. Wenn er diesen Bereich (meistens im Umkreis seiner Brust oder seines Bauches) benennt, fordern wir ihn auf, in seine Leere einzudringen. Ich war anfangs einigermaßen überrascht und erfreut darüber, daß die Leute hierbei im allgemeinen durchaus zur Zusammenarbeit bereit sind. Der Patient dringt also in seine Leere ein. Die Schwierigkeiten entstehen erst später, wenn er sich dagegen sträubt, bei dem unliebsamen Phänomen seiner Leere zu verweilen. Er wird dann aufgefordert, seine Erfahrung zu beschreiben und auszudrücken, was er hört und sieht (in den meisten Fällen – wenn auch nicht in jedem Fall – ist es Finsternis und Stille am Anfang). Worauf bewegt er sich zu? Wie fühlt er sich? Wir bitten ihn, uns all seine Erfahrungen mitzuteilen. Wir treffen dann auf ein keineswegs außergewöhnliches Phänomen: Der Patient sträubt sich und versucht, auf alle erdenkliche Weise zu vermeiden, an dem, was ist, teilzuhaben. Wir versuchen alles, um sein Vermeidungsverhalten zu unterbinden, und bemühen uns, in den Augenblicken bei ihm zu sein, in denen er bereit ist, etwas geschehen zu lassen. Das bedeutet in diesem Fall, die Leere sich ereignen zu lassen.

Wenn der Patient schließlich bereit ist, auf seine Kontrollversuche zu verzichten und die Reise durch seine Leere anzutreten, wird er bald spüren, daß er sich ohne größere Anstrengungen bewegen kann und mit der Zeit etwas zu entdecken beginnt. Die Finsternis weicht dem Licht. An die Stelle der Leere tritt die lebendige Welt. Nach und nach entdeckt der Patient eine ganze Reihe, manchmal auch ein ganzes Kaleidoskop von ihm selbst produzierter Phänomene, die alle einzigartig sind und vielfach etwas Wundervolles an sich haben. Indem er sieht, hört und Dinge berührt – immer noch auf der Reise durch seine Leere, die er jetzt in etwas Fruchtbares verwandelt –, beginnt er, emotional auf die Gegenstände seiner Wahrnehmung zu reagieren. Er erfährt sich selbst nicht mehr als leer und niedergeschlagen, sondern als vital, fließend, reich und glücklich.

Ich erinnere mich daran, wie Fritz eines Abends am Cowichan See mit einem Mann arbeitet, der anfangs etwas vor sich hinstottert, einen verschlossenen Eindruck macht und kaum etwas hervorbringt, an dem wir mit unserer Arbeit ansetzen könnten. Was er zum Ausdruck bringt, ist allein das Gefühl seiner Leere. Fritz fordert den Patienten auf, in seine Leere einzudringen, und er läßt keinen Zweifel daran, daß er bei ihm bleibt. Plötzlich verändern sich Stimme und Gesichtsausdruck des Mannes vollkommen. In freudiger

Erregung schildert er eine Szene nach der anderen. Er berichtet von hell leuchtenden Blumen und Wäldern. Seine Darstellungen sind farbenfroh und sehr lebendig. Seine Schöpfungen überschlagen sich. Nach meinen Erfahrungen profitieren gerade die Patienten ganz erheblich von der Therapie, die die anfängliche Unannehmlichkeit der Leere durchstehen, um ans Ziel ihrer Reise zu gelangen. Ihnen gelingt es, eine Abkürzung zu finden. Sie erfahren, daß sie eine Veränderung durchmachen. An die Stelle der bedrückenden Hilflosigkeit tritt Vitalität und eine kreative Kraft. Weil diese Kraft so offensichtlich ist, wird man feststellen können, daß auf dieser kurzen Reise viel erreicht worden ist. Im Anschluß daran arbeiten die Patienten von sich aus darauf hin, sehr viel größere Risiken einzugehen.

Geschickt eingesetzte Frustration

Für einen Moment möchte ich auf das Wesen von Psychotherapie überhaupt zurückkommen – deren Aufgabe für Fritz in der Entdekkung und Wiederaneignung der verlorengegangenen Teile der Persönlichkeit bzw. des Selbst besteht – und noch einmal die beiden grundlegenden Aufgaben festhalten, die über die erfolgreiche Einlösung ihres Auftrags entscheiden. Wir wollen die Leerstellen füllen bzw. die Fähigkeiten wiederherstellen, die der Persönlichkeit abhanden gekommen sind, und die zerstörerischen sozialen Rollen identifizieren und sie zum Gegenstand unserer Arbeit machen, bis der Patient schließlich seine trügerischen Verhaltensweisen selbst erkennt und bis zu einem gewissen Grad auf sie verzichtet – mit anderen Worten, bis er es sich erlaubt, sich selbst zu steuern und in erster Linie auf sich selbst zu vertrauen. Wir haben bis jetzt eine sehr direkte und effektive Möglichkeit des Vorgehens besprochen, die uns zur Verfügung steht, wenn der Patient die Erfahrung innerer Leere macht und er diese Leere in den Vordergrund treten läßt. Ich möchte mich jetzt einer anderen Art des Vorgehens zuwenden, die sich auf das Spielen von Rollen bezieht, das den Patienten daran hindert, Zugang zu sich selbst zu finden. Fritz hat mit seinem Konzept einen unschätzbaren Beitrag dazu geleistet. Dieses Konzept beruht darauf, daß der Therapeut den Patienten frustriert. Fritz weist in diesem Zusammenhang auf einen Fall hin, bei dem es dringend erforderlich war, die manipulativen Rollen des Patienten rechtzeitig und geschickt zu frustrieren.

Wie ich aus meiner Beobachtung von Fritz' Arbeit (und dadurch, daß ich seine Patientin war) und aus meiner eigenen Arbeit mit anderen Leuten gelernt habe, ist »gekonnte Frustration« eine Vorgehensweise, die von drastischen Mißfallenskundgebungen über knappe verbale Mitteilungen oder zornige Konfrontation bis hin zur Abwendung und zum Rückzug vom Patienten reicht.

Wichtig ist dabei die Wahl des richtigen Zeitpunktes. Während wir den Patienten hier und dort bremsen, wenn er seine Zeit verschwendet oder Vermeidungsverhalten zeigt, hindern wir ihn sehr entschieden daran, Zuflucht bei seinen alten Rollen zu suchen, wenn er in eine Sackgasse gerät, denn das ist ein Punkt, an dem er weiß, was er tut. Der Therapeut sieht und hört, wie der Patient seine bevorzugten und wohlerdachten Rollen in bezug auf die wirkliche und imaginierte Welt spielt (das heißt, er agiert seine Existenz). Der Therapeut hofft, das wahrzunehmen, was er fühlt, und versucht sich nicht von dem trügerischen Spiel des Patienten vereinnahmen zu lassen. Er hofft vielmehr darauf, einen Weg zu finden, der es erlaubt, das Karussell anzuhalten.

Ich kehre zu Fritz zurück. Ohne eine Regung zu zeigen, wendet er sich von dem Patienten ab. Der Ausdruck auf seinem Gesicht ist unergründlich. Er ahmt das Verhalten des Patienten nach, macht sich darüber lustig und entstellt es. Fritz spielt die entgegengesetzte Rolle, jene Rolle, die dem Patienten zufolge die anderen spielen sollen, und übertreibt sie ins Absurde. Ohne daß der Patient es bemerkt, ist Fritz jedoch immer gegenwärtig. Er ist in jedem Moment anwesend, um dem Patienten bei seiner nächsten Bewegung im Wege zu sein. Mit seiner Stimme und seinem Gesicht bringt Fritz Geringschätzung und Widerwillen zum Ausdruck. Manchmal ist seine Stimme sanft und ein wenig ironisch. Seine Stimme läßt nicht erkennen, was in ihm vorgeht, und seine Augen sind unbeirrt, wenn er dem Patienten sagt, »jetzt bist du giftig«. Zuweilen fällt Fritz auch in Schlaf. Dann wiederum ist er wütend und seine Stimme klingt unnachgiebig. »Du bist ein totaler Schwindler.« Fritz beobachtet nur. Er wartet und weigert sich, etwas zu erwidern. Fritz ist wahrlich ein Meister gekonnter Frustration. Für uns andere, die darin vielleicht keine solche Meisterschaft erreicht haben, ist die gekonnte Frustration eine pragmatische Angelegenheit. Wir bedienen uns dieses Vorgehens, wenn es Erfolg verspricht. Wir entwickeln ein Verhalten, von dem wir hoffen, daß es dazu beiträgt, den Patienten augenblicklich zu bremsen und zu einer tiefgreifenden, nachhaltigen Erfahrung der Ausweglosigkeit zu führen. Dann muß er nämlich im eigenen Interesse aus seiner eigenen Kreativität heraus handeln.

Ich denke an meine Freundin Jenny, die sich eine Zeitlang hingebungsvoll der Therapiearbeit gewidmet hat. Wir kamen dabei an einen Punkt, an dem ich wußte, daß ich sie daran hindern mußte, die Rolle der Hilflosen zu spielen. Ich wandte meinen Stuhl von ihr ab, las ein Buch und sagte zu ihr, daß ich der ganzen Sache überdrüssig sei und eigentlich gar nicht mehr zuhören würde. Während der Therapie zeigte Jenny ein Vermeidungsverhalten, das sich in erster Linie durch Konfluenz auszeichnete. Sie identifizierte sich mit mir. Als sie auf dem eingefahrenen Weg ihrer angeblichen Hilflosigkeit blockiert war und sich einem Zustand näherte, in dem sie etwas hätte geschehen lassen können, träumte sie, sich auf einem Weg zu befinden, der zu meinem Haus führt. Sie geht ein paar Schritte auf diesem Weg, verläßt ihn dann aber, um einen anderen zu beschreiten, und sagt, »das ist nicht mein Weg«. Sie erzählt mir, jetzt wisse sie, wer sie nicht sei, und daß sie in sich selbst jemanden gefunden habe, »einen Freund, der weiß, was ich brauche und was ich will«.

Ich zweifle tatsächlich daran, daß die Mehrzahl der Patienten überhaupt dazu in der Lage ist, von ihren Opferrollen Abstand zu nehmen, ohne zuvor die fundamentale Erfahrung gemacht zu haben, daß dieses Verhalten zu nichts führt. Ich frage mich, wie viele von uns dem manipulativen Niveau verhaftet sind und denen der Sprung von der eingefahrenen Verhaltensweise zu der Entdeckung ihres eigenen Weges gelingt, ohne dabei zuvor auf den uns vertrauten Wegen blockiert worden zu sein, denn diese Erfahrung nötigt uns dazu, uns unseren eigenen Ressourcen zuzuwenden. Der Therapeut bereitet während der Therapie diese Erfahrung der Ausweglosigkeit vor. Dazu ist es notwendig, daß der Patient immer wieder daran gehindert wird, in seinem Verhalten die vertrauten Muster zu wiederholen. Dann wird der Therapeut schweigen, damit der Patient in diesem extremen Stadium des Alleinseins entdeckt, daß er letzten Endes doch nicht ganz allein ist: er hat sich selbst. Wenn er will, kann er einen neuen Weg finden, der aus ihm selbst heraus entsteht.

Redseligkeit, Belehrungen, Fragen stellen

Redseligkeit. Wir Menschen in der westlichen Welt des 20. Jahrhunderts sind bei unserer Arbeit nahezu ständig mit einer besonderen Form des Vermeidungsverhaltens konfrontiert: mit dem allgegenwärtigen Wirken der DMZ. Wenn in der Therapie überhaupt etwas geschehen soll, müssen wir nach Möglichkeiten suchen, die es uns erlauben, den Strom »der sich in Worte ergießenden Gedanken« zu frustrieren, denn das Phänomen allgemeiner Redseligkeit droht alles andere zu verdecken. Fritz' Gebot: »Laß dich nicht durch Inhalte verführen« läßt die Möglichkeit offen, auf die Mitteilungen des Patienten einzugehen. Statt uns jedoch im Labyrinth seiner Gedanken zu verlieren, bedienen wir uns unserer sinnlichen Wahrnehmung, um auf das Offensichtliche einzugehen, auf den Klang seiner Stimme, auf die Bewegung seines Gesichts, auf seine Gesten oder seine Haltung, auf seine Sprünge, seine Leblosigkeit, je nachdem, welches Verhalten er am deutlichsten an den Tag legt. Ich denke dabei an eine Frau, die ihre Erinnerung an eine lang zurückliegende, furchtbare Erfahrung mit ihrem Vater vortrug. Als sie in einen Dialog eintritt, spricht sie weinend zu ihrem Vater und versucht, ihm etwas zu erklären. Offenbar nimmt sie selbst nicht wahr, daß sie dabei ihre Schultern bewegt und ständig ihren Kopf schüttelt. Als ich die Bewegung ihres Kopfes nachahme, ruft sie ihrem Vater augenblicklich begeistert zu: »Ich habe das Recht, nein zu sagen.« In dem Moment, in dem sie mit ihrem Kopfschütteln in Kontakt gerät, entdeckt sie die von ihr zurückgehaltene Botschaft »Nein« sowie ihre Kraft, dieses Nein auszusprechen. Daraufhin fühlt sie sich stärker und ist vergnügt. Angesichts der Erinnerungen, die ich an meine eigene, sehr weit zurückliegende Arbeit habe, glaube ich, daß ein Eingehen auf ihre Erinnerungen und ihre Worte an ihrer Angst und ihrem Festgefahrensein nichts geändert hätte.

Kommen wir zum Hauptmotiv der Redseligkeit. Es besteht darin, uns und andere abzulenken von dem, was jetzt existiert. Eine besondere Rolle spielt dabei das »Reden über«, das Belehren und das Fragenstellen. Entscheidend ist, daß diese Formen des Redens jeweils die Rollen von Menschen begünstigen, die etwas vermeiden, die sich als Topdog aufspielen oder als Underdog betrachten. Das »Reden über« ein Ereignis ist nicht mit Erfahrung zu verwechseln. Es handelt sich vielmehr um ein Phänomen, das vor allem auf dem Wirken der DMZ beruht statt auf Kontakt. Fritz unterscheidet die Neigung zu weitschweifigen Erklärungen, durch die sich das »Reden über« auszeichnet, vom »Verstehen«. Verstehen geht allein aus der Erfahrung hervor, aus dem unwiderlegbaren Wissen, bei einem Ereignis anwesend gewesen zu sein. Eine Rose kennen wir, weil wir sie sehen, riechen und berühren. Alles weitere sind Aussagen »über« die Rose, die allenfalls unserem Informationsspeicher etwas hinzufügen. Es trägt aber nicht zu unserem Verständnis der Rose bei. Ich glaube, daß die meisten von uns erst nach einer Zeit, in der sich ihre Wahrnehmung entfaltet hat, zwischen Redseligkeit und Erfahrung unterscheiden können. Erst dann lassen sie es zu, daß sich die Gewichte auch in ihrem alltäglichen Leben verlagern, indem sie hier und da einen Teil ihrer Redseligkeit aufgeben, um einfach in Kontakt zu treten und etwas zum Ausdruck zu bringen. Das »Reden über« ist eine Form des Versuchs, Kontrolle auszuüben. Wir können »senden«, um unsere Gefühle zu vermeiden, und so versuchen, unsere eigenen Seinsweisen zu kontrollieren. Wir können einen Wortschwall ausgießen und dabei belanglos bleiben und auf diese Weise versuchen, den anderen durch unseren Gedankenwall zu kontrollieren. »Reden über« kann auf eine Art Hypnose hinauslaufen. Wir hypnotisieren mit Worten. Oft geschieht das, um zu beweisen, daß wir recht haben. Die Rolle des »Bezirksbevollmächtigten« tritt dann in Erscheinung, wenn wir versuchen, Beweise aufzuzählen und unsere Absichten auf Kosten anderer durchzusetzen.

Belehrungen. Eine besondere Form der Redseligkeit sind die Belehrungen. Sie laufen darauf hinaus, den Topdog zu spielen. »Laß dir von mir sagen, wie ich – wie du sein solltest und worum es sich hierbei handelt.« Wenn wir uns entschließen, nicht auf den Inhalt der Belehrungen zu hören, können wir das Phänomen erkennen: dadurch, daß jemand schon alles weiß, eine Vielzahl Richtlinien kennt und sich darüber ausläßt und sich als Lehrer aufspielt, vermeidet er es, sich mit seinen Gefühlen auseinanderzusetzen. Der Patient vermeidet das Zusammensein mit anderen, indem er seine Augen und Ohren verschließt und in der Mittelzone eingeschlossen bleibt. Hinter seinen Worten verbirgt sich der Versuch, uns durch eine Flut von Informationen auszuschließen. Der Belehrende tut damit seinem Stolz Genüge, während das, was ihn in seinem Inneren bewegt, verborgen bleibt.

Ich komme wieder zu Fritz zurück. Für ihn zeichnet sich eine solche Einstellung zum Leben dadurch aus, daß jemand, statt sich zu verwirklichen, ein Konzept verfolgt, das vorschreibt, wie man sein sollte. (6) Es kommt darauf an zu erkennen, daß es sich bei demjenigen, der den Topdog spielt, indem er mit seinen Richtlinien Kontrolle auszuüben versucht, um einen Patienten handelt, der – wenn er sich entwickeln soll – an einen Punkt kommen muß, wo er zulassen kann, daß die entscheidenden Einflüsse von der jeweiligen Situation ausgehen. Um uns dazu zu bringen, die Kontrollversuche aufzugeben, verweist Fritz auf den »Dorftrottel«. Er erinnert uns daran, daß sich der Dorftrottel nicht mehr an dem orientiert, »was sein sollte«. Während wir zusammen am Cowichan See lebten, forderte er uns regelmäßig auf, alle zur gleichen Zeit den Dorftrottel zu spielen. Als wir das taten, geriet einiges in Bewegung, und die Geräuschkulisse schwoll an. Für uns alle, die wir von Zeit zu Zeit den redseligen Boss spielen, war das ein Weg, der uns dazu brachte, uns befreit und ausgeglichen zu fühlen und etwas geschehen zu lassen.

Fragen stellen. Fritz gibt uns zu bedenken, daß auch das Stellen von Fragen eine eigentümliche Form der Redseligkeit sein kann, wenn es einer spezifischen Form der Vereinnahmung dient. Er hebt hervor, daß Fragen am Ende immer einen Haken haben. Die Verführung durch den Fragesteller beruht offenbar darauf, daß dem Stolz des Befragten geschmeichelt wird. Der »Underdog« wendet sich an den »Topdog«. Fritz sagt: »Nur Kinder stellen Fragen (. . .)« Ich höre, daß jemand eine Frage an Fritz richtet, und sehe, daß er einfach keine Antwort gibt. Nichts deutet darauf hin, daß er die Frage auch nur gehört hätte. Wenn wir den Fragen des Patienten ausgesetzt sind, haben wir z. B. die Möglichkeit, ihn darum zu bitten, die Frage in eine Feststellung umzuformulieren. Was auch immer sich hinter der Frage verbergen mag, wird auf diese Weise enthüllt und gibt dem Patienten Gelegenheit, sich mit sich selbst auseinanderzusetzen. Dadurch läßt sich das Spiel von Underdog und Topdog abwenden, und der Patient macht die Erfahrung, daß er selbst die Fähigkeit besitzt, das zu erreichen, was er will.

Zwei weitere Aspekte, die die Redseligkeit in Form von Fragen betreffen, sind das Spiel der »Warum–Darum-Rationalisierung« und das Spiel des hilflosen Killers. Im ersten Fall lädt die gestellte Frage zur Intellektualisierung ein. Der Fragende verlangt eine »Erklärung«. Der Antwortende schaltet seinen Kopf ein, legt sich Hypothesen zurecht und gibt sie als Begründung oder Rechtfertigung und als rational aus. Das »Warum–Darum« nimmt Zuflucht bei der DMZ, um das, was sich tatsächlich ereignet, zu vermeiden. In einer anderen Arena spielt der Angreifende mit seinen Fragen ein Spiel, das sich von dem gerade besprochenen grundlegend unterscheidet. Mit seinen appellierenden Fragen lockt er aus seinem Gegenüber Gedanken und Informationen hervor, um sich dann über die Antwort lustigzumachen und um zu beweisen, daß es dem anderen an Kompetenz mangelt. In diesem Manöver erkennen wir eine beliebte Strategie giftigen Verhaltens.

Blockierungen und die Sackgasse

Kehren wir zu dem Zeitpunkt in der Therapie zurück, wo es erforderlich ist, daß wir den Patienten frustrieren. Gelingt es uns, ihn zu blockieren, das heißt, seiner Zuflucht zu den gewohnten Rollen zuvorzukommen, wird er die Erfahrung machen, daß ihm kein Ausweg offensteht und daß er feststeckt. Auf diese Sackgasse haben wir hingearbeitet. Der Klient macht an dieser Stelle die Erfahrung, daß er keine Möglichkeit hat, voranzukommen. Mit dem Begriff »Sackgasse« bezeichnet Fritz die Erfahrung, die der Patient macht, wenn er außerhalb seiner selbst keine Quelle mehr findet, die ihm Unterstützung zuteil werden läßt. Er hat zu diesem Zeitpunkt noch nicht entdeckt, auf welche Weise er sich auf sich selbst verlassen kann. Wenn der Klient nicht auf eine andere Erfahrung zurückgreifen kann, geht er in diesem Moment davon aus, daß ihm tatsächlich die inneren Ressourcen fehlen, um von sich aus erreichen zu können, wonach er verlangt. Um den Status seines Unvermögens und seiner Abhängigkeit aufrechtzuerhalten, klammert er sich an die Vorstellung, daß ihm keine neuartigen Wege offenstehen und er nicht aus eigener Kraft etwas an seiner Situation ändern kann.

Der Klient verwendet eine Unmenge Energie darauf, sein Dilemma ungelöst beizubehalten. Das ist vor allem darauf zurückzuführen, daß er sich infolge seiner Erschöpfung, seiner Konfusion, seines Verlorenseins und durch die Inszenierung aller möglichen Ängste den Zugang zu sich selbt versperrt. Besonders in diesem Moment muß der Therapeut Vorkehrungen für besondere Umstände treffen. Zunächst bemühen wir uns darum, die Person dazu zu ermutigen, ihr Festgefahrensein und all die damit zusammenhängenden schmerzlichen Gefühle geschehen zu lassen und anzuerkennen. Nach und nach versuchen wir, herauszufinden, wodurch der Patient sich zur Unbeweglichkeit verurteilt. Wenn so seine Erfahrung vertieft wird, wird auch seine Selbstwahrnehmung zunehmen. Er bekennt sich in stärkerem Maße als vorher zu seinem Leiden und nähert sich dem Punkt, an dem er seine Kontrollversuche einstellt.

In diesem Moment kommt es besonders darauf an, mit einer Konstanten zu arbeiten, die in ihren unterschiedlichen Erscheinungsformen stets zur Sackgasse gehört: mit der Phantasie. Das Festgefahrensein ist immer auch ein Ausdruck für den Umgang mit der eigenen Phantasie. Der Patient glaubt in dieser Situation, er sei nicht in der Lage, das für ihn Notwendige zu tun, weil er sich dadurch überfordert fühlt. Damit verfestigt er seine Einbildung zu einem unumstößlichen Faktum. Zudem festigt er noch die Position, in der er sich ohnehin bereits verschanzt hat, indem er sich selbst Katastrophen androht, sollte er einen anderen Weg beschreiten. Er gibt dafür auch noch eine rationale Erklärung, die die Ursache des von ihm phantasierten Verhängnisses auf die Welt projiziert: »Ich werde meinen Arbeitsplatz verlieren.« »Die Leute werden nichts mehr mit mir zu tun haben wollen.« Was immer die Worte und der gedankliche Inhalt sein mögen, die Unbeweglichkeit herbeiführende Drohung ist in ihrem Kern auch eine bestimmte Form des Überlebens. Der Patient glaubt nämlich, daß er nicht mehr zurechtkommen wird und daß seine Schwierigkeiten zunehmen werden, wenn er sich nicht auch weiterhin verhält wie in der Vergangenheit. »Immerhin, auf diesem Weg kann ich es schaffen.« Mit der Vorstellung, etwas Unbekanntes zu riskieren, kann er keine angenehme und erstrebenswerte Zukunft verbinden. Manche Patienten fühlen sich durch solche Vorstellungen sogar in ihrer Existenz bedroht. Sie meinen, sie müßten sterben. Unsere Aufgabe ist es, beim Patienten die Entdeckung zu fördern, daß er seine eigenen Phantasien entwickelt, um sicherzustellen, daß er es gar nicht erst versucht, sich aus seiner eigenen Existenz heraus zu behaupten. Seine Verstörung gründet nicht in seinen Phantasiegebilden als solchen, nicht in den von ihm vorgetäuschten Rollen oder in seinen Manipulationsversuchen, sondern darin, daß er zwischen seinen Vorstellungen und dem, was in der Welt existiert, zu unterscheiden versäumt. Nach Fritz besteht seine Verwirrtheit darin, daß er seine Phantasiegebilde für die Wirklichkeit hält. (7)

Offensichtlich deutet er damit auf die zentrale Voraussetzung, die erfüllt sein muß, wenn die Verstörung behoben werden soll: Erkenne, daß die Sackgasse ein Phantasiegebilde ist. Diese Konsequenz wird jedoch nicht in jedem Fall gezogen; viele Menschen sind nicht dazu bereit, sich auf den inneren Kern ihres neurotischen Problems einzulassen. Nachdem wir jenem Kurs gefolgt sind, den die Straßenkarte für die Therapie uns zeigt, und nachdem wir uns mit den vorangegangenen neurotischen Ebenen auseinandergesetzt haben, werden wir mit der entscheidenden Sackgasse konfrontiert. Nach meiner Erfahrung folgt die Überwindung der Sackgasse und die Aufgabe des manipulativen Verhaltens nicht notwendigerweise daraus, daß jemand entdeckt, welche Rolle seine Einbildung dabei spielt. Der Lernprozeß, in welchem der Patient erkennt, weshalb er in einer so ausweglosen Situation steckt – mit anderen Worten, die vorbehaltlose Wahrnehmung, daß seine Ausweglosigkeit auf einem als Wirklichkeit mißverstandenen Märchengewebe beruht –, führt meines Erachtens nicht dazu, daß er seine verengte Daseinsweise auch aufgibt. Diese Erkenntnis bringt ihn nicht notwendigerweise dazu, im Vertrauen auf sich selbst sein eigenes Leben zu führen. Es ist mir selbst immer ein großes Rätsel geblieben, wie es möglich ist, die Sackgasse zu bewältigen. Nachdem man einige Zeit zusammen verbracht hat, nach all den Kämpfen, die man durchgestanden hat, und nachdem aus der gemeinsamen Arbeit neue Formen der Wahrnehmung und neue Lebensweisen hervorgegangen sind, gelingt offenbar einigen Patienten die Veränderung, die ihnen ein neues Selbstvertrauen gibt, während andere trotz aller Bemühungen weniger erfolgreich sind. Einige Patienten lösen sich von ihren Phantasiegebilden und verzichten auf Kontrolle, sie vertrauen sich selbst und verlassen sich auf ihre eigenen Ressourcen. Sie hören auf, aus ihrer Angst und negativen Einstellung heraus zu handeln, und folgen statt dessen ihren eigenen Imperativen. Andere, die durchaus auch zu der uneingeschränkten Wahrnehmung fähig sind, daß sie ihr Leben auf Kosten einer ihnen möglichen authentischen Daseinsweise führen, ziehen es trotzdem vor, auch weiterhin die ihnen innewohnende Weisheit zu umgehen. Sie nehmen in Kauf, daß die Zwänge einer Welt fortbestehen, die ihren eigenen Vorstellungen entspringt.

Unter den halbwegs gesunden, aufgeschlossenen Leuten mit neurotischen Problemen sind vielleicht jene, die am wenigsten bereit sind, alles zu riskieren und die Sackgasse zu überwinden, auch die, die auf einer tieferen Ebene am meisten kämpfen, um das, was sie wollen, zu bekommen bzw. das, was sie nicht wollen, abwehren zu können. Ich denke dabei an eine Qualität der Erfahrung, die Ronald Laing (8) »ontologische Unsicherheit« genannt hat; es ist das Minimum von Vertrauen in sich selbst, es zu schaffen, und in die anderen, daß sie einem beistehen oder zumindest neutral sind. Sich Bestätigung und ein Mindestmaß an Fürsorge verschaffen sowie Vorsichtsmaßnahmen gegenüber eingebildeten Übergriffen oder gar der Ausschluß anderer werden dann zum wichtigsten Lebensinhalt. Unabhängig von dem, was sich außerhalb von ihm ereignet, verwendet der Patient in vielen Situationen seine Energie auf eine Form der Auseinandersetzung, bei der die anderen entweder vereinnahmt oder abgewiesen werden, nur um das als unbedingt notwendig erachtete Maß an Sicherheit zu wahren. Bei diesen Leuten, die einen großen Teil ihres Lebens der Einhaltung von Maßnahmen zu ihrer Sicherheit widmen, ist über einen längeren Zeitraum sehr viel Arbeit nötig. Ich meine, daß bei ihnen die Angst, die stets im Moment der Ausweglosigkeit auftaucht, auf der Erfahrungsebene ein besonderes Risiko darstellt, insofern jetzt von ihnen verlangt wird, gerade die Gefahren zu ertragen, die sie mit erheblichem Kraftaufwand zu vermeiden suchen.

Ich denke an Menschen, die mit mir zusammen in der Therapie gearbeitet haben und nach einem solchen Kampf zu guten Ergebnissen gekommen sind. Von ihrem Kopf her und bis zu einem gewissen Grad auch darüber hinaus »wissen« sie, daß das, was sie bedroht, ihren Vorstellungen entspringt. Diese Leute haben etwas riskiert und dadurch in eindrucksvoller Weise ihr Leben geändert. Ihnen ist es gelungen, einen neuen, überwiegend positiven Weg zu finden, und jetzt nähern sie sich der entscheidenden Sackgasse.

Ich denke an Joan, die die Therapie vor ungefähr einem Jahr abgebrochen hat. Das war zu einer Zeit, als sie noch nicht mit ihrer Ausweglosigkeit konfrontiert war. Sie fühlte sich selbstbewußt und genoß ihr Leben. Jetzt ist sie zurückgekehrt und sagt in den eindrucksvollsten Worten: »Mein Innerstes ist im Kern noch nicht kuriert worden.«

Ich denke an Joe, der die Rolle des Sonderlings, die er sein Leben lang gespielt hat, nach und nach ablegt. Manchmal stellt er sich vor, er würde sich auflösen und verschwinden. Zudem hat er das Gefühl, innerlich zu »rasen«. Andere verwirrt er durch sein Verlangen, die Aufmerksamkeit auf sich zu ziehen, die er dann aber gar nicht will. Joe versucht ein Problem zu bewältigen, das darin besteht, daß er, wenn jemand ihn ansieht, zuweilen völlig ausdruckslos wird, um zu verhindern, daß ihn jemand »durchschaut«. Er ist auf seinem Weg bereits das Risiko eingegangen, kleinere Sackgassen zu durchleben. Dadurch hat er Vertrauen gewonnen und anhaltende Gefühle des Erfolgs kennengelernt.

Und da ist Beth, deren Opferrolle und manipulatives Verhalten mir einiges enthüllt. Von der Warte des Teils ihres Selbst, auf das sie sich verlassen zu können glaubt, sagt sie: »Ich bin alles, was sie jemals kennengelernt hat. Seit meiner Schulzeit stehe ich auf eigenen Füßen. Ich weiß, was das Beste für sie ist, und mag die Leute nicht, deren Handeln von Mitgefühl und Herzlichkeit getragen wird. Manchmal gestatte ich ihr einige angenehme Gefühle, und wenn die Leute freundlich zu ihr sind, fühlt sie sich, als würde sie ein warmes Bad nehmen. Aber dann erkläre ich ihr, daß diese Leute es nicht ehrlich meinen. Sie wollen sie vermutlich nur für ihre Zwecke einspannen. Sie kennt mich besser als du. Ich bin alles, was sie hat.« Beth hat beruflich viel erreicht, und die Entwicklung ihrer Authentizität und ihrer Bereitschaft, Risiken einzugehen, bringt ihr immer größere Erfüllung. Wie Joan und Joe ist sie ein unerschrockener »Arbeiter« und mobilisiert all ihre Kraft, wenn sie ihrer Sackgasse gegenübersteht und wenn die Situation von ihr verlangt, das aufzugeben, »worauf ich mich bis jetzt immer verlassen habe«.

Weiterführende Straßen

Für jene Personen, die eine entsprechende Bereitschaft mitbringen, können wir einiges tun, um nach Möglichkeit dazu beizutragen, daß immer mehr Menschen ihre Ausweglosigkeit überwinden. Die dazu notwendigen Vorgehensweisen verfolgen die Absicht, dem Patienten die Akzeptanz seiner Situation und der Gefühle zu erleichtern, die er in einem bestimmten Moment hat, so daß er wieder damit beginnen kann, sich im Einklang mit seinem natürlichen Fließen zu bewegen und immer mehr Verantwortung für sich zu übernehmen. Das ist eine Voraussetzung und ein Bestandteil der Einsicht, daß er sein Leben tatsächlich selbst gestaltet.

Bevor wir zu unterstützenden Maßnahmen übergehen, ist es zunächst einmal wichtig, sich damit zu »begnügen«, daß der Patient festgefahren ist, denn man muß sich davor hüten, voreilig auf einen Fortschritt hinzuwirken. Bewegt sich der Patient von selbst, bringt er etwas hervor, indem er in kreativer Weise mit seiner Selbstwahrnehmung und mit der Welt umgeht, mit anderen Worten, stellt er selbst seine Erkundungen an, so macht er bereits das, worauf es uns ankommt. Von Zeit zu Zeit, und das geschieht gar nicht so selten, bin ich angenehm überrascht, wie wenig die Leute von mir verlangen. Einige Patienten arbeiten rasch und gründlich und bewältigen ihre Therapie größtenteils, ohne daß ich mich über ein Minimum hinaus aktiv daran beteiligen müßte. Es gelingt ihnen offenbar, auf unkomplizierte Weise Kontakt sowohl zu sich selbst als auch zu mir zu finden. Es scheint ihnen auch keine Schwierigkeiten zu bereiten, vom Jetzt zum nächsten Schritt ihrer Arbeit überzugehen. Bei diesen Patienten greife ich meistens nur dann ein, wenn ich bemerke, daß sie sich ihre Scheuklappen aufgesetzt haben. Ich höre, wie Fritz uns dazu anhält, auf das zu achten, was der Patient von sich aus für sich selbst tun will. Beharrlich wiederholt er: »Treibe den Fluß nicht an. Er fließt von selbst.« Ich erinnere mich auch daran, daß Fritz immer wieder abgewartet hat, was geschehen würde. Er wartete darauf, daß sein Gegenüber von sich aus Ansätze solchen Verhaltens zeigte, mit denen wir Therapeuten uns beschäftigen können. Grundsätzlich geht die Gestalttherapie davon aus, daß der Therapeut nicht mehr tun kann, als für den Patienten erreichbar zu sein. Alles andere sind Eingriffe, die den Fluß des Patienten beeinträchtigen.

Wir kommen jetzt zu dem Punkt, an dem der Patient bereits all das versucht hat, wozu er aufgrund seines Wissens in der Lage ist. Er will vorankommen, fühlt sich jedoch festgefahren. (Meines Erachtens ist es angebracht, auf dieses Moment des »Willens zum Vorankommen« einzugehen. Ohne jene Dichotomie, die sowohl die energiegeladene als auch die unbewegliche Seite umfaßt, steht uns kein Verhalten zur Verfügung, mit dem wir uns bei unserer Arbeit auseinandersetzen können.) Lassen wir einmal alle ausführlicheren Überlegungen beiseite, insbesondere auch jene, die die Spaltung, die Polaritäten und die Projektion betreffen. Betrachten wir zunächst die Vorgehensweisen, die dem Therapeuten als einem, der bereits stattfindende Prozesse unterstützt, zur Verfügung stehen, wenn der Patient das Gefühl hat, in einer ausweglosen Situation zu stecken und von Konflikten überwältigt zu werden.

Ich möchte damit anfangen, herauszufinden, wo sich der Patient befindet. Wenn er seine ausweglose Situation beschreibt und zum Ausdruck bringt, warum er sich hier und jetzt festgefahren fühlt, fordern wir ihn auf, selbst die Verantwortung dafür zu übernehmen, daß er sich zur Unbeweglichkeit verurteilt und an der Stelle verharren will, an der er sich befindet. Wir fordern ihn also auf, die Verantwortung für die von ihm zum Ausdruck gebrachten und von ihm selbst hervorgebrachten Gefühle zu übernehmen. An dieser Stelle kommt es häufig vor, daß er die andere Seite seines Selbst, seine aktive Seite einbringt, um gegen das Festgefahrensein Einspruch zu erheben. Dadurch ist dann ein Dialog zwischen den beiden einander entgegengesetzten Seiten möglich. Eine andere Möglichkeit, etwas in Bewegung zu bringen, besteht darin, daß er zwischen der gegenwärtigen Situation und seiner Phantasie hin und her wechselt. Wir fordern ihn auf, das, was er sieht und hört, mitzuteilen. Anschließend bitten wir ihn, seine Augen zu schließen und in sich selbst einzutauchen oder sich in seine Phantasie hineinzubegeben. Wenn sich, während er abwechselnd mit diesen beiden Bereichen in Kontakt ist, seine Wahrnehmung entfaltet und Gefühle auftauchen, wird man wieder zu einigen Aspekten seiner Sackgasse zurückkehren. Ich meine, daß ein solches Vorgehen auch deshalb angebracht ist, weil man niemanden zu seinem Glück zwingen kann. Noch vor wenigen Augenblicken war der Patient mit seiner Ausweglosigkeit konfrontiert und wollte nichts dagegen unternehmen. Jetzt bewegt er sich ein wenig. Ich habe die Erfahrung gemacht, daß der Patient, wenn ich aus der ganzen Bandbreite der ausweglosen Situationen nur einen Aspekt auswähle, dieses Fragment im allgemeinen auch akzeptiert und mit seiner Bewegung fortfährt. Dadurch fängt er wieder an, sich selbst in sein Dasein einzubeziehen. Wenn der Patient beispielsweise feststeckt, weil er nicht dazu bereit ist, sich von seiner Vergangenheit zu lösen, und wenn er sich einsam und verloren fühlt, sobald er sich zu bewegen beginnt, wird man den kritischen Punkt – zum Beispiel eine Person, die ihn verlassen hat – nicht einbringen, sondern sich mit anderen Umständen seines Daseins befassen, etwa mit den Abenden, die er allein in seiner Wohnung verbringt. Manchmal wird der Patient Gefühle entfalten, wenn er mit seiner alten, vertrauten Daseinsweise (der Stelle, an der er feststeckt) konfrontiert wird, indem er sich vorstellt, sie befände sich vor ihm auf dem leeren Stuhl. Eine Möglichkeit ist es, daß er einen Dialog mit den Umständen seines Daseins führt. Eine andere besteht darin, solche Alternativen oder Modifikationen seiner Lebensweise herbeizuführen, die er dann auch erfahren kann. Manchmal ist ein Patient, der entschlossen seinem eigenen existentiellen Dilemma Widerstand leistet, dazu bereit, sich auf ein Situationsdrama einzulassen, von dem wir vermuten, daß es seiner eigenen Situation verwandt ist.

Obwohl er feststeckt, ist der Patient in den seltensten Fällen so sehr von seiner Ausweglosigkeit überwältigt, daß er überhaupt keine Verhaltensweisen mehr zeigt, die der Beobachtung wert wären. Was teilt uns sein Körper mit? Wir bemühen uns darum, herauszufinden, was er *tatsächlich* tut, wie verkümmert und kontrolliert auch sein Verhalten sein mag. Man kann ihn auffordern, seine kontrollierten Bewegungen, die er möglicherweise gar nicht wahrnimmt, zu übertreiben. Dadurch wird er auf seine von Energie getragenen Verhaltensweisen aufmerksam, zu denen er dann ein Verhältnis zu entwickeln beginnt. Die bewußte Übertreibung trägt dazu bei, das, was abläuft, zu verstärken und die der Verkrampfung entgegenwirkende Kraft des spontanen Fließens zu steigern. Bemerken wir, daß der Patient einen Muskel anspannt, fordern wir ihn auf, damit fortzufahren und darüber hinaus die Kontraktion noch zu forcieren, bis er die Anspannung nicht länger aufrechterhalten kann und sie schließlich löst. Manchmal hilft es ihm, wenn er diese Sequenz von Spannung und Entspannung einige Male wiederholt, bevor er sich dann auf andere Bereiche seines Körpers einlassen kann, bis er schließlich zu einem autonomen körperlichen und emotionalen Ausdruck findet. Während er so arbeitet, lenken wir seine Aufmerksamkeit auf seine Atmung. Man muß herausfinden, wie er seinen Atem reguliert und sich dadurch selbst zur Unbeweglichkeit verurteilt, daß er sich nur zaghafte Bewegungen erlaubt, durch die die Menge der eingeatmeten Luft stark beschränkt wird.

Wenn wir nicht frei atmen, nehmen wir in Kauf, daß auch kaum etwas zum Vorschein kommt.

Wir müssen darauf achten, welche unabgeschlossenen Situationen der Patient enthüllt. Bremst er sich, indem er immer wieder etwas Neues anführt, um dann die Auseinandersetzung damit zu verweigern? Nimmt er überhaupt wahr, daß er eine Situation heraufbeschwört, der er sich einerseits nicht stellen will, von der er sich andererseits aber auch nicht löst? Schleppt er diese Situation mit sich herum, um sich abzulenken und weil er etwas braucht, worüber er sich aufregen kann? Wenn er offensichtlich in negativen Gefühlen festgefahren ist, die er einem anderen Menschen gegenüber hegt, aber nicht zum Ausdruck bringt, kann man die Sequenz einführen, auf die Fritz im Falle einer derartigen Verstimmung zurückgreift. Wir fordern ihn auf, dem anderen Menschen gegenüber zunächst einmal seine Verärgerung und dann seine Erwartungen zum Ausdruck zu bringen. Im Anschluß daran wird er dazu angehalten, die Verantwortung für die von ihm gestellten Forderungen zu übernehmen. Dieses Vorgehen erlaubt es, mit dem zu beginnen, was den Patienten – der in seinem eigenen Verdruß gefangen ist und stillschweigend andere mit Vorwürfen überhäuft – vorwiegend beschäftigt. Dadurch, daß der Patient auf authentische Weise und offen bekundet, was er will, entsteht für ihn die Möglichkeit, sich nach und nach seine eigenen Erwartungen anzueignen. Statt weiterhin den von allerlei Unannehmlichkeiten begleiteten Versuch zu unternehmen, von anderen zu bekommen, wonach er verlangt, geht er dazu über, sich auf seine Weise auszudrücken, selbst nach einem Weg Ausschau zu halten, der ihm zur Erfüllung seiner Wünsche verhilft. Er erkennt dadurch implizit, daß er im Verhältnis zu anderen nicht viel mehr tun kann, als seine Wünsche deutlich zu artikulieren. In diesem Moment hat er die Situation »beendet«. Ob die andere Person ihm gibt oder ob sie ihm vorenthält, was er sich wünscht – der Patient kann sich jetzt entschließen zu bleiben oder sich in eine andere Richtung zu bewegen. Zusammen mit anderen Menschen oder allein wird er einen Weg finden. Seine Verdrossenheit tritt in den Hintergrund. Die Gestalt ist vollendet, und der Patient ist wieder bereit, einen neuen Teil von sich hervortreten zu lassen.

An dieser Stelle können neue Hindernisse auftauchen. Der Patient findet andere Wege, sich zu blockieren. Die Schwierigkeiten haben sich vielleicht vom ursprünglichen Objekt seiner Verstimmung gelöst und auf etwas anderes bzw. auf einen anderen Menschen verlagert. Er ist erneut bewegungsunfähig. An diesem Verhalten zeigt sich, daß der Patient letztlich immer noch seinem Status quo verhaftet ist. Zuerst müssen wir uns durch das weitverbreitete Spiel hindurcharbeiten, anderen Menschen Vorwürfe zu machen, und den Patienten zu den Menschen und den Umständen begleiten, die er jetzt als Ursache seiner Schwierigkeiten anführt. Gelangt er an den Punkt, an dem er weiß und sich auch eingesteht, daß ihm daran gelegen ist, bei der von ihm geschilderten Situation zu verweilen, bemühen wir uns erneut, so tief und umfassend wie möglich in seine Sackgasse einzudringen. Möglicherweise gibt es für den Patienten noch andere, bislang unentdeckt gebliebene Ursachen, die ihn an dieser Stelle verharren lassen.

Ich möchte abschließend von einer Arbeitssitzung mit Susan berichten. Bei ihr handelt es sich um einen Fall von Selbstunterdrükkung und anhaltender Bewegungsunfähigkeit. Sie hat sich zehn Jahre lang an eine Pseudo-Beziehung zu Jim geklammert. Es hat sich kaum etwas ereignet. Ihre Gefühlswelt ist weitgehend leblos, und sie hat kein Verhältnis zu ihrem Zorn und zu ihrer Sexualität. Im Zusammensein mit ihrem Freund findet sie kaum noch den Rückhalt, den sie benötigt, um emotional überleben zu können. Die Beziehung zu ihrem Freund raubt ihr Zeit und Energie und trägt entscheidend dazu bei, daß sie zu einem Großteil der restlichen Welt keinen echten Kontakt hat.

In der Therapie entdeckt die Patientin, daß nur noch ein verhältnismäßig kleiner Teil von ihr an irgendeiner Form des Lebens teilnimmt. Indem sie an diesem einen Verhältnis zu ihrem Freund festhält, übt sie zugleich Kontrolle über alle anderen Bereiche ihres Lebens aus. Jim spielt mit Vorliebe die Rolle des Chefs. Er fordert viel und gibt wenig. Die Patientin protestiert mit Worten und mit Tränen gegen seine Rücksichtslosigkeit, läßt aber im Prinzip alles beim alten und leidet weiter.

Eines schönen Tages verzichtet die Patientin schließlich zeitweise auf ihr deprimierendes Spiel. Sie spürt etwas von ihrer Kraft und hat das Gefühl, »daß ich etwas unternehmen muß«. Sie nimmt wahr, daß sie jetzt auf ihren Freund selbst dann nicht mehr wütend ist, wenn die psychischen Eruptionen andauern.

Wir legen die ausbleibende Wut dann auf den leeren Stuhl, und die Patientin beginnt mit diesem einen Dialog zu führen. Als sie im Stuhl den Repräsentanten ihrer Wut sieht, verändert sich ihre Stimme. Sie wird tonlos, leise und monoton. Susan fängt leicht an zu schwanken. Ich sage ihr, daß sie ihren Körper ruhig seiner Bewegung folgen lassen soll. Sie senkt ihren Kopf. Ihre Schultern sind nach vorn gebeugt. Sie sinkt in ihrem Stuhl zusammen und sagt: »Ich spüre, daß immer weniger von mir übrigbleibt.« Nach einer Weile fordere ich die Patientin auf, sich dem anderen Stuhl zuzuwenden und sich ihrer Augen und Ohren zu bedienen. Zur »wütenden Susan« sagt sie, »ich höre und sehe, daß du dir selbst die Luft zum Atmen nimmst«. Sie erkennt, daß sie durch ihr Ausweichen in die Leblosigkeit nichts an der Beziehung zu ihrem Freund ändert und daß sie ihn dazu benutzt, ihre Leblosigkeit aufrechtzuhalten. Wie von selbst begibt sie sich in die Vergangenheit und damit in zehn von Leblosigkeit gezeichnete Jahre.

Während sie durch die hinter ihr liegenden Jahre reist, wird ihre Stimme lauter, kräftiger und bekommt einen wütenden Klang. In dem Augenblick, in dem ich den Eindruck habe, daß Susan ihre Wut etwas zurückgenommen hat und bereit ist, dieser Wut Ausdruck zu verleihen, bemühe ich mich darum, ihre beginnende Integration und zunehmende Kraft zu nutzen, um herauszubekommen, zu welchen Schritten sie in ihrem Leben – mit ihrem Freund – bereit ist. Als sie Jim auf den leeren Stuhl setzt, beginnt sie sofort wieder, sich in ihre Leblosigkeit zurückzuziehen. »Innerlich werde ich lebendig sein und mich ärgern. Leblos und deprimiert bin ich nur, wenn ich mit dir zusammen bin.«

Da entwickle ich für Susan eine Situation, in der sie sich unschwer in jeweils einer der beiden von ihr dargestellten Rollen erfahren kann: entweder als die erzürnte oder als die deprimierte und hilflose Susan. In unserer Nähe steht ein anderer Stuhl für ihren Freund, an den sie sich wenden kann, wenn sie – sei es als lebloses, leidendes Opfer oder in ihrer aktiven Gestalt – mit ihm zusammen sein möchte. Für den Rest der Sitzung wechselt Susan zwischen den beiden Rollen, also zwischen Kontakt und Kontaktlosigkeit, hin und her. Indem sie sich abwechselnd von einem Stuhl zum anderen wendet, wird sie darauf aufmerksam, wie schnell und wie oft sie sich vor- und zurückbewegt. Sie erfährt dabei, auf welche Weise sie ihren Körper einsetzt, um die Rollen zu wechseln und eine gewisse Integration zu erzielen. Sie läßt sich auf Jim ein in beiden

Rollen und entdeckt dabei, daß sie jetzt, wenn sie sich im Zusammensein mit ihm leblos fühlt, von Zeit zu Zeit bereit ist, sich durch ihre Depression hindurchzuarbeiten, wobei sie dann Trauer und Wut empfindet. Sie macht in diesem Moment eine wichtige Entdekkung: Ihr aktives Selbst zieht sich zurück, wenn ihm Macht gegeben wird. Dadurch leistet es ihrer von Hilflosigkeit getragenen Rolle Vorschub. Sie spielt diese Rolle aber trotzdem, um weiterhin mit Jim zusammenbleiben zu können. An diesem Punkt hat die Patientin das Gefühl, zu keinem der beiden Stühle zu gehören. »Ich befinde mich in der Mitte zwischen ihnen.« Ich bitte sie daraufhin, in der Mitte zwischen ihren beiden Rollen Platz zu nehmen. Von dort aus sagt sie zu ihrem Freund: »Ich möchte mich von dir lösen, bin aber noch nicht so weit, daß ich dich gehen lassen könnte. In diesem Moment werde ich mich weiterhin quälen.« Sie übernimmt also die Verantwortung dafür, daß sie sich selbst zur Unbeweglichkeit verurteilt und in Depression versetzt. Zudem hat sie eine Menge im Hinblick darauf in Erfahrung gebracht, wie sie ihre Underdog-Rolle aufrechterhält, denn jetzt wird ihr klar, daß sie nur hier und nicht irgendwo anders sein will. Nur von dieser Wahrnehmung ausgehend, hat sie überhaupt eine Chance voranzukommen.

Kehren wir zu den spezifischen Möglichkeiten zurück, die wir haben, um den Ansprüchen eines Patienten begegnen zu können, der sich gespalten und bewegungsunfähig fühlt. Man wird sich mit ihm auf eine Reise in die Vergangenheit begeben. Wenn sich die Empfindungen des Patienten zu regen beginnen, er sich aber trotzdem auf kein bestimmtes Ziel hinzubewegen scheint, fordern wir ihn auf, sich von seinen Gefühlen durch die hinter ihm liegende Zeit tragen zu lassen und zu schauen, worauf er zusteuert. Häufig wird er sich in einer Situation wiederfinden, die sehr weit zurückliegt, die aber dennoch Bestandteile der Dramaturgie seines Lebens ist. Die Rollen, die er in dieser zurückliegenden Situation gespielt hat, und die damals empfundenen Gefühle stimmen häufig mit jenen überein, die gegenwärtig sein Leben erschweren. Angesichts der neuentdeckten, aber vergangenen Zusammenhänge ist er vielleicht eher dazu bereit, sich selbst zu erfahren und die Arbeit aufzunehmen. Da die Reise in die Vergangenheit auf einem von Gefühlen gezeichneten Weg verläuft, wird sie ereignisreich verlaufen und produktiv sein. Ich denke an einen jungen Mann, dessen Dasein aus einer Reihe von Wechselfällen bestand. Ständig wechselten seine

Wohnungen, seine Jobs und die Leute, mit denen er zusammen war. Eines Tages, als er in unser Büro kam, hatte er das große Glück (oder soviel Vernunft), Sandalen statt geschlossene Schuhe zu tragen. So bemerkte ich, daß er seine Zehen von Zeit zu Zeit hin und her tanzen ließ und zusammenzog. Weil er kaum eine Beziehung zu seinem Körper hatte, bemerkte er diese Bewegung seiner Zehen überhaupt nicht und nahm auch deren Botschaft nicht zur Kenntnis. Als er sich in seine Zehen hineinversetzt, wird deren Botschaft deutlich: »Ich möchte rennen.« Außerdem verspürt er ausgeprägte Angstgefühle. Diese Angst brachte ihn auf seiner Reise in die Vergangenheit direkt zu dem Spielplatz, auf dem sich die dritte Klasse aufhielt. Er stand allein in der Ecke und sah zu, wie die anderen Jungen Baseball spielten; dabei zog er seine Zehen zusammen.

Der Patient befindet sich mit seinem Dasein oder zumindest einigen Aspekten seines Daseins in einer Sackgasse. Er will seine Gefühle nicht bewegen, was ihm erlauben würde, an seiner eigenen Situation teilzunehmen. Wir fordern ihn daher auf, seine existentielle Situation außerhalb seiner selbst auf dem leeren Stuhl zu betrachten und alle Gefühle auszudrücken, die er dabei verspürt.* Stehen mehrere Optionen zur Wahl, schaffe ich gern mehrere Stühle herbei, und wir stellen uns vor, die unterschiedlichen Alternativen befänden sich jeweils auf einem Stuhl. Der Patient kann diese unterschiedlichen Alternativen einfach auf sich beruhen lassen. Er kann sich aber auch mit einer davon auseinandersetzen oder seinen Konflikt erkunden, indem er sich auf die ihm verfügbaren Situationen einläßt bzw. mit ihnen der Reihe nach verschmilzt. Manchmal ist es jedenfalls angebracht, mehrere Stühle für die unterschiedlichen Rollen des Patienten zu benutzen. Wenn er dann nämlich in einer Rolle festgefahren ist, stehen ihm noch die anderen zur Verfügung. Weiß der Patient mit anderen Leuten nichts anzufangen, fühlt er sich unter Umständen zu einem seiner anderen Bereiche hingezogen. Dabei ist es von Vorteil, wenn sich diese anderen Rollen ihm »gut sichtbar« darbieten. Ich kann mich nicht daran erinnern, daß

* Auf die Verwendung des leeren Stuhls bei der Arbeit am Gespaltensein werden wir später ausführlicher eingehen. An dieser Stelle beschäftige ich mich nur mit einer der vielen Möglichkeiten, ihn einzusetzen. Im Moment geht es darum, daß der Patient in einer seiner Rollen feststeckt.

Fritz leere Stühle in eben dieser Weise als Hilfsmittel eingesetzt hätte, um die Situationen, in denen jemand festgefahren ist, zu überwinden. Ich stieß irgendwann auf diese Möglichkeit. Sie schien mir eine zusätzliche Perspektive für unsere Arbeit zu bieten. Manchmal haben Leute, die in unser Büro kommen, spezielle Stühle, die sie für ihre verschiedenen Rollen auserkoren haben. Sie benutzen diese äußeren Gegenstände offenbar als emotionale Korrelate, und zwar besonders dann, wenn sie das Gefühl haben, in einer Rolle festzustecken, die ihnen nicht unbekannt ist. Indem ich darauf achte, wo sie sich hinsetzen, kann ich etwas darüber erfahren, wo sie sich in ihrem Inneren gerade befinden.

Man kann sich auch verschiedene Phantasievorstellungen zunutze machen. Wenn der Patient zur Unbeweglichkeit verurteilt ist, weil er sich mit Alternativen quält und nicht bereit ist, mit seinen Vorlieben in Kontakt zu treten, schlagen wir ihm eine Phantasiereise vor, bei der er seine Erfahrungen einfließen lassen und seine »Präferenzen« zum Ausdruck bringen kann. Wenn er sich ganz offensichtlich dagegen sträubt, von einem bereits abgeschlossenen Ereignis abzulassen, um sich weiterbewegen zu können, unterbreiten wir ihm ein Spektrum von Phantasien, das eine Anzahl von Möglichkeiten enthält, zwischen denen er wählen kann. Wenn er dann an irgendeiner Stelle Kontakt findet und sich zu bewegen beginnt, wird er diese Bewegung möglicherweise auch auf die gegenwärtige Situation übertragen.

Verliert sich der Patient in Selbstquälereien und läßt er wenig Kontakt zu seiner Welt erkennen, schlagen wir ihm vor, einen anderen Menschen so zu behandeln, wie er mit sich selbst umgeht. Hat man herausgefunden, wie er mit sich selbst umgeht, empfiehlt es sich, nicht gegen dieses Phänomen anzugehen. Statt dessen wird man ihm zunächst einmal folgen, indem man darauf hinwirkt, daß der Patient das Verhalten, in das er sich verstrickt hat, noch verstärkt. Wenn er sich dann für einige Zeit selbst gepeinigt und man festgestellt hat, was er eigentlich macht, fordern wir ihn auf, einen anderen Menschen in der gleichen Weise zu behandeln. Dieser andere kann entweder eine wirkliche Person sein oder jemand, von dem wir nur annehmen, er säße auf dem leeren Stuhl. Wenn der Patient sich selbst Kopfschmerzen bereitet, geben wir ihm ein Kissen, das den Kopf eines anderen Menschen repräsentiert, und fordern ihn auf, diesen Kopf (vorzugsweise das Objekt seines unterdrückten Ärgers) wie seinen eigenen zu behandeln. Im allgemeinen hatte Fritz Leute um sich, die an verschiedenen Teilen seines Körpers herumzerrten. »Mach das mit mir«, höre ich ihn sagen. Wenn sich der Patient das Leben selbst schwer macht und er seinen eigenen Teufel spielt, lassen wir ihn einen anderen Menschen oder mehrere Leute nacheinander quälen. Er wird sich dann bald wohler und stärker fühlen und die Fähigkeit entwickeln, sich zu bewegen – vielfach kann er sich daraufhin sogar wieder seines Lebens erfreuen. Besonders Leute, die vorzugsweise die Rolle des Opfers oder des netten Kerls spielen, mögen dabei Fähigkeiten entdecken, die sie sich selbst überhaupt nicht zugetraut haben.

Man kann auch mit Umkehrungen arbeiten. Wir fordern den Patienten auf, den Gegenpart zu jener inneren Erfahrung zu spielen, die in seinen Gefühlen zum Ausdruck kommt, von der er sich aber nicht lösen will. Wenn er das Gefühl hat, auf der Bühne zu stehen, und selbstbewußt auftritt, fordern wir ihn auf, seine Energie in die Augen zu legen und das Publikum zu spielen. Fühlt er sich alleingelassen und einsam, veranlassen wir ihn, andere Menschen von sich zu weisen. Manchmal, vielleicht sogar meistens sträuben sich die Leute dagegen, einmal absichtlich so zu tun, als seien sie anders, als sie tatsächlich empfinden. Manchmal kommen wir dann einen Schritt voran, wenn wir sie ermutigen, »nur so zu tun, als ob (. . .)«. Es ist jedoch nichts verloren, wenn sie untätig und weiterhin festgefahren bleiben wollen. Die Aussichten auf Erfolg sind so groß, daß man von Zeit zu Zeit immer wieder einmal die Möglichkeiten des Spiels mit den Umkehrungen erkunden sollte.

Von einer weiteren uns zur Verfügung stehenden Vorgehensweise sollte man meines Erachtens nur mit Vorsicht und Zurückhaltung Gebrauch machen: dem Patienten einen Hinweis geben oder einen Satz anbieten, der das ergänzt, was er unausgesprochen durchblicken läßt bzw. spontan fast geäußert hätte. Was empfindet er dabei, wenn er unseren Interpretationsvorschlag selbst ausspricht? Geht er davon aus, daß die Feststellung der Wahrheit entspricht, oder ist er anderer Meinung? Wird er die Feststellung abändern, um sie übernehmen zu können, oder macht er sie sich zu eigen? Ich denke an einen Patienten, der von seinen hämmernden Kopfschmerzen berichtet, während sein Körper vom Hals abwärts reglos und schwerfällig ist und in einer Warteposition verharrt. Ich bitte ihn, einen Dialog zwischen seinem Kopf und seinem Körper zu führen. Als sein Kopf »Qual« und »Schmerzen« bekundet, ergänze ich die Worte »Energie« und »Bewegung«. Er hört die Worte und verwendet sie auf seine Weise. Er versucht weiterhin seinem Unbehagen dadurch auf die Spur zu kommen, daß er all seine Energie im Kopf konzentriert, um auf diese Weise seinen Körper kontrollieren zu können. Manchmal ergänze ich das, was die Leute zur Sprache bringen, mit ganzen Sätzen. Doch bevor ich den Patienten dazu auffordere, eine nicht von ihm selbst getroffene Feststellung zu übernehmen, halte ich es unbedingt für notwendig, auch hier jene Umsicht walten zu lassen, auf die wir schon weiter oben im Zusammenhang mit dem Gebrauch unserer eigenen Phantasie und unserer Interpretationen eingegangen sind.

Wenn der Patient seiner Sackgasse sehr nahe kommt und stürmische Gefühle auftauchen, die sich seiner Kontrolle zu entziehen drohen, schlüpft er meistens bestärkt in die ihm seit langem vertraute Opferrolle und macht erneut die Erfahrung seiner Hilflosigkeit. Wenn jemand fast schon bereit ist, sich von seinem eingefahrenen manipulativen Verhalten zu lösen, kann es vorkommen, daß seine Neigung, sich selbst zu bekämpfen, um so mächtiger wiederkehrt. Die Welt scheint dann wieder voller Raubtiere zu sein, und der Kampf ist jetzt noch intensiver als vorher. An dieser Stelle kann der Patient sich selbst helfen, indem er etwa die Anzahl seiner Arbeitssitzungen erhöht. Ich meine, daß er sich mehr als eine Woche dafür Zeit nehmen sollte. Es ist nicht leicht, aus einer Sackgasse herauszukommen. Immerhin können wir einen dafür geeigneten Raum zur Verfügung stellen, wobei wir uns jetzt auch darauf stützen können, daß der Patient an diesem Punkt von sich aus danach verlangt.

Spaltungen und Gegensätze

Wir kommen jetzt zur Arbeit mit der Spaltung und den Gegensätzen, die Fritz »Zentrierung« genannt hat. Solange der Klient nur die Extreme irgendeines Kontinuums erfährt, hat er kein Zentrum. Es fehlt ihm die Erfahrung eines Selbst, das von sich aus im Austausch mit der Welt gibt und nimmt. Eine Frau mittleren Alters, die ihrer ungeliebten Arbeit überdrüssig ist und sich infolge ihrer Streitereien mit den Kindern abgespannt fühlt, entdeckt, daß sie von ihren einander entgegengesetzten Rollen zerrissen wird:

»Ich bin verwirrt, weil ich mich in hundert verschiedene Richtungen bewegen will. Dann trinke ich und mach überhaupt nichts mehr.« Topdog und Underdog fechten einen Krieg miteinander aus, der Stillstand zur Folge hat. Der Kampf wiederholt sich immer wieder ohne Aussicht auf einen Ausweg. Die meiste Energie verbraucht diese Frau bei ihren Anstrengungen, ihre verschiedenen Bereiche zu kontrollieren, während sie nur sehr wenig Energie darauf verwendet, ihrem organismisch-intuitiven Selbst die Möglichkeit zu geben, sie in Richtung auf die Erfüllung ihrer Wünsche zu leiten.

Die Arbeit des Therapeuten besteht dann darin, die Integration und Versöhnung der miteinander in Widerstreit liegenden Teile der Persönlichkeit zu erleichtern. Unser Vorgehen bedarf des Dialogs, insofern es darum geht, zwei Seinsweisen des Patienten miteinander in Kontakt zu bringen. Sie sind in dem Moment isoliert und führen jede für sich ihren einsamen Kampf um die Kontrolle über die Persönlichkeit. Der Dialog zwischen den Rollen, die die Gegensätze verkörpern, öffnet den Weg zur Vermittlung zwischen ihnen. Das Bemühen um Kontrolle weicht der Kommunikation, und es besteht zumindest die Möglichkeit, daß sich über die Versöhnung der Gegensätze Erfolge einstellen. Der Weg, der zur Integration der offenbar nicht miteinander zu vereinbarenden Gegensätze führt, ist das Hören. Fritz hebt hervor: »Hören, verstehen und offen zu sein ist ein und dasselbe.« Indem wir die für den Patienten charakteristischen Gegensätze identifizieren und dann einen Dialog zwischen ihnen vorbereiten, in dem diese beiden feindlichen Rollen hervortreten können, schaffen wir einen Ort, an dem der Patient zusehends mehr Bereitschaft entwickelt, seine Bemühungen um Kontrolle zumindest hin und wieder einzustellen und etwas Energie auf das Hören und Zuhören zu verwenden. Der Riß kann zwischen dem Klienten und einem Menschen aus seiner Umgebung bestehen, den er sich ausgesucht hat, damit dieser eine komplementäre Rolle spielt. Er kann aber auch in ihm selbst auftreten. In beiden Fällen ist das therapeutische Vorgehen dasselbe.

Der Therapeut muß zuerst den Gegensatz ausfindig machen. Um wahrzunehmen, wie der Patient diese Spaltung in sich selbst herbeiführt, muß der Therapeut offen sein für das, was sich hinter dem Verhalten des Klienten verbirgt. Das heißt einerseits, er muß der Verlockung widerstehen, in der Redseligkeit und in den Inhalten zu versinken. Dadurch steht dann seine Energie seinen Augen und Ohren zur Verfügung, um das grundlegende Phänomen wahrnehmen zu können, das der Patient offenlegt. Die lähmenden Verhaltensextreme, die wir abzubauen versuchen, lassen sich an dem beobachten, was der Patient hier und jetzt in der therapeutischen Situation tut. Er spielt – für gewöhnlich, ohne es anfangs selbst wahrzunehmen – erst eine Seite und dann die andere. Wenn ich sehe, wie jemand eine seiner Rollen zu entfalten beginnt, verlasse ich mich darauf, daß ich mich an andere, widersprüchliche Rollen aus seinem Repertoire erinnere, und bringe dementsprechend ein, was der Patient zu einem früheren Zeitpunkt vorgetragen hat, um ihn auf seine Gegensätze aufmerksam zu machen.

Ich kehre zu einer Frau aus unserer Workshopgruppe zurück, der es ein Anliegen ist, über die Ungerechtigkeiten zu sprechen, die ihr von ihrer Familie zugefügt worden sind. Sie hat alle vernünftigen, aber auch einige übertriebene Schutzmaßnahmen beschworen, doch findet man dennoch weiterhin Möglichkeiten, sie zu unterdrücken. In diesem Raum, hier und jetzt, spielt sie – hinter ihrer Beredsamkeit versteckt – die Rollen des Siegers und des Besiegten. Sie versucht uns kleinzukriegen, indem sie zu beweisen versucht, daß es weder hier, mit Hilfe der Therapie, noch irgendwo anders eine Lösung für sie gibt. Diese Frau konfrontiert uns mit ihrer Rolle des hilflosen Opfers und mit dem entsprechenden Gegenstück, das darin besteht, anderen eine Niederlage zuzufügen, indem man von ihnen etwas Unmögliches verlangt. Diese letzte Rolle, die die kritische Variable darstellt, speist sich aus einem verwickelten Gewebe, das ihr Verhalten überlagert, aus ihrer Redseligkeit, ihrer Unschuldsattitude und ihrem listigen Auftreten als einer Hilflosen, die nur ihre mitleiderweckende Geschichte erzählt.

Die universellen Gegensätze, die sich hinter unzählig verschiedenen Rollen verbergen, hat Fritz »Topdog« und »Underdog« genannt. Grob gesagt handelt es sich darum, daß jemand einerseits festlegt, was »sein sollte«, während er andererseits zugleich davon ausgeht, daß er dazu »gar nicht in der Lage« ist. Letztendlich läuft das auf »du sollst« und »ich kann nicht« hinaus. Die Topdog-Rollen lassen sich an ihrer Direktheit erkennen. Der Topdog übt Herrschaft aus, indem er überwältigt: er schwadroniert, droht, weiß alles und drängt anderen seine Maßstäbe auf. Er ist beredt. Er tritt regelmäßig auf, als sei er Vater bzw. Mutter, Prediger, Lehrer, Rotkreuzpfleger und Anführer. Auf der anderen Seite versucht der Underdog durch seine Passivität indirekt Herrschaft auszuüben. Er sabotiert, vergißt, er kommt zu spät und kann nie etwas dafür. Er bemüht sich redlich und scheitert, schiebt alles auf die lange Bank, gerät in Verwirrung und bleibt unverbindlich. Der Underdog verkriecht sich. Er wird sich nicht erheben, um berücksichtigt zu werden. Stets macht er andere verantwortlich. Er wird von seiner Hilflosigkeit und seinem Vermeidungsverhalten in Anspruch genommen. Für sein Auftreten ist es charakteristisch, daß er sich als »ich Ärmster«, als Opfer, Kind, »dumm«, unschuldig, als Kranker oder Märtyrer hinstellt. Wenn der Topdog und der Underdog zusammentreffen, haben wir es mit dem altbekannten Verhältnis von frustriertem Herrn und sabotierendem Knecht zu tun.

Die Rollen des Topdog und des Underdog werden gespielt, um Herrschaft auszuüben. Das Ziel ist es, sich selbst oder andere zu manipulieren. Wir suchen sehr sorgfältig ausgewählte Vorwände zusammen, um das zu bekommen, was wir wollen, und um das zu vermeiden, was wir nicht wollen. Ob nun jemand von dem ausgeht, was sein sollte, oder ob sich jemand darauf zurückzieht, daß er nicht in der Lage ist, etwas zu unternehmen – das Ergebnis ist unabhängig vom beschrittenen Weg in beiden Fällen dasselbe. Weder der Topdog noch der Underdog erreichen etwas auf authentische Weise. Die Kommunikation ist blockiert. Übrig bleibt allein der Kampf um die Herrschaft. Oberflächlich betrachtet scheinen die Topdog-Rollen von größerer Kraft zu zeugen. Tatsächlich gewinnen aber im allgemeinen die Underdog-Rollen die Oberhand. Der Underdog zieht sich einfach auf sein Vermeidungsverhalten zurück und überläßt den Topdog sich selbst. Das Offensichtliche, bzw. das Vordergrundphänomen des Kampfes zwischen dem Topdog und dem Underdog, zielt darauf ab, wie Fritz sagt, »den Wahnsinn zu kontrollieren«, der unvermeidlich den Menschen heimsucht, der Kontrolle ausüben möchte und das Gefühl hat, selbst in jeder Hinsicht kontrolliert zu werden.

Es kommt darauf an, die Gegensätze ausfindig zu machen. Ich kehre zum gestrigen Tag zurück. Joe träumt von seiner Erschöpfung und fühlt sich zu abgespannt, um sich noch bewegen zu können. Plötzlich taucht die andere Seite in ihm auf – der lachende und tanzende Groucho Marx mit seiner unerschöpflichen Energie. Zusammen mit Fritz macht der nette und anständige junge Mann, der stets seinen Pflichten nachkommt, die Entdeckung seiner Gegensätzlichkeit, indem er die Rolle eines Menschen spielt, der anderen Frustrationen zufügt. Jetzt haben wir den trübsinnigen Herrn, dessen Verhalten leicht vorhersehbar ist, und den lachenden Saboteur unmittelbar vor Augen. Ich sehe auch Jim vor mir, wie er seine Träume erzählt. Er zeigt wenig Vitalität und seine Stimme klingt leblos. Er teilt uns dann mit, daß er im Inneren seiner Leblosigkeit das Gefühl hat, ein Narr zu sein, und Fritz steigert daraufhin den Gegensatz zwischen dem Leblosen und dem Narren.

Wenn wir diese Gegensätze herausgefunden haben, eröffnen wir einen Dialog, indem wir den Patienten dazu auffordern, sich vorzustellen, er sehe und höre jeweils die Rolle auf dem leeren Stuhl, die zu spielen er gerade im Begriff ist. Weil wir Wert darauf legen, dort anzufangen, wo wir uns gerade befinden, lassen wir den Patienten zuerst die Rolle spielen, die seinem momentanen Erleben entspricht. Während des Dialogs besteht die Arbeit des Therapeuten in erster Linie darin, den Kontakt zu fördern. In pragmatischer Hinsicht heißt das, daran zu arbeiten, daß jemand auch das hört, was er äußert. Wenn der Patient in seinen verschiedenen Rollen bereit ist, das Geschehen zur Kenntnis zu nehmen, läßt sich beobachten, daß sich seine Gefühle verändern und die Spaltung geringer wird. Er hat stärker das Gefühl, »im Einklang mit sich« zu sein.

Anfangs äußern sich die Leute meistens sehr verärgert, indem sie vom Standpunkt einer ihrer Rollen zur entgegengesetzten Stellung nehmen. Sie machen den anderen Stuhl dann für ihre Misere verantwortlich. In diesem Zusammenhang fallen mir die Ehepartner ein, die seit langem aufgehört haben, einander zuzuhören. Der Klient übernimmt beide Rollen, indem er die jeweils andere »beschimpft«. Auf den ersten Blick sieht es so aus, als würde er meiner Aufforderung, »bring das dem anderen gegenüber zum Ausdruck«, nachkommen. Tatsächlich handelt es sich aber um Vermeidungsverhalten. In jeder dieser Rollen wird die Isolation gegenüber dem anderen aufrechterhalten, denn durch die beharrliche Wiederholung des eigenen Standpunktes vermeidet man, auf das einzugehen, was auf dem anderen Stuhl zum Ausdruck gebracht wird. Meine Intervention geschieht in diesem Fall in der Absicht, die Erkenntnis zu erleichtern, daß der Klient nicht hören will, was der andere sagt. »Hörst du, was der andere sagt?« Wenn der Klient erst einmal aufgrund seiner Erfahrung eingesehen hat, daß es möglich ist, eine Rolle zu spielen und zugleich dem anderen Gehör zu schenken, beginnt er, seinem Gegenüber mit wirklicher Kommunikation zu begegnen. Er macht dann bald schnelle Fortschritte in Richtung Integration. Wenn er an diesem Punkt seines Dialogs angelangt ist, mache ich im allgemeinen nicht viel mehr, als seine wachsende Kraft zu fördern. Häufig geht es dann darum, ihn seine neuentstandene, spontane Form der Selbstbehauptung mit mehr Nachdruck wiederholen zu lassen.

Nach meinen Erfahrungen ist es nicht gerade einfach, mit genügend Nachdruck auf die Integration jener fragmentarisierten und einander feindselig gegenüberstehenden Gegensätze hinzuarbeiten, die eine Person in ihrem Inneren oder in bezug auf andere erlebt. Einige Leute spielen mit Vorliebe fast ausschließlich die Topdog- oder die Underdog-Rolle, so daß sie das jeweils Entgegengesetzte als Eigenschaft anderer Leute erleben. Ob nun jemand die Topdog- oder die Underdog-Rolle nach außen projiziert oder selbst beide Rollen spielt, auf beide Fälle trifft Fritz' Konzept der Leerstelle in der Persönlichkeit zu. Solche Gegensätze machen die kritische Leerstelle aus. Es fehlt die Mitte. Die Person hat keine Möglichkeit, sich selbst im lebendigen Austausch mit ihrer Umwelt zu erfahren.

Man muß sich darum bemühen, herauszufinden, in welchem Bereich der Patient sich als stark erlebt. Ich denke an Larry, der sich als Topdog stark fühlt. Er spielt den Intellektuellen und geht dann dazu über, sich wie ein frustrierter Playboy aufzuführen. Es ist ihm nie so recht gelungen, seine Magisterarbeit zum Abschluß zu bringen. Ganz gleich, womit er sich auseinandersetzt, es fehlt ihm die Ausdauer, über einen längeren Zeitraum dabei zu bleiben. Einerseits muß er ununterbrochen arbeiten und studieren, andererseits braucht er ein Jahr Urlaub, um segeln gehen zu können, um mit seinem Rucksack auf dem Rücken durch die Welt zu reisen und der Holzschnitzerei nachzugehen. Er beginnt seinen Dialog, indem er zwischen zwei Positionen hin- und herschwankt, die einander feindselig gegenüberstehen. *Der Intellektuelle* (mit überzeugter Stimme und aufrechter Haltung): »Ich will die ganze Zeit für mich haben. In diesem Semester werde ich sechs Prüfungen absolvieren. Ich werde die Zeit ausschließlich darauf verwenden, mir meinen Lebensunterhalt zu verdienen und meinem Studium nachzugehen.«

Der Playboy: »Ich habe genug von dir. Ich brauche ein Jahr frei. Von dir ist nichts zu erwarten.« *Der Intellektuelle:* »Du hast vollkommen recht. Ich brauche alles für mich.« Als Topdog macht er in gewissem Ausmaß die Erfahrung seiner Stärke, und seine Stimme klingt lebendig und überzeugt. Es zeigt sich, daß er durchaus über Vitalität verfügt und einen Zugang zu seinem Inneren hat. Die Kraft, die er in diesem Moment als Topdog spürt, kann er auf eine andere Situation übertragen. Das kann eine Situation sein, die dazu angetan ist, ihn an eine Stelle zu führen, an der die Umstände seiner Existenz ihn im allgemeinen der Hilflosigkeit aussetzen. Das gibt uns die Möglichkeit, ausgehend von der Rolle des Topdog einen Funken von Leben in einen von Schwierigkeiten gezeichneten Bereich zu bringen.

Der Spaltung in eine rechte und eine linke Seite kommt besondere Bedeutung zu. Vor allem die Träume offenbaren in einer deutlichen, von Spannungen geladenen und uns zugänglichen Weise die Erfahrung des Konflikts zwischen unserer rechten und linken Seite. Die linke Seite repräsentiert das Wahrnehmungsvermögen und das Gefühl, die rechte Seite das Handeln, die Kraft und das Vermögen, sich den Anforderungen der Welt zu stellen. Fritz hat darauf hingewiesen, daß bei der Schizophrenie eine dieser beiden Arten des Bezugs zur Welt fehlt. Der Patient hat es aufgegeben, sich mit seiner Welt auseinanderzusetzen und aktiv etwas zu tun, und liefert sich zunehmend seinen Gefühlen aus; oder aber er stürzt sich in einen Aktivismus, der sich durch Wahrnehmungsverlust auszeichnet. Die Versöhnung von rechts und links trägt dazu bei, daß zwischen dem Handeln und dem Empfinden eine Verbindung und ein Gleichgewicht entstehen. Es ist noch gar nicht lange her, daß ich zu meiner Freude einen Jugendlichen dabei beobachten konnte, wie er sein Gleichgewicht wiederfand. Er arbeitete an dem Gegensatz »ich sollte – ich kann nicht«, der für ihn der Anlaß war, als Topdog zu einem Teufel zu werden, der stets das schmäht und verspottet, was er gerade macht. Dann kommt der Underdog zum Vorschein, in seiner Unbeweglichkeit versunken und leidend. Triumphierend entdeckt David schließlich, daß er als Topdog eine Menge in Bewegung setzt, dabei aber kaum etwas empfindet, während er in der entgegengesetzten Rolle zwar überwältigende Gefühle hat, aber in seiner Unbeweglichkeit verharrt. »Von beidem etwas, das ist es, was mir fehlt und was ich brauche!« Auf diese Weise verordnet er sich selbst, was er benötigt, und ist auf dem besten Wege, sein Gleichgewicht zu finden.

Meine Erinnerung an einen anderen Mann, der unter sexuellen Problemen litt, führt uns ebenfalls zum Kampf zwischen der rechten und linken Seite. Für ihn ist es charakteristisch, daß er sich nur unter Qualen und sehr zögernd einer Frau zu nähern wagt. Durch das Wahrnehmungskontinuum kommt er mit den Links-Rechts-Divergenzen in Berührung, die ihn selbst überraschen. »Es ist, als verlaufe durch meine Mitte eine Grenzlinie.« In seiner linken Seite fließen die Gefühle. Seine rechte Seite weigert sich, sich zu bewegen. Als er nacheinander zu jeder der sich aufeinander beziehenden Seiten wird, kommen in seinem Dialog zunächst der Argwohn und der Antagonismus zwischen der sich bewegenden und der gehemmten Seite zum Ausdruck, und dann entsteht ein Austausch zwischen Geben und Hören. Seine rechte Seite gibt nach, und er macht die Erfahrung, daß sein Körper jetzt nicht mehr so sehr in zwei Teile zerfällt. Ungezwungen fließen Botschaften von einer Seite seines Seins zur anderen, und schließlich bringt sein integriertes Selbst eine bewegte, bezaubernde sexuelle Phantasie hervor. In diesem Moment ist ihm die Integration gelungen. Er läßt eine neue körperliche Integration zu, die er, wenn er möchte, von hier aus auf das eigentliche Objekt übertragen kann, auf eine Frau, die es wirklich gibt.

Ob wir nun mit einer Spaltung anfangen, die wir in uns selbst erfahren, oder mit einem unserer auf die Welt projizierten Gegensätze, in jedem Fall werden wir neue Kraft in uns entdecken, wenn uns die Integration der Gegensätze bis zu einem gewissen Grad gelingt. In dem Moment, da zwei unserer Rollen, die jeweils die Extreme widersprüchlicher Botschaften repräsentieren, miteinander zu korrespondieren beginnen, erfahren wir, daß unsere Kraft zunimmt. Das »Kind« gewinnt von seinen »Eltern« etwas von seiner Kraft zurück. Der Gequälte eignet sich etwas von der Energie wieder an, die sein Teufel ihm zuvor abspenstig gemacht hat. Im Zuge einer umfassenden Integration der beiden Positionen erfahren wir unser Selbst bzw. unsere Mitte. Wenn wir uns in der Gesellschaft anderer Leute befinden, können wir geradeheraus und unseren Interessen gemäß handeln, und wir entdecken, daß unsere manipulativen Rollen keineswegs unbedingt notwendig sind. Wir wissen, was wir tun und was wir lassen können. Das Problem liegt darin, daß wir es im allgemeinen vorziehen, unsere Spaltungen beizubehalten, indem wir unsere Energie fast ausschließlich für einen Aspekt unseres Seins einsetzen. Die Energie fließt zu jenen Bereichen, mit denen wir uns identifizieren. In der westlichen Welt von heute wollen wir vor allem »haben« und konzentrieren unsere Kraft auf unseren Intellekt. In jeder Rolle, die dem entgegengesetzt ist, fühlen wir uns dann ziemlich hilflos. Die heute vorherrschende Denkweise zeichnet sich dadurch aus, daß die Diktate unseres Intellekts im Widerspruch zu dem sehnsüchtigen Verlangen unseres Gefühlslebens stehen. Gerade dagegen wendet sich Fritz, wenn er darauf hinweist, daß wir einiges von unserer eigenen Stärke kennenlernen können, wenn wir uns auf die tieferen Schichten unserer von Gefühlen getragenen Wahrnehmung einlassen. »Verlier deinen Verstand und komm zu deinen Sinnen.«

Zur Versöhnung der Gegensätze kann auch die Bereitschaft gehören, jemandem zu vergeben und nicht auf seinem Recht zu beharren. Ich komme jetzt zu Anne, die über viele Monate in der Therapie gearbeitet hat und festgefahren zu sein scheint. Immer wieder begibt sie sich zurück, um zu dem acht Jahre alten Mädchen zu werden, das sie einmal war. In diesem Alter wurde sie von ihrer Mutter ermahnt: »Sorge für deine kleine Schwester und für deinen Vater. Ich verbiete es dir, jemals mit Marie zusammenzuleben.« Kurze darauf nahm sich ihre Mutter das Leben. Anne spielt sowohl die Rolle des Kindes, die man ihr nicht zugestehen wollte, als auch die Rolle ihrer Mutter. Was sie beschäftigt, ist das Verhältnis ihrer Kinderrolle zu ihrer Mutterrolle. Dabei empfindet sie Kummer, Wut, Mitleid und Frustration. Sie entwickelt »Verständnis« für ihre Existenz, die für sie einerseits ein Dasein als hilfloses verlassenes Kind bedeutet, andererseits aber vorzeitig von ihr verlangt, die Rolle der Mutter zu übernehmen, die nur für andere da ist. Jetzt erfährt sie, wozu ihr das Vermeidungsverhalten dient, weshalb sie sich verhält, als sei sie immer noch ein Kind. Indem sie durch die Versöhnung dieser beiden Rollen zu ihrem eigenen Weg findet, gewinnt sie ein ihr bis dahin unbekanntes Selbstvertrauen. Das Gefühl, ihre Mitte gefunden zu haben, gibt ihr genügend Kraft, um sich von jenen verfestigten Verhaltensweisen zu lösen, die ihrer Schein-Existenz zugrunde liegen. Sie ist jetzt dazu in der Lage, etwas geschehen zu lassen, sich ihrem wahren Wesen entsprechend zu verhalten und ihre toten Eltern in Frieden ruhen zu lassen.

Eine letzte Überlegung im Hinblick auf eine kritische Erscheinungsform der Spaltung ergibt sich aus der grundlegenden Diskrepanz zwischen dem Selbstverständnis des Patienten und dem, wie er nach außen erscheint. Im Zentrum der Therapie treffen wir auf das Problem, daß sich der äußere bzw. öffentliche Bereich und der innere bzw. private Bereich des Patienten nicht miteinander dekken. Wir haben es dabei nicht mit dem Problem von Wesen und Erscheinung zu tun, sondern mit dem Verhältnis von zwei unterschiedlichen Ereignissequenzen, die gleichzeitig ablaufen. Meines Erachtens beruht das klassische Mißverhältnis bzw. der offensichtliche Mangel an Kongruenz, den wir in der therapeutischen Situation immer wieder beobachten können, in vielen Fällen darauf, daß der Patient einerseits von aufwühlenden Gefühlen berichtet, die ihn bewegen, während er andererseits das Bild vollkommener Leblosigkeit abgibt. Er empfindet alle möglichen unliebsamen Irritationen, Ängste und Schmerzen. Wir sehen und hören dagegen nur die Reglosigkeit, die er über sein Chaos verhängt. Das »Offensichtliche« bzw. das zu beobachtende Phänomen, das sich unserer Wahrnehmung darbietet, ist nur die eine Hälfte des Bildes. Das heißt, das tatsächliche Phänomen, dem wir unsere Aufmerksamkeit zuwenden müssen, zeigt sich in diesem Fall nicht als Leblosigkeit des Klienten, es verweist vielmehr auf seinen Mangel an Kongruenz. Im Mittelpunkt unserer Arbeit steht die Spaltung, die zur Folge hat, daß eine der beiden Realitäten verdeckt wird, und weniger das Phänomen, das von dem beobachtbaren Verhalten hervorgerufen wird.

Aus seiner Arbeit mit schizophrenem Verhalten hat Ronald Laing einige Folgerungen von besonderer Klarheit und Erklärungskraft abgeleitet. Er verweist auf die Dichotomie zwischen innerem bzw. privatem und äußerem bzw. öffentlichem Geschehen und unterscheidet dabei zwei Erscheinungsformen. Im ersten Fall, unabhängig davon, ob sie dem Betroffenen bewußt ist oder nicht, entgeht die Dichotomie dem Beobachter. Im zweiten Fall wird sie vom Beobachter wahrgenommen, während offen bleibt, ob sie vom Patienten wahrgenommen wird. Laing hat damit, wie ich meine, auf einen entscheidenden Punkt hingewiesen, den auch Fritz berührt hat, wenngleich weniger explizit. Es geht darum, daß wir niemals einen direkten Kontakt zu der inneren Erfahrung eines anderen Menschen haben können. (10) Im Hinblick auf das Bewußtsein, das er von sich selbst hat, gebührt stets dem Patienten selbst die Autorität. Er ist in dieser Beziehung die einzige Informationsquelle, die uns zur Verfügung steht. Laing unterscheidet zwischen dem wahren und dem falschen Selbst. Unter dem falschen Selbst versteht er jene Aspekte unseres Seins, die wir zwar der Beobachtung zugänglich machen, denen jedoch keine innere Erfahrung entspricht. Das wahre Selbst wird auf diese Weise in Schach gehalten und versteckt. Er hebt hervor, daß es auf das Verhältnis ankommt, das diese beiden Bereiche zueinander haben, und daß sich die Psychotherapie, wenn sie erfolgreich sein soll, mit dem Verhältnis zwischen der zu beobachtenden, öffentlichen und der inneren und verborgenen Person auseinandersetzen muß. (11) Fritz stellt die Methodologie und Werkzeuge zur Verfügung, mit deren Hilfe sich Laings Konzept praktisch umsetzen läßt. Eine der wichtigsten Aufgaben für den Gestalttherapeuten besteht darin, die spezifische Spaltung zu finden zwischen dem Körperbewußtsein des Klienten, seinen Gefühlen und seiner inneren Welt einerseits sowie Laings »falschem Selbst« andererseits, jener charakteristischen Rolle, die der Klient in seinem Leben spielt. Durch den Dialog kann der Klient dann selbst feststellen, daß der scheinbare Widerspruch tatsächlich gar keiner ist (daß sich die beiden Seinsweisen vielmehr gegenseitig stützen) und daß das, was gegensätzlich ist, versöhnt werden kann.

Projektionen

Die Arbeit mit Projektionen ist für mich eines der beeindruckendsten Beispiele für die Methode, mit deren Hilfe Fritz Licht ins Dunkel bringt. Kehren wir für einen Moment zu einigen der Überlegungen zurück, die er angesichts dieses Phänomens angestellt hat. Im Zusammenhang damit wollen wir noch einmal auf einige Prämissen der Gestalttherapie eingehen. Die meisten von uns haben Leerstellen in ihrer Persönlichkeit, das heißt, unserem Wesen sind bestimmte Bereiche abhanden gekommen. Diese verlorengegangenen Aspekte erfahren wir als Schwäche. Sie offenbaren sich in Vermeidungsverhalten und dadurch, daß wir sie auf irgendeine Weise außerhalb von uns, im allgemeinen an anderen Leuten, entdecken. Indem wir bestimmte Bereiche von uns auf die Welt projizieren und auf diese Weise aufgeben, tragen wir selbst zum Verlust unserer

Kraft bei. Diese theoretischen Erwägungen legen dem Gestalttherapeuten nahe, grundsätzlich davon auszugehen, daß das meiste dieses verlorengegangenen Potentials durch die Arbeit an Projektionen wiederentdeckt werden kann.

Die Arbeit des Therapeuten in diesem Bereich beinhaltet verschiedene Aspekte. Die Projektionen des Patienten lassen sich zunächst vor allem anhand von zwei Symptomen identifizieren. Angst und Vermeidungsverhalten enthüllen, was der Persönlichkeit fehlt, und die meistens in Form von Forderungen zum Ausdruck kommenden Vorstellungen, die der Patient hinsichtlich der Macht des Therapeuten hegt, offenbaren die Fähigkeiten, die er nur außerhalb seiner selbst vorzufinden glaubt, die also über das hinauszugehen scheinen, was er selbst erreichen kann. Indem ich mich mit dem Selbstausdruck und der Selbstbehauptung auseinandersetze, die der Patient vermeidet, versuche ich zu bestimmen, in welchem Bereich er sich selbst blockiert. Sträubt er sich dagegen, seine Gefühle zu zeigen, hat er also den Bezug zu seinen Möglichkeiten des Ausdrucks verloren, oder hat er sogar die Erfahrung von Gefühlen aufgegeben? Wenn er gar bestimmte Aspekte seines Gefühlslebens von seinem Bewußtsein ausschließt, haben wir es mit einem sehr viel schwerwiegenderen Fall zu tun. Er ist dann nämlich in sein eigenes Inneres versunken, wodurch auch unsere Arbeit sehr viel schwerer wird.

Haben wir gesehen, was geschieht, wenn der Patient zu vermeiden beginnt, und haben wir gehört, was er in uns und dadurch, daß er sein Inneres offenbart, zu finden hofft, so wissen wir, wie der Patient seine Zerrissenheit und Schwäche erfährt. Jetzt können wir anfangen, darauf hinzuarbeiten, daß er sich die Aspekte, die er aufgegeben hat, wieder aneignet. Das ist möglich, indem wir ihn auffordern, zu seinen Projektionen zu »werden«. Wir schlagen ihm eine Situation oder einen Dialog vor, von der (dem) wir annehmen, daß die Rolle oder Person daran beteiligt ist, der er die Aspekte oder Fähigkeiten zuschreibt, die ihm verlorengegangen sind. Wir fordern ihn auf, diese Rolle zu spielen. Im allgemeinen protestiert er zuerst dagegen. Er weicht aus oder er flieht, indem er zu beweisen sucht, daß er einfach nicht dazu in der Lage ist. Er hat Angst, weil er dazu aufgefordert worden ist, etwas Unbekanntes zu riskieren. Man wird ihn dann ermutigen, einige Möglichkeiten zu erkunden. Wenn er bereit ist, die neue Rolle zu spielen, entdeckt er, daß er selbst zu dem werden kann, was er projiziert, daß er wieder leben kann, was ihm fremd geworden war, und daß er wieder in den Besitz jener natürlichen Fähigkeiten gelangen kann, die er zuvor verneint hat. In ihm selbst entfalten sich die verlorengegangenen Fähigkeiten. Es gelingt ihm jetzt! Wenn er erst einmal sein eigenes Empfindungs- und Wahrnehmungsvermögen, seine Fähigkeit, etwas darzustellen, von der Welt zurückgewonnen hat, beginnt er die neugeborene Kraft seines erweiterten Selbst zu erfahren. Wir geben ihm dann in der Gruppe oder mit einer Reihe von Leuten auf dem leeren Stuhl die Gelegenheit, seine wiedergewonnenen Fähigkeiten, sein Wahrnehmungsvermögen und seine Kraft auszuprobieren und noch zu steigern. Wir geben ihm die Möglichkeit, die Erfahrungen zu machen, die seinen Wünschen entsprechen, und seine jüngsten Errungenschaften weiterzuentwickeln. Jene Momente, in denen ich einem Menschen dabei zusehen kann, wie er entdeckt, wozu er selbst in der Lage ist, und in denen er seine Freude über sein wiederentdecktes Selbstvertrauen zum Ausdruck bringt, machen mich sehr glücklich.

Wir müssen selbst zu dem werden, was wir von einem anderen Menschen erwarten. Ich erinnere mich an Fritz' Arbeit mit Joe, dem es nicht mehr gelingt, Anerkennung zu finden. Was Joe abhandengekommen ist, wird deutlich, als er sich an Fritz wendet, um von ihm zu hören, daß er im Grunde doch ein durchaus liebenswerter Mensch sei. Fritz bestärkt Joe zunächst in seinem Bemühen, bei anderen Anerkennung zu finden. Dann läßt er Joe auf spielerische Weise zu dem werden, wonach dieser selbst verlangt. Fritz fordert ihn auf, zu jedem einzelnen aus der Gruppe zu gehen und ihm gegenüber seine Anerkennung zum Ausdruck zu bringen. Ich denke auch an Sally, mit der ich vor kurzem zusammengewesen bin. Sie versteckt sich und möchte nicht, daß bekannt wird, daß sie die Tochter eines wohlhabenden Vaters ist. Sie hat es aufgegeben, sich selbst darzustellen, und sich unsichtbar gemacht. Ich fordere sie auf, in Erscheinung zu treten, und zwar in der Rolle, die sie sich verboten hat. Zu diesem Zweck ermutige ich sie, die »Frau mit dem nötigen Kleingeld« zu spielen. Dann lasse ich sie jedes Mitglied der Gruppe auffordern, die Aufmerksamkeit auf sie zu lenken, während sie ihr großes Talent, ihre ungewöhnliche Musikalität vorführt. Die Fortsetzung der Arbeit wird für Sally bedeuten, einen Dialog zwischen ihrer bevorzugten Rolle – die aus Vermeidungsverhalten, Versteckspielen, Initiativlosigkeit und Gefühlsarmut besteht – und dem Bereich zu führen, den sie aufgegeben hat. Das ist in diesem Fall ihre Selbstdarstellung und das Vergnügen, die Aufmerksamkeit anderer zu erregen.

Ich möchte einige abschließende Bemerkungen zu einer Sitzung machen, die ich kürzlich mit einem noch nicht lange verheirateten Ehepaar hatte und bei der es ebenfalls hauptsächlich um Projektionen ging. John macht den Anfang, indem er feststellt, daß ihm sein Vermeidungsverhalten gegenüber Nancy keineswegs entgangen ist. Er berichtet, daß er dieses Vermeidungsverhalten und sein Unbehagen eine Zeitlang für sich behalten, schließlich aber eine stärkere Verstimmung empfunden habe. Im Moment seiner Verärgerung hat er den Eindruck, Nancy sei kindisch und schwach und klammere sich an ihn, »als sei sie mit mir verbunden wie ein Stromkabel mit einer Energiequelle«. »Sie zehrt von mir«, fügt John nachdenklich hinzu, um dann zu schweigen. Er erinnert sich in diesem Augenblick daran, wie er sich als Kind verhalten hat, und stellt fest, »was ich beschrieben habe, trifft auf mich selber zu«.

Wir fordern ihn daraufhin auf, sich auf dem leeren Stuhl das Bild eines hilflosen Menschen vorzustellen, der sich an etwas zu klammern versucht. Er sieht den zwölf Jahre alten John vor sich, der einen niedergeschlagenen, mitleiderweckenden Eindruck macht und zur Unbeweglichkeit verurteilt zu sein scheint. Als er die Rolle des Hilflosen spielt, fühlt John sich zunächst verwirrt. Er versucht bei mir Bestätigung und Anerkennung für sein Handeln zu finden. Als ich jedoch darauf nicht eingehe, nimmt er eine entmutigte Haltung an. Bis auf eine leichte Bewegung seiner Hände ist er vollkommen reglos. Ich fordere ihn auf, zu seinen Händen zu werden. Nachdem er sich in seine Hände eingefühlt hat, bemerkt er, daß er sich selbst zu besänftigen versucht. Eindringlich besteht er gegenüber dem John auf dem anderen Stuhl darauf, daß er dessen Verhalten für unerträglich hält und daß er nicht den Hilflosen spielen will. Als er gebeten wird, sich auf die Gefühle einzulassen, die ihn in diesem Moment bewegen, entgegnet er, daß er Angst und Unbehagen empfindet. Noch einmal versucht er bei mir Rückhalt zu finden. Dann sieht er schweigend und hilflos zu dem John auf dem anderen Stuhl hinüber und ist wieder am Boden zerstört. Jetzt steckt er in seiner Hilflosigkeit und Verwirrung fest. Ich fordere ihn auf, sich auf den anderen Stuhl zu setzen, um den John zu sehen und zu hören, den er gerade eben gespielt hat. Er schaut auf und während er zu lachen beginnt, sagt er zu dem erwachsenen hilflosen John, »du bist selbst die Ursache deiner Probleme«. Ich frage ihn, ob er den Worten des erwachsenen John, der nicht schwach sein und sich an nichts klammern will, auch glaubt. Der Patient verneint diese Frage und fügt hinzu, »das ist lediglich eine Taktik aus seinem Repertoire«. Ich bitte John, sich seiner Frau zuzuwenden und ihr zu sagen: »Manchmal will ich eben den Schwachen und Hilflosen spielen.« Das bringt er seiner Frau gegenüber dann auch zum Ausdruck, und indem er seiner Hilflosigkeit auf den Grund geht, übernimmt er schließlich in zunehmendem Maße die Verantwortung für sein Verhalten. Bisher hat John während der Therapie seine Frau nur als abwesend empfunden, sowohl bei mir als auch bei ihr hat er versucht, Anerkennung zu finden. Nun fordere ich John auf, darauf zu achten, wie er seiner Frau und mir gegenüber sein Mißfallen und seine Anerkennung zum Ausdruck bringt. Er wird sich dadurch bewußt, wie er unser Mißfallen und unsere Anerkennung seiner Person phantasiert. Ich bitte ihn jetzt, seine Aufmerksamkeit auf seine Frau zu richten und ihr gegenüber sein Mißfallen zu bekunden und im Anschluß daran, mir und den Leuten aus seiner Umgebung – von denen wir annehmen, sie säßen auf dem leeren Stuhl – seine Vorwürfe zu machen. Dann fordere ich ihn auf, diesen Vorgang zu wiederholen, diesmal allerdings in der Form, daß er jedem von uns seine Wertschätzung zuteil werden läßt. Bereitwillig wird er zu diesen nach außen projizierten Bereichen seiner selbst.

Ich wende mich an Nancy und frage sie, ob sie etwas sagen möchte. Sie ist sofort bei ihrem Ärger über John, verweilt jedoch nur einen kurzen Moment dabei, um sich dann in Intellektualisierungen zu flüchten. Während wir mit der Arbeit fortfahren, hält sie ihre Gefühle für eine Weile zurück, möchte ihrem Mann jedoch »ins Gewissen reden«. Ich bemerke ihr Vermeidungsverhalten und ihre Unbeweglichkeit und fordere sie daher auf, ihre Verärgerung John gegenüber zum Ausdruck zu bringen. Von Gefühlen bewegt sagt Nancy: »Wenn du so bist, ärgert es mich, und ich mag dich kaum noch. Du bist abwesend, schaust dauernd auf den Boden, machst einen niedergeschlagenen Eindruck und bist zu oft trübsinnig und hilflos.« Dann bitte ich Nancy, auszudrücken, was sie von John erwartet. Sie sagt daraufhin: »Ich möchte, daß du deine Antriebskraft in dir selbst findest. Ich will nicht, daß du dich an mich klammerst, und ich möchte, daß du dir dein Geld selbst verdienst.« Im Anschluß daran fordere ich Nancy auf, die Verantwortung für ihre Erwartungen selbst zu übernehmen. Zu John sagt sie: »Ich möchte mit einem Mann zusammenleben, der dazu in der Lage ist, etwas von sich aus zu unternehmen, und der sich selbst motiviert.«

Nancy und John stellen nach der Sitzung fest, daß sie sich erleichtert fühlen und einander nun besser verstehen. Sie übernimmt jetzt die Verantwortung für ihre Vorstellungen hinsichtlich dessen, wie ihr Mann »sein sollte«. Er setzt sich mit den Projektionen seiner Hilflosigkeit und seines Geltungsbedürfnisses auseinander und findet in zunehmendem Maße zu sich selbst.

Die Stimme

Während der Monate am Cowichan See hat uns Fritz bei den unterschiedlichsten Gelegenheiten darauf hingewiesen, daß wir, um erfolgreich arbeiten zu können, hören lernen müssen. »Ein Psychotherapeut kann ohne Augen, aber nicht ohne Ohren arbeiten.« »Konzentriere deine Energie in den Ohren, wenn du wissen willst, was geschieht.« »Ich bin euch gegenüber dadurch im Vorteil, daß ich mehr höre.« »Worte lügen nur und dienen der Überredungskunst. Das Medium ist die Botschaft.« »Die Stimme ist alles.« Durch diese Worte höre ich seine Stimme. Sie ist langsam, besonnen. Sie wird lauter und wieder leiser und sie fließt.

Fritz weist uns auf zwei Dinge hin: daß die Stimme der Träger der neurotischen Botschaft ist und daß wir die Aufgabe der Psychotherapie nicht erfüllen können, wenn wir uns bei unserer Arbeit nicht mit dem Klang der Stimme als dem Übeltäter auseinandersetzen, der vieles zum Scheitern bringt. Im Hinblick auf die erste Feststellung erinnerte er uns daran, daß der von Jung für das Spielen von Rollen bzw. für das Anlegen einer Maske verwendete Begriff »persona« aus dem Lateinischen stammt und sich aus »per«, das heißt »durch«, und »sona«, Klang, zusammensetzt. Die Rolle, die wir spielen, um unsere Existenz fortzuführen, kommt in erster Linie im Klang zum Ausdruck. Wir entwickeln unserer charakterlichen Veranlagung entsprechend unterschiedliche Klänge, die uns als Manipulationsinstrumente dienen, mit deren Hilfe wir versuchen, den anderen abzuwehren oder etwas von ihm zu bekommen.

Immer wieder stellt Fritz fest: »Wenn die Stimme nicht authentisch ist, ist die Persönlichkeit insgesamt nicht authentisch.«

Sobald wir mit einem Klienten zusammentreffen, steht uns eine ganze Reihe von Informationen zur Verfügung, die uns darüber Auskunft geben, wer er zu sein beansprucht und welches Bild er sich von seiner Welt macht. Hören wir fast ununterbrochen eine Klangbotschaft, die sich aus Klagen, Ausreden, Irreführungen, Unverschämtheiten und Schulmeistereien zusammensetzt, vermuten wir, daß der Klient viel von sich aufgegeben hat und daß wir vermutlich nur wenige Ansatzpunkte für unsere Arbeit finden werden. Wir haben allerdings das Vordergrundphänomen, das die Person hervorbringt, und unser entscheidendes Werkzeug, die Stimme. Damit haben wir das Instrument und den Träger der Neurose. Sollte es uns nicht gelingen, uns dieses Werkzeug zunutze zu machen, bleibt der Klient im Spiel seiner Rollen gefangen. Er wird dann fortfahren, die Welt in dem Ton herauszufordern, der ihn behindert und ihn scheitern läßt. Die Welt wird entsprechend darauf reagieren.

Wichtig ist, was Fritz in diesem Zusammenhang im Hinblick auf einen Klienten feststellt, der den Leblosen spielt. »Der Patient ist (emotional) leblos, wenn seine Stimme leblos ist.« Unabhängig davon, was er sagt und welche Vorstellungen er in bezug auf seine Arbeit in der therapeutischen Situation hat – solange die Stimme des Patienten nicht von Leben erfüllt ist, nimmt er nicht lebendig an seiner Umwelt teil und bringt nichts von sich selbst ein. Wenn der Therapeut auf Inhalte eingeht und sich in ihnen verliert, wenn er die Botschaft des Klangs ignoriert, wird dem Patienten der Zugang zu dem verwehrt, was ihn grundsätzlich hemmt. Wir müssen davon ausgehen, daß er sich, wenn er zu uns kommt, weitgehend nicht darüber im klaren ist, daß er anderen die Botschaft seiner Leblosigkeit und seiner Abwesenheit übermittelt.

Man muß dem Patienten aufmerksam zuhören. Was er erzählen will, entnehmen wir jeweils dem Klang seiner Mitteilungen und seiner Erwartungen. Versucht er, in die Irre zu führen? Stimmt er zu? Ziert er sich? Versucht er uns einzuschläfern? Beharrt er auf dem, was er sagt? Zieht er über andere her? Ist er unempfänglich für das, was sich um ihn herum ereignet? Verzehrt er sich in seinen Wünschen? Spielt er den Unterhalter? Verspottet er andere? Versucht er etwas heraufzubeschwören? Droht er? Versucht er, sich einzuschmeicheln oder zu entschuldigen? Schützt er etwas vor? Versucht er Druck auszuüben oder auf konspirativem Wege andere für sich zu gewinnen? Wie setzt er den Klang seiner Stimme ein? Man muß auf seinen Rhythmus, die Veränderungen in seiner Stimme, auf seine Unsicherheiten, Blockierungen und sein Fließen hören. Besonders wenn er zu seinen Frustrationen vordringt, wird man auf den Klang seiner Stimme achten. Wenn etwas auftaucht, was für ihn ein Hindernis darstellt, hat der Klient die Möglichkeit, auf seine Weise den Hilflosen zu spielen, das heißt, er kann sich seiner Spielart entsprechend als Opfer darstellen, das unter Umständen leidet, die er selbst nicht zu verantworten hat. Dem Therapeuten bietet sich damit die Möglichkeit, hörend wahrzunehmen, was sich hinter den Worten des Patienten verbirgt, wenn dieser der Welt mit dem für ihn charakteristischen Klang in der Stimme bekundet, wer er zu sein beansprucht. Fritz hat ein paar ausdrucksvolle Verse verfaßt, denen »Klangverhältnisse« zugrunde liegen, auf die er bei seiner Arbeit mit den Patienten gestoßen ist. (12) Es lohnt sich, diese Verse zu lesen, denn sie sind informativ und unterhaltsam.

Indem wir die Worte und den gedanklichen Inhalt beiseite lassen und uns auf den Klang der Stimme des Patienten als seiner Botschaft konzentrieren, können wir direkt anfangen, mit seiner gekünstelten Persönlichkeit – seiner persona – zu arbeiten. Die Aufgabe des Therapeuten besteht jetzt darin, dem Klienten zwei Prozesse zu erleichtern: Es ist wichtig, daß dieser selbst hört, was er vorträgt, und auf welche Weise er sich dabei des Klangs seiner Stimme bedient. Wir fordern ihn auf, sich selbst hörend wahrzunehmen. Wie nimmt er dabei sein eigenes Verhalten wahr? Weil wir ihm die Möglichkeit geben wollen, wahrzunehmen, wie seine eigene Stimme klingt, bitten wir ihn, nicht so sehr auf die Worte zu achten, sondern einfach draufloszureden. Um unsere Energie auf die Ohren zu lenken, können wir auch die Augen schließen und uns darauf konzentrieren, wie wir uns mit geschlossenen Augen erfahren. Derart nehmen wir sogar jene Töne und Geräusche, die uns vertraut sind, in einer neuen und deutlicheren Weise wahr. Wenn es dem Klienten Probleme bereitet, sich selbst zuzuhören, fordern wir ihn auf, zunächst einmal den Kontakt zu sich selbst zu suchen, sich die Wahrnehmung seines Körpers und seiner Gefühle zu erlauben, um im Anschluß daran wieder zum Hören zurückzukehren. Die Erfahrung unseres eigenen Fließens verleiht unserer Wahrnehmung

Energie. Wenn der Klient bereit ist, seinen eigenen Stimmklang zu hören, ist er auch so weit, daß er mit seiner Stimme als dem entscheidenden Merkmal seiner Schilderung zu arbeiten beginnen kann. Wir fordern ihn auf, seine Stimme zu werden. Möglicherweise beschreibt er zuerst etwas, statt sich selbst zum Ausdruck zu bringen. Man wird ihm dann eine Situation geben, in der er sich selbst als das erfahren kann, was er beschreibt. Es kommt darauf an, die Rolle zu identifizieren, die durch seine Stimme hervorgerufen wird. Wir können an dieser Stelle ein Situationsschauspiel improvisieren, in welchem er seine Rolle unter Mitwirkung anderer durchspielen kann. Von Zeit zu Zeit lassen wir ihn seine Rolle nicht mit Worten, sondern nur mit Hilfe des Klangs seiner Stimme spielen, da die Worte vielfach nur ablenken. Man kann ihn auch dazu auffordern, einen Dialog zu entwickeln, bei dem er seine Stimme und deren Gegenpart darstellt. Der Vorzug dieser Arbeit liegt darin, daß ihm dabei ein breites Spektrum von Möglichkeiten zur Verfügung steht, nach und nach seinen eigenen Stimmklang zu entwickeln; denn er kehrt jedesmal, nachdem er den fremden Klang dargestellt hat, wieder zurück, um zu *seiner* Stimme zu werden, und bekommt dadurch die Gelegenheit, sich jene verlorengegangenen Bereiche wieder anzueignen, die den Gegenpart auszeichnen. Wenn jemand zum Beispiel den Erschöpften und Leblosen spielt und von Groucho Marx träumt, kann er über Grouchos Charakter wieder mit dem Leben und der Lebensfreude in Kontakt kommen, die er aufgegeben hat. Eine Frau mit einer energischen Stimme, die sich durch aggressives Auftreten und Hartnäckigkeit auszeichnet, kann sanft und nachgiebig werden. Jemand, der sich ständig verteidigt, beginnt Befehle auszuteilen. Derjenige, der Predigten hält, kann zum Suchenden werden. Vielfach hat der Klient nach einiger Zeit Spaß daran, spontan den Gegenpart zu seiner Stimme zu spielen. Wenn jemand festgefahren scheint und es ihm nicht gelingt, sich selbst zu hören noch sich selbst als den Klang zu erleben, den er hervorbringt, gelingt es ihm vielleicht manchmal, aus seiner Sackgasse herauszufinden, wenn ich seinen Stimmklang nachahme bzw. dessen Klang wie ein Echo auf ihn zurückspiegle, oder wenn ich mit der Stimme des Gegenparts erwidere. In diesem Fall unterstütze ich den Patienten nicht nur, sondern nehme ihm gegenüber eine aktive Rolle ein. Wenn er jammert und sich selbst nicht hören will, kann ich darauf reagieren, indem ich ihn in einer übertriebenen

Weise tröste. Wenn er auftrumpft und nichts hören will, kann ich darauf mit Unterwürfigkeit und Ängstlichkeit reagieren. Im allgemeinen versteht er, was ich ihm in dieser Form mitteilen will. Dann können wir fortfahren.

Träume

Fritz mißt den Träumen große Bedeutung bei: Für ihn sind Träume die »spontansten unserer Schöpfungen«. Als ein von uns selbst erzeugtes Phänomen stellt der Traum etwas dar, das noch am wenigsten von Verdrängungen verstellt ist. Deshalb ist er der deutlichste Ausdruck unserer Existenz. Die Arbeit mit Träumen macht es möglich, unsere wahre Existenz und unsere echten Probleme von darübergelagerten Symptomen zu unterscheiden. Traumarbeit läßt uns zu einem Leben finden, das an die Stelle der Leere tritt, und mit ihrer Hilfe lassen sich existentielle Probleme bewältigen. Die Gestalttherapie geht davon aus, daß jedem unserer Träume der ganze Plan unseres Lebens zugrunde liegt. Im Traum kommt die Komposition unserer Existenz zum Ausdruck. Wenn wir uns über einen längeren Zeitraum hinweg nicht daran erinnern können, was wir geträumt haben, bedeutet das, daß wir uns weigern, den entscheidenden Aspekten und Problemen unserer Existenz ins Auge zu sehen. Sobald sich der Klient an seine Träume erinnert, kommen unbewältigte Prozesse zum Vorschein. Ich habe Fritz einmal sagen hören, ein Traum bleibe als Material für unsere Arbeit mindestens ein Jahr lang von Bedeutung.

Besonders bei Klienten, die den Eindruck emotionaler Leblosigkeit machen und daher kaum Ansatzpunkte für unsere Arbeit liefern, eröffnet die Arbeit mit Träumen einen gangbaren Weg. Fritz weist uns darauf hin, daß eine Person, die offenbar fast alles von ihrem wirklichen Selbst aufgegeben hat, in der Regel nur noch über ein geringes Maß an Vitalität verfügt, daß wir aber diese Vitalität in ihren Träumen wiederfinden können. In meiner Arbeit mit Leuten, die sich durch passives Verhalten auszeichnen und die immer wieder von ihrem Mangel an Gefühlen berichten, hat sich die Bedeutung der Traumarbeit nachhaltig bestätigt.

Die Gestalttheorie gibt zu bedenken, daß jeder im Traum erscheinende Charakter und Gegenstand einen Bereich darstellt, der der Persönlichkeit des Träumenden abhanden gekommen ist. Der

Therapeut sollte bei seiner Arbeit also in erster Linie darauf hinwirken, daß der Klient zu jedem dieser von ihm abgelehnten Bereiche wird. Unsere Arbeit mit den Projektionen zielt darauf ab, sie der Erfahrung zugänglich zu machen, so daß der Klient sich allmählich alle Dinge, die im Traum auftauchen – Personen, Orte und Gegenstände – wieder zu eigen machen kann. Dabei spielt es keine Rolle, ob es angesichts der unlogischen Beschaffenheit des Traums überhaupt sinnvoll erscheint, auf diese Dinge einzugehen.

Bei der Arbeit mit den Träumen muß man auf das achten, was der Klient zuerst erzählt. Am Anfang liefert er meistens den Rahmen. »Ich bin in einem Theater.« Für diese Person ist das Leben ein Theater. Damit haben wir bereits einen wichtigen Anhaltspunkt, der uns darüber Auskunft gibt, wie dieser Mensch sein In-der-Welt-Sein empfindet. Wenn er von seinen Träumen zu erzählen beginnt, achten wir von Anfang darauf, welche Verbindungen der Patient herstellt. Bezieht er sich auf einen anderen Menschen? Wenn nicht, fordern wir ihn auf, sein autistisches Verhalten noch zu verstärken und zu übertreiben. Wir ermutigen ihn, tiefer in sein Inneres einzudringen. Im Anschluß daran bitten wir ihn, zur Gruppe und zu seinem relationalen Verhalten zurückzukehren. Wo hält diese Person sich in ihrem Traum am liebsten auf? Was passiert, wenn sie sich aus dem Traum löst und zur Gegenwart zurückkehrt?

Ich erinnere mich an Fritz' Traumarbeit mit Sam. Indem er Sam dazu auffordert, sich zwischen sich selbst und dem Kontakt mit der Gruppe hin- und herzubewegen, lenkt Fritz die Aufmerksamkeit auf Sams innere Erfahrung. Sam entdeckt so, daß er »aufhört zu atmen«, sobald sein Blick auf die Leute fällt. Auf diese Weise stellt er also erstmals eine Verbindung zwischen seinem körperlichen Prozeß und seinem Kontakt mit anderen Leuten her. Sam träumt von einem Dämon, der seine Geschlechtsorgane bedroht, und entdeckt jetzt, daß er gerade in dem Moment, als er anfängt, ein Bewußtsein seiner Empfindungen zuzulassen, den Dämon einführt, der seine Aufmerksamkeit beansprucht. Fritz richtet die Aufmerksamkeit auf die Situationen, in denen der Dämon erscheint. Dabei entdeckt Sam, daß er es – infolge seines phobischen Verhältnisses zu seinen Gefühlen – vorzieht, sich mit diesem Phantasiegebilde zu beschäftigen. Das Leben ist für ihn voller Drachen.

Wir fördern die emotionale Entwicklung des Klienten und achten darauf, daß er sich nicht im DMZ-Prozeß der Beschreibungen verliert, indem wir ihn dazu bringen, die im Traum vorkommenden Rollen zu dramatisieren und zu übertreiben. Zuerst bitten wir ihn, seinen Traum dadurch wieder zu beleben, daß er ihn im Präsens erzählt. Den Identifikationsprozeß, bei dem er selbst zu dem wird, was er erzählt, unterstützen wir, indem wir zwischen den Charakteren und dem verborgenen Gehalt der Geschichte Verbindungen herstellen und ihn dazu Stellung nehmen lassen. Da unsere Träume nun einmal häufig unterbrochen werden, weil wir in den für unsere Existenz gefährlichen Momenten aufwachen, lohnt es sich, den Klienten die Geschichte fortsetzen zu lassen. Die Traumarbeit ist unweigerlich eine Bühne, auf der sich spontan heftige Gefühle zu regen beginnen, weil die Geschichte eines Menschen freigelegt wird, und auf der die unterschiedlichsten Formen des Selbstquälens zur Erscheinung kommen, weil der Klient von dem Dialog zwischen den einander entgegengesetzten und scheinbar nicht miteinander zu vereinbarenden Seiten in Anspruch genommen wird. Wenn wir mit einem Traum oder einem Traumausschnitt beginnen, wird der Patient auch die Erinnerung an andere Träume zulassen. Die Geschichte seiner Existenz spricht dann wirklich aus dieser Folge seiner am wenigsten bearbeiteten Schöpfungen.

Man wird darauf achten, was der Traum zu vermeiden versucht. Das Ereignis, das der Klient nicht zulassen kann, wird manchmal deutlich, wenn wir darauf achten, an welcher Stelle er aufwacht. Oft werden bedrohliche Situationen oder der Tod vermieden, manchmal auch sexuelle Phantasien. Durch die Auseinandersetzung mit seinem Traum entdeckt der Klient, daß das, was er tut, auf Schlußfolgerungen beruht, die er selbst zieht: »Wenn dies eintritt, wird daraufhin das geschehen.« »Wenn ich es zulasse, daß mir meine Gefühle unter diesen Umständen bewußt werden, werde ich mich verlieren.« Ob in den Träumen, in der Therapie oder in unserem alltäglichen Leben, immer wieder treffen wir auf diese Feststellung. Daran läßt sich erkennen, welche eingebildeten Gefahren unserer Existenz zugrunde liegen. Wenn der Patient erst einmal darstellt, was ihm unerträglich scheint, ergibt sich für ihn daraus die Möglichkeit, sein Vermeidungsverhalten aufzugeben und das Risiko der Erfahrung einzugehen. Wenn er bereit ist, etwas dagegen zu unternehmen, daß sein Leben von Schlußfolgerungen beherrscht wird, die er selbst zieht, kann sich an seinem Dasein etwas ändern. Die Grenzen seiner Existenz müssen sein Leben nicht mehr blockieren.

Sehen wir uns Richards Traum an. Sein Traum ist eine Reise in den Konflikt zwischen seinem emotionalen Wesen und seinem aktiven Selbst, in die Sackgasse seiner Existenz. Wir bemerken, daß der Zwiespalt zwischen der rechten und linken Seite Richard antreibt. Die aggressive, aktive Seite steht seinem empfindsamen, wahrnehmenden Selbst gegenüber, und sehr deutlich verteilen sich diese Aspekte auf seine rechte und linke Seite. Der Traum erlaubt es, direkt und wirksam darauf hinzuarbeiten, daß die bei Richard schon latent vorhandene Bereitschaft zur Selbstbehauptung verstärkt und eine Balance zwischen seinem Wahrnehmungs- und Handlungsvermögen hergestellt wird. So kann er zur Lösung seines existentiellen Problems, seiner physischen Hemmungem, kommen.

Richard träumt: »Ich befinde mich in einem dunklen Raum. Auf der linken Seite ist ein Fenster. Rechts steht ein Klavier. Wenn das Klavier sich nach oben bewegt, geht das Fenster nach unten, und umgekehrt.« Wenn er das Klavier hochschiebt, hat er einen freien Blick auf den Strand und das Meer. Wenn er das Klavier nach unten schiebt, sieht er einen Garten. Richard sieht lieber auf das Meer und wendet sich deshalb vom Garten ab. Er schiebt das Klavier nach oben, um wieder den Blick auf das Meer genießen zu können, »doch das Klavier zerfällt. Auch ich werde zerdrückt. Kreuz und quer auf dem Boden verstreut liegen zerbrochene Teile des Klaviers und von mir. Ich kann nicht mehr atmen und wache schließlich schreiend auf.«

Ich bitte ihn, diesen Traum noch einmal zu träumen, seine Geschichte dann fortzusetzen und zuzulassen, daß sie sich weiterentwickelt. Erneut bricht er seinen Traum an dem Punkt ab, an dem er seiner Meinung nach hilflos ist und an dem sein Atem stockt. Er ist nicht bereit, durch die Sackgasse der Gefahren zu gehen, die seiner Phantasie entspringen. Ich fordere ihn daraufhin auf, einen Dialog aufzubauen, bei dem er die Rollen des Fensters und des Klaviers übernimmt. Gleichgültig und teilnahmslos spielt Richard das Fenster. Zum Klavier sagt er: »Ich sehe nicht, was wir miteinander zu schaffen haben. Ich habe dir nichts zu sagen. Laß mich in Ruhe.« Dann wird er zum Klavier. Erregt und voller Ungestüm richtet er seinen Zorn gegen das Fenster. Schließlich packt er ein Kissen, mit dem er unablässig auf den leeren Stuhl einschlägt – von dem er sich vorstellt, er sei das Fenster –, bis er ihn umstößt. So fängt Richard an, Energie in seine Aggressionen zu legen. Durch die Übernahme der Rolle des Klaviers auf der rechten Seite entwickelt er die Bereitschaft, zu seiner Wut zu werden und den Kampf auszutragen. Das ist das erste Mal, daß ich überhaupt etwas von dieser Bereitschaft zu sehen bekomme.

Dieser Traum zeigt in knapper und sehr deutlicher Form Richards Existenz. Er entdeckt, daß er sich in einem dunklen Raum – im dunklen Raum seiner Existenz – befindet. Hinzu kommt, daß in seinem Traum nur die wirklich entscheidenden Aspekte hervortreten. Auf der linken Seite bzw. auf der Seite, die die Passivität repräsentiert, befindet sich das Fenster. Das ist die Seite, zu der er sich hingezogen fühlt. Es handelt sich dabei um den empfindsamen, aufnehmenden und auf Wahrnehmung ausgerichteten Teil seines Wesens. Auf der rechten, der aktiven Seite befindet sich das schwergewichtige Klavier, mit dem er nicht zurechtkommt und mit dem er seinen Zugang zu dem, was er eigentlich will, kontrolliert und blockiert. »Wenn ich das Klavier hochhebe, um eine freie Sicht zu haben (das ist der Versuch, so zu handeln, damit er bekommt, was er will), ersticke ich.« Wie so oft am Ende einer Sitzung, in der wir uns mit Träumen beschäftigt haben, höre ich Fritz sagen: »Hast du den existentiellen Gehalt des Traums mitbekommen?« Richard macht anhand seines Traums die Entdeckung, daß er sich selbst mit Katastrophen bedroht, weil er nicht bereit ist, sich selbst zu behaupten. Seine Träume eröffnen den Weg zur Gestalt, zur Mitte und zur Balance, denn jetzt ist er selbst daran interessiert, sich mit seinen Katastrophenphantasien auseinanderzusetzen, auf die er bisher immer wieder zurückgegriffen hat, um zu verhindern, daß sich an seinem Dasein etwas ändert.

Organismische Selbstregulation

Ronald Laing hat darauf hingewiesen, daß uns bis vor kurzem keine Möglichkeit zur Verfügung stand, die »Person-in-ihrer Welt« zu konzeptualisieren. (13) Es gibt in unserer Sprache kein Wort, das der Eigentümlichkeit des Zusammenseins eines Menschen mit anderen Rechnung trägt. In jüngster Zeit ist der Versuch gemacht worden, ausgehend von existenzphilosophischen Reflexionen, die diesem Phänomen innewohnende Qualität des Verbundenseins als Grundlage unseres In-der-Welt-Seins, als Fundament unseres Daseins, zu beschreiben. Die existentielle Phänomenologie eröffnet einen Zugang zu und ein neues Verständnis von der Selbsterfahrung eines Menschen, der mit anderen in Beziehung steht. In diesem Zusammenhang, in dem die Verbundenheit mit anderen als eine Bedingung des Seins verstanden wird, verweist Laing auf die Wunschvorstellung, die Desorganisation eines Patienten als das Nichtzustandekommen einer besonderen Form der Ganzheitlichkeit verstehen zu können. (14) In Fritz' Konzeptualisierung dieses Phänomens heißt dies, daß »das Persönliche« Stück für Stück aufgegeben worden ist, so daß schließlich kaum noch etwas vom Selbst übrig ist. Selbst wenn im Falle der Neurose eine – wie auch immer geartete – Organisation oder Form von Ganzheitlichkeit noch vorhanden sein mag, »das Persönliche« ist einem Menschen dennoch weitgehend abhanden gekommen. Im Mittelpunkt der Gestalttherapie steht die Auseinandersetzung mit dem Wahrnehmungsverlust, der nicht isoliert entsteht, sondern wenn wir mit anderen Menschen in belastenden Situationen zusammentreffen. Infolge dieser fortschreitenden Auflösung des Persönlichen – die darauf zurückzuführen ist, daß wir uns selbst und andere ausschließen – werden wir mit dem Plan und den Bedingungen unseres Daseins konfrontiert. Der gestalttherapeutische Prozeß führt dem Patienten immer wieder vor Augen, daß er seine Energie darauf verwendet, Bereiche seiner selbst zu verleugnen bzw. seine Welt zu meiden, bis er mit Hilfe der Therapie entdeckt, wodurch er selbst einen relativ unbeweglichen und sich immer wiederholenden Wahrnehmungsmodus erzeugt, dem er verhaftet bleibt. Außerdem wird er in diesem Prozeß darauf aufmerksam, daß er anderen in einer Weise begegnet, die das Persönliche auf ein Minimum reduziert. Eine gewisse »Form von Ganzheitlichkeit« besteht jedoch selbst dann, wenn diese »Ganzheitlichkeit« sich weithin aus Vermeidungsverhalten zusammensetzt und man den Eindruck erhält, es handle sich dabei eher um Desorganisation. Die Crux bzw. die Essenz dieser »Ganzheitlichkeit«, die Form des In-der-Welt-Seins einer Person ist es, die im Mittelpunkt der Arbeit des Gestalttherapeuten steht.

Vergegenwärtigen wir uns noch einmal, daß Fritz sich dem existentiellen Denken verbunden fühlt. Im Mittelpunkt seiner Arbeit steht daher auch die Art und Weise unseres In-der-Welt-Seins und die Überzeugung, daß wir die Verantwortung für unsere Existenz selbst übernehmen müssen. Von besonderer Bedeutung ist dabei die Verbindung, die Fritz zwischen dieser Prämisse und seinem Konzept der organismischen Selbstregulation herstellt.

Wir haben uns schon weiter oben mit verschiedenen Phänomenen beschäftigt, die heute in der westlichen Welt vorherrschen, mit den Vorstellungen von dem, was sein sollte, und dem »Reden über«. Für Fritz widersprechen und verhindern diese Phänomene die Möglichkeit eines existentiellen Zugangs zur Welt. Die Fixiertheit auf das, was sein sollte, raubt Energie, weil sie von der Person dazu verwendet wird, ein entsprechendes Bild aufzubauen. Das »Reden über« braucht Energie, um mit Hilfe der Intellektualisierung etwas zu vermeiden. Nicht zugelassen wird in diesen Fällen die einfache Erfahrung der Wahrnehmung einer ganzen Reihe von Ereignissen, die um uns herum stattfinden. Auch die Erfahrung, daß ein auf seinen eigenen Prozeß konzentrierter Mensch auf diese Ereignisse reagieren kann, wird blockiert. Um die Erkenntnis solcher Vorstellungen, die festlegen, was sein soll, und um die Erkenntnis des »Redens über« bemühen wir uns in der Therapie. Wir wollen diese Funktionsweisen auflösen und ein »Wissen« erfahrbar machen, das aus tatsächlich stattfindenden Ereignissen hervorgeht: das heißt also auf eine Erfahrung hinarbeiten, die ein vom Sein getragenes Verstehen erlaubt.

Das existenzphilosophische Denken geht davon aus, daß Wissen und Sein das gleiche sind; diese Auffassung liegt implizit auch Fritz' Begriff der organismischen Selbstregulation zugrunde, die vor allem drei Phänomene umfaßt: die Wahrnehmung; das Bestehende akzeptieren; das Hervortreten des dominierenden Bedürfnisses. Wenn wir unsere fixen Ideen von dem, was sein könnte, aufgeben und wenn unsere Reaktionen nicht mehr von Vermeidungsverhalten bestimmt sind, finden wir uns selbst, den spontanen Fluß unserer Gefühle und unseres Körpers. Dieser Prozeß findet im Kontext anderer Ereignisse statt, an denen Menschen aus unseren verschiedenen Welten beteiligt sind. Wenn es einer Person wirklich gelingt, sich selbst zu steuern, nimmt sie sich und andere häufig zum ersten Mal auf der Erfahrungsebene wahr. Sie ist dann in der Lage, ihr eigenes Sein und das der anderen zuzulassen. Die organismische Selbstregulation vertraut unser Wohlbefinden einem inneren Selbst an, das von sich aus nach Gesundheit strebt. Wenn es dem Klienten gelingt, sich an *seinem* physischen und emotionalen Wesen zu orientieren, wird er aufhören, ständig Angstgefühle zu produzieren, die immer wieder nur bestätigen, daß zwischen seinem intuitiven Prozeß und seinem bewußten Wissen eine Wolke hängt. Seine Energie wurde vorher vor allem vom Existenzkampf aufgezehrt, der für ihn aus einer Folge je momentaner Schwierigkeiten bestand. Er hat sich bei seinen manipulativen Anstrengungen dabei verausgabt, sich und andere einzuschränken und zurückzuweisen. Das Fließen der Energie, die von diesen Hindernissen befreit ist, wird sein Wohlbefinden entscheidend fördern. Sie steht dann auch für Erfahrungen zur Verfügung, die die Grenzen seines Selbst, wie er sie in seiner Isolation erfahren hat, überschreiten. Wer in der Psychotherapie etwas zu finden hofft, kann nur weiterkommen, wenn es ihm gelingt, sein Versunkensein in sich selbst aufzugeben. Die Selbst-Transzendenz, die Victor Frankl (15) und andere als das Ziel der Psychotherapie betrachten, zeichnet auch in der Gestalttherapie den gesunden erwachsenen Menschen aus. Wenn wir uns auf uns selbst, auf unseren Körper verlassen und darauf vertrauen, daß uns damit ein intuitives Vermögen zur Verfügung steht, wird Energie freigesetzt, die nach außen fließen kann, über uns selbst hinaus. Damit steht uns der Weg offen für das schöpferische und engagierte Sich-Einlassen mit der Welt, das Selbst-Transzendenz erlaubt. Wenn wir Kontakt zu der Kraft haben, die sich entwickelt, sobald wir zu uns selbst finden, können wir, ohne von Angst und Qual überwältigt zu werden, jene Gefühle akzeptieren, die ein solches Sich-Einlassen mit sich bringt.

Schluß

Das Vermächtnis, das Fritz hinterlassen hat, ist abgeschlossen. Obwohl er bis zum Ende seines Lebens mit seiner Arbeit beschäftigt war und noch verschiedene Projekte verfolgte, mit deren Hilfe er über das, was er bis dahin erreicht hatte, hinauszugelangen hoffte, ist sein Vermächtnis insofern vollendet, als er uns ein Theoriegebäude zur Verfügung stellt, das in sich stimmig ist. Er hat ein theoretisches Konzept entwickelt und dieses zu einer detaillierten klinischen Methodologie ausgearbeitet.

Die Zahl der Therapeuten, die Fritz viel zu verdanken haben, wächst ständig. Einige versagen ihm die Anerkennung. Andere wissen vielleicht gar nicht, daß sich viele Aspekte ihrer Arbeit aus der Gestalttherapie entwickelt haben. Fritz' Botschaft der Hoffnung ist mittlerweile in den USA, in Kanada und an den verschiedensten Orten auf der ganzen Erde auf breite Resonanz gestoßen. Wer wollte seinen weitreichenden Einfluß bestreiten? Die Psychotherapie wird durch die Arbeit und den Elan anderer Frauen und Männer weiterentwickelt werden. Fritz' Vermächtnis wird dadurch jedoch nichts von seiner Bedeutung verlieren.

Bibliographie

(1) Kierkegard, Sören S.: Furcht und Zittern. Ges. Werke, 4. Abt. Gütersloh (Gütersloher Verlagshaus) 1986.
– Die Krankheit zum Tode. Ges. Werke, 24. u. 25. Abt. Gütersloh (Gütersloher Verlagshaus) 1985.
(2) Kopp, Sheldon B. (1972): If You Meet the Buddha on the Road, Kill Him! Palo Alto (Science and Behavior Books).
(3) Perls, Frederick S. (1969): Gestalt Therapy Verbatim. Lafayette (Real People Press). Dt.: Gestalt-Therapie in Aktion. Stuttgart (Klett-Cotta) [5]1985.
(4) Heer, Friedrich (1969): The Medieval World. New York (Praeger Publishers).
(5) Sarte, Jean-Paul (1943): L'Etre et le Néant. Paris (Gallimard). Dt.: Das Sein und das Nichts. Reinbek (Rowohlt) 1952.
(6) Perls, F. S., a. a. O.
(7) Ebda.
(8) Laing, Ronald D. (1972): The Divided Self. Baltimore (Penguin Books). Dt.: Das geteilte Selbst. Köln (Kiepenheuer & Witsch) 1972.
(9) Perls, F. S., a. a. O.
(10) Laing, R. D. (1969): Self and Others. Baltimore (Penguin Books). Dt.: Das Selbst und die anderen. Köln (Kiepenheuer & Witsch) 1973.
(11) Laing, R. D. (1971): The Politics of Experience. New York (Ballantine Books). Dt.: Phänomenologie der Erfahrung. Frankfurt (Suhrkamp) 1969.
(12) Perls, F. S. (1969): In and Out of the Garbage Pail. Lafayette (Real People Press). Dt.: Gestalt-Wahrnehmung. Verworfenes und Wiedergewonnenes aus meiner Mülltonne. Frankfurt (Verlag für Humanistische Psychologie) 1981.
(13) Laing, R. D.: Das geteilte Selbst, a. a. O.
(14) Ebda.
(15) Frankl, Victor (1972): Man's Search for Meaning. New York (Simon & Schuster). Dt.: Der Mensch auf der Suche nach Sinn. Freiburg (Herder) 1977.

Buch II
Vorlesungen, Erinnerungen und Transkriptionen
(Frederick S. Perls)

Vorwort

Fritz' Vermächtnis ist für mich ein besonderes Buch. Es verkörpert, im kleinen zwar, aber in vereinheitlichter Form, alle drei Geschenke, die Fritz der psychotherapeutischen Gemeinschaft hinterlassen hat. Sein bedeutendstes Erbe ist, daß er jenen unter uns, die Gestalttherapie studiert haben, eine neue Perspektive gab, wie man sich der psychotherapeutischen Praxis und ihrer theoretischen Ausarbeitung nähern kann. Er hat uns, die wir in den helfenden Berufen arbeiten, viele Fenster und viele Türen geöffnet, denn er hat uns Möglichkeiten gezeigt, wie wir (und unsere Klienten) lernen können, uns selbst in der Auseinandersetzung mit der Welt zu unterstützen und so zu wachsen, zu reifen und unsere großen, brachliegenden Möglichkeiten aufregend lebendig und fortdauernd auszudehnen.

Dieses Buch stellt Fritz' Vermächtnis im wesentlichen auf dreierlei Art dar. Erstens hat er uns seine Weisheit hinterlassen, seine theoretischen und praktischen neuen Gedanken, um unsere Erfahrungen als Therapeuten zu organisieren – das ist im Kapitel »Die Lehre« enthalten. Es handelt sich um eine Reihe von Kurzvorträgen, die er in Cowichan, Kanada, gehalten hat. Sie bilden eine kurzgefaßte Darstellung seiner Gestalttheorie und waren bislang nicht publiziert und für andere erhältlich, um daran zu lernen.

Sein zweites Geschenk ist seine Technik – hier in diesem Band in Form von Transskriptionen –, Transskriptionen, die die ganze Bandbreite seiner Arbeit als Gestalttherapeut präsentieren, von der Traumarbeit bis zur Stotterertherapie; von der Auflösung von Trauer bis zu seiner letzten Neuerung, der Traumarbeit mit Paaren; von seiner Zeit in Esalen bis zu seinen letzten Jahren in Cowichan. Sie alle liegen in diesem Band vor, damit sie studiert werden können und damit man aus ihnen lernen kann.

Das letzte und vielleicht bedeutendste Geschenk aus dem Vermächtnis von Fritz ist eine Generation von ausgebildeten und praktizierenden Therapeutinnen und Therapeuten, die in den kommenden Jahren andere in seinen Techniken ausbilden, seine Theorien erweitern und das Andenken an einen höchst ungewöhnlichen Mann miteinander teilen werden. Tatsächlich kommt eine Frau aus dieser Generation im ersten Buch dieses Bandes zu Wort, Patricia

Baumgardner, eine der vielen, die er in Cowichan ausgebildet hat.

Geliebt und gehaßt, verlacht und verachtet, als Lehrer und Heiliger verehrt, er wird nicht vergessen werden – so wenig wie die Weisheit seiner Theorien und die Kraft seiner Techniken.

Dein Werk, Fritz, möge bekannt werden, es möge studiert und genutzt werden. Ich bin dankbar, und ich danke Dir für Dein Erbe.

Richard Bandler
Herausgeber

1 Die Lehre

Wachstum und menschliches Potential

Und nun etwas Grundsätzliches zu Wachstum und menschlichem Potential. Meine Definition lautet folgendermaßen: Ich verstehe unter Wachstum und Reifen die Umwandlung der Unterstützung, die wir durch die Umwelt erhalten, in Selbständigkeit und Selbsthilfe. Ein Säugling ist ganz und gar darauf angewiesen, von seiner Umgebung umsorgt zu werden. Später lernen wir dann, einen Teil unserer Anlagen zu entfalten, wir beginnen zu krabbeln, Laute von uns zu geben, mit anderen zu kommunizieren. Dann lernen wir gehen, Freundschaften zu schließen und so weiter, bis wir allmählich fähig sind, auf eigenen Füßen zu stehen und die in uns liegenden Möglichkeiten zu nutzen, anstatt auf die Hilfe anderer zurückzugreifen. Immer, wenn wir, direkt oder indirekt, fremde Hilfe in Anspruch nehmen, schaffen wir eine Form von Abhängigkeit. Und jedes Mal, wenn wir uns weigern, von dem, was in uns steckt, Gebrauch zu machen, verlieren wir ein Stück Freiheit.

Was passiert also, wenn ein Kind oder ein Jugendlicher im Verlauf des Entwicklungsprozesses ernsthaft entmutigt wird, das heißt, nicht in der Lage ist oder sich weigert, die eigenen Fähigkeiten zur Entfaltung zu bringen? Er gerät in eine Sackgasse. – Wir bekommen nicht das, was wir zu unserer Selbstbehauptung in der Welt brauchen, und das ist dann der Moment, in dem wir Charakter entwickeln. Wir fangen an, Rollen zu spielen, und beginnen, die Welt zu manipulieren. Und je nach Situation versuchen wir es mit gespielter Hilflosigkeit, oder wir markieren den Brutalen oder machen auf dumm. Oder vielleicht spielen wir den Patienten und werden krank, um so die Aufmerksamkeit, die wir brauchen, auf uns zu lenken.

Jedenfalls sind wir weder willens, unsere eigene Person wirklich einzusetzen, noch sind wir bereit zu glauben, wir besäßen überhaupt so etwas wie eigene Fähigkeiten. Und genau darum geht es zu einem Gutteil in der Gestalttheorie: Wenn unsere Patienten zu uns kommen, wollen sie uns dahin bringen, daß wir ihnen die Unterstützung liefern, die sie sich in ihrem Leben nie selbst gegeben haben. Wir versetzen sie in einen Frustrationszustand. Genauso wie wir grundsätzlich jede Interpretation für einen Fehlgriff des Therapeuten halten, betrachten wir jede andere Form der Hilfestellung (abgesehen von dem Minimum, das einfach notwendig ist) als therapeutischen Fehler in dem Sinn, daß wir dem Patienten gerade die Unterstützung von außen liefern, die ihn davon abhält, sich selbst zu unterstützen.

Und so schreiben wir an den Drehbüchern unseres Lebens: Wir spielen irgendeine Rolle, um Hilfe zu erhalten, und wir spielen eine andere Rolle, um eine andere Art von Hilfe zu bekommen. Auf diese Weise sind wir ständig in der Hoffnung gefangen, endlich das Leben zu meistern. Aber jedes Mal, wenn wir darauf verzichten, von dem, was in uns steckt, Gebrauch zu machen, und statt dessen nach Unterstützung aus unserer Umgebung Ausschau zu halten, büßen wir ein Stück Freiheit ein – wir verlieren ein Stück von uns selbst. Manchmal packt uns der Stolz, und wir weisen es weit von uns, fremde Hilfe in Anspruch zu nehmen – wir »machen auf« unabhängig. Unabhängigkeit bedeutet jedoch nicht, daß man frei ist, das läuft bestenfalls auf selbstverhindernde, selbstquälerische Spiele hinaus. Mit Ann hatten wir ja ein prächtiges Beispiel vor Augen: Sie möchte etwas Trost, Erleichterung, ein wenig Ruhe, aber sie würde nie darum bitten oder sie sich gar selbst verschaffen. Genau darin liegt der Unterschied zwischen dieser Art von »Unabhängigkeit« und der Fähigkeit, sich selbst zu helfen.

Auf welche Art von fremder Hilfe sind wir also aus bzw. welche Unterstützung verweigern wir uns, in Anspruch zu nehmen – wobei wir ja immer davon ausgehen, das, was wir brauchen, stünde uns nicht in uns selbst zur Verfügung? Was projizieren wir – wie die Kunden im Warenhaus – an Bedürfnissen, wenn wir uns in Therapie begeben? In der Gestalttherapie gibt der Therapeut ja immer eine hervorragende Projektionsfläche ab.

Wenn ein Patient omnipotent sein will, wird er den Therapeuten für allmächtig halten. Wenn der Patient das Bedürfnis hat zu lieben, dann wird er den Therapeuten als jemanden sehen, der Liebe geben kann. Darauf achten wir als Gestalttherapeuten auch, wenn wir mit einem Traum arbeiten: Welche Art von Hilfe von außen wird eingefordert? Wenn ihr nämlich lernt, euch mit den verschiedenen Teilen eines Traums zu identifizieren bzw. mit den verschiedenen Persönlichkeitsanteilen, die ihr in anderen Menschen vorfindet, begreift ihr, daß das alles auch in euch selbst vorhanden ist.

Alles, was du brauchst, ist da: du hast es in dir selbst. Du weißt es nur nicht.

Dieses Gedicht habe ich vor ein paar Jahren geschrieben:

Komm, predige den anderen, was du meinst
Du meinst dich selbst und nicht die Welt
Denn Spiegel sind dort, wo du glaubst,
du siehst durch Fenster – klar oder trüb.
Du siehst dich selbst, du siehst nicht uns.
Projizierst dich selbst, entäußerst dich.
Verarmtes Selbst, hol dir zurück, was dir gehört.
Werde, was du projizierst, schlüpf tief hinein.
Die Rolle der anderen bist du selbst
Hol dir zurück, und wachse ein Stück.
Assimiliere, was du verleugnet hast.
Was du an anderen haßt, das bist du selbst.
Auch wenn es schwer ertragbar ist.
Du bist ich und ich bin du.
Du haßt in dir, was du verachtest.
Du haßt dich selbst und denkst an mich.
Projektionen sind verfluchte Dinger.
Sie machen dich wirr und machen dich blind.
Machen aus Mücken Elefanten.
Nur, damit dein Vorteil gilt.
Komm zu Sinnen, sieh doch klar.
Schau, was da ist und nicht, was sein könnte.*

Und es gibt noch einen Punkt, den man nicht übersehen sollte: Um die gewünschte Unterstützung aus der Umgebung zu bekommen, muß man Herrschaft, Kontrolle ausüben. Die Leute, die dir helfen sollen, mußt du unter deine Fuchtel bekommen. Und am Ende wirst du einen Kontrolltick haben. Du kontrollierst dich selbst. Du kontrollierst die anderen. Du wirst glauben, daß du nur dann die gewünschte Unterstützung kriegst, wenn du Kontrolle

---

* aus: Frederick S. Perls, In and Out the Garbage Pail. Real People Press, Moab 1969; deutsche Ausgabe: Gestalt-Wahrnehmung. Verworfenes und Wiedergefundenes aus meiner Mülltonne. Verlag für Humanistische Psychologie, Frankfurt a. M. 1981, S. 15.

ausübst. Und du wirst dich selbst mit dem Ziel kontrollieren, dir ein Selbstbild zu basteln, das der Wirklichkeit gar nicht entspricht, das heißt nicht deinem angeborenen Potential.

Das hat dann zur Folge, daß wir alle völlig verdreht aufwachsen: wertvolle Teile unserer selbst werden ganz eliminiert bzw. unterdrückt oder projiziert. Und andere Teile, die nicht die Unterstützung unserer authentischen Persönlichkeit haben, werden vorgetäuscht, gespielt. Man kennt das als unechtes Getue. Wir werden unecht, weil wir Rollen spielen, die gar nicht unserem wirklichen Selbst entsprechen, um andere dann zu bewegen, daß sie uns helfen. Könnt ihr euch jetzt ein Bild machen von dem verqueren, schiefen Leben, das die meisten Menschen führen? Ein Teil nur vorgetäuscht, ein anderer, wertvoller Teil unterdrückt. Und was bleibt übrig? Der hohle Mensch unserer Tage.

Energie und Bewußtheit

Ich würde gern ein wenig über die schwierigste Angelegenheit in der – nennen wir es ruhig Psychotherapie – sprechen, über die *Dynamik* – über die Energien, die vom Organismus bzw. vom ganzen Universum im Organismus und für den Organismus bereitgestellt werden, um Leben überhaupt zu ermöglichen und all die Erfahrungen, die wir potentiell machen können bzw. wirklich machen. Die Arbeiten hierzu sind bislang nicht sonderlich beeindruckend. Es gibt Freuds These von der Besetzung und seine Spielerei mit der Idee der Libido – wenn er darin recht hätte, liefe das darauf hinaus, daß dem lebenden Organismus die nötige Energie allein von den Sexualhormonen zugeführt würde.

Und es gibt die Arbeiten Bergsons über den *élan vital*. Das alles ist aber ziemlich unbefriedigend. Im Grunde wäre eine Kombination aus Physiker und Biologe gefordert, um den Prozeß ein Stück weit zu verstehen. Allerdings wäre dann vieles hochtheoretisch und für den Praktiker nicht besonders aufschlußreich; aber einiges hiervon ist doch sehr wichtig, und es wird sich als nützlich erweisen.

Sehr wenig verstanden ist beispielsweise die Dynamik der Aufmerksamkeit (attention). Wenn wir etwas Angenehmes bewußt wahrnehmen (to be aware of), fällt es uns leicht, ihm Aufmerksamkeit zu schenken. Mit anderen Worten – es ist dann leicht, Wahrnehmung und Aufmerksamkeit miteinander in Einklang zu bringen, zu integrieren. Und das bedeutet dann, mit den Sinnen aufmerksam dabeizusein und das, was die Welt uns darbietet, unmittelbar zu assimilieren. Wenn wir allerdings etwas Unerfreuliches wahrnehmen, reagieren wir phobisch, und eines der besten Mittel der Vermeidung besteht dann darin, die *Aufmerksamkeit abzuziehen*; die Aufmerksamkeit von dem Ding, um das es geht, auf einen anderen Gegenstand zu übertragen. Wie in dem bekannten Beispiel: Der Ehemann, der mit seiner Frau im Bett liegt, ist nicht sehr erregt, er nimmt seine Frau nicht als besonders angenehm wahr, und sie sagt dann zu ihm: »Kannst Du nicht an *eine andere* denken?«

Wenn wir nun daraus unsere Lehre zögen, im Sinne eines Gegengifts gegen diese phobische Haltung – möglicherweise würden wir dann begreifen, daß es sich lohnt, jenem Gefühl der Unerfreulichkeit, jenem schmerzhaften Erleben unsere Aufmerksamkeit zu schenken. Die Dynamik wird plötzlich umschlagen, und das Erleben von Unerfreulichem, Schmerzhaftem wird eine Transformation erfahren. Das Unangenehme wird, wenn gerichtete Aufmerksamkeit (attention) und Wahrnehmung (awareness) zusammenfallen, zum Erfreulichen werden, der Prozeß der Integration beginnt, das vollkommene Ineinandergreifen, das »grooving«.

Wenn wir nun auf die Physik zurückkommen und versuchen, etwas von dieser Dynamik im allgemeinen Sinn zu verstehen, können wir daran mehrere Dinge lernen. Hierzu gehört die Tatsache, daß eine Form der Energie leicht in eine andere Energieform umgewandelt werden kann: die Strömung eines Flusses in Elektrizität, elektrischer Strom in Wärme und Licht etc. Die Chemie führt uns unendlich viele Variationen vor Augen, wie Umwandlungen von einer Struktur in etwas ganz anderes vonstatten gehen.

Meines Erachtens können wir davon ausgehen, daß sich im lebenden Organismus dasselbe abspielt. Bestimmte chemische Prozesse laufen in uns ab, um Wärme zu erzeugen; unser Nervensystem bedient sich elektrischer Vorgänge, um jenes eigentümliche Phänomen hervorzubringen, das wir Wahrnehmung nennen, ein Phänomen, das vermutlich Ähnlichkeiten mit der Fluoreszenz in der Fernsehbildröhre aufweist. Bislang wissen wir über die Chemie der Wahrnehmung allerdings noch gar nichts. Ich für meine Person glaube, daß sie eine der drei Universalien ist: Ausdehnung (räumlich), Dauer (zeitlich) und Wahrnehmung oder Wissen. Und noch etwas könnt ihr von der Physik oder Chemie lernen. Wenn zwei Atome zusammenkommen, wenn sie Interesse aneinander haben, eine Affinität zueinander, eine Art von Liebe, dann stellen wir fest, daß sie, sobald sie zusammentreffen, weniger Unterstützung benötigen. Insofern wird im Vorgang ihres Zusammentreffens eine Menge Energie freigesetzt, etwa in Form einer Explosion. Wenn man Wasserstoff und Sauerstoff zusammenführt, setzt man Energie frei, und was dann dabei herauskommt, ist Wasser. Wir bekommen Wasser plus soundsoviel überschüssige Energie. Wenn wir diese Moleküle dann aber wieder trennen wollen, müssen wir ihnen eine gehörige Menge Energie zuführen, damit sie ihr wechselseitiges Aneinanderhaften aufgeben und sich wieder ihre eigene Kapsel, sozusagen die Grenzmauer ihrer eigenen Isolation, schaffen können, ihre ureigenste Ego-Grenze.

Und eben dieser Prozeß läßt sich auch beim Menschen immer wieder beobachten. Auch in uns gibt es solche Moleküle, etwa in Form von Verhaltensmustern, und um sie aufzubrechen, müssen wir Energie aufwenden. Wenn eine Integration erfolgt – was immerhin in der Therapie ab und zu vorkommt –, wird plötzlich viel Energie freigesetzt, und in diesem Vorgang können dann alle möglichen Arten von Explosionen stattfinden – Explosionen der Freude, der Wut, der Trauer, Orgasmen und alles mögliche.

In diesem Prozeß ist am interessantesten, was ich das »Loch« in der Person nenne, die unfruchtbare leere Stelle. Beim Verständnis meiner Arbeit scheint dieser Teil überall die größten Schwierigkeiten zu machen. Eine solche sterile leere Stelle ist das Gegenteil der fruchtbaren leeren Stelle. Das will ich erklären. Wie bei den meisten Vorgängen in der Gestalttherapie handelt es sich bei solchen brachliegenden Orten um Polaritäten. Am einen Ende gibt es das unfruchtbare Loch, das als »Nichts« wahrgenommen wird. Am anderen Ende finden wir eine fruchtbare Leere: etwas ist im Entstehen. In dieser fruchtbaren Leere gibt es ein Nichts, eine »Nichtsheit«, es ist Nur-Prozeß. Diese fruchtbare leere Stelle ist unser Werkzeug, um Konfusion in Klarheit zu verwandeln. Sie ist unsere Quelle der Selbstunterstützung. Allerdings werden ja diese Löcher, die jeder Weiterentwicklung den nötigen Raum zur Verfügung stellen, meist als das Nichts, als Leere, als Verlorenheit wahrgenommen. Und deshalb laufen wir weg, ergreifen die Flucht. Wenn wir das Nichts wahrnehmen, empfinden wir ein schreckliches Entsetzen. In unserem Kulturkreis steht das Nichts für Nicht-Bewußtheit, Bewußtlosigkeit: es ist gleichbedeutend mit völliger Leere. Und das Nichts in uns selbst steht für »dort ist nichts vorhanden«, »es ist leer«, ist »verloren«. Um dieser Leere aus dem Weg zu gehen, füllen wir das entsprechende Loch entweder künstlich mit allen möglichen Formen der Überkompensation, mit Geplapper oder mit irgendwelchen Symptomen – oder wir gehen alledem überhaupt aus dem Weg und werden autistisch-kataton. Außerdem schaffen wir gleichzeitig eine Fixierung auf unser jeweils vorhandenes System. Das von jenem Nichts ausgehende Entsetzen ist so gewaltig, daß wir hoffnungslos an dem kleben, was schon da ist. Und die Tragödie daran ist, daß die gesamte dynamische Energie dafür verwendet wird, den Status quo aufrechtzuerhalten. Wenn dann die dynamische Energie sämtlich dem Vermeidungsverhalten zufließt, bleibt nichts mehr übrig, was an die leere Stelle fließen könnte, um aus der sterilen Leere eine schöpferische Leere zu machen.

Ich bin der Auffassung, daß sämtliche Symptome im Grunde Stillstand bzw. Verdichtung, Konzentration von Energie oder, wie ich sie nenne, Erregung des Organismus sind. Erregung ist auf psychologischer Ebene das Äquivalent für die Energiebewegung des Protoplasma. Wenn ihr in der Lage seid, eure Erregung aufmerksam zu verfolgen, und wenn ihr diese Wahrnehmung der Erregung beobachtet, euch ihrer bewußt seid, wird sich etwas ereignen.

Wenn ihr den Stillstand der Erregungssysteme aufmerksam verfolgt, dann kann diese Figur im Vordergrund wieder eine Verbindung mit dem Hintergrund eingehen und mit der Erregung selbst, statt daß beispielsweise eine hysterische Reaktion erfolgt. Oder eine Panik, ein Entsetzen kann in den Gesamtorganismus zurückströmen, als eine lebensfördernde Qualität. Und unser ewiger Wortschwall, unser Vermeidungsverhalten kann in eine intuitive Reaktion einfließen. Die Leere, das Nichts wird dabei zu einer Quelle von Verhaltensweisen, die unser Selbst fördern, und das ist, auf einen kurzen Nenner gebracht, das Ziel der Gestalttherapie.

Zwei Herangehensweisen: »Prozeß« und »Gegenstand«

Heute möchte ich den »Prozeß-Ansatz« und den »Gegenstands-Ansatz« einander gegenüberstellen. Der »Gegenstand«, das »Ding« ist zum Gott geworden, der das Wort ist; die Substantive sind zu

Göttern geworden, sie machen die Dinge, tun die Dinge. Wir sagen etwa: Ein *Gedanke* taucht in meinem Kopf auf. Das ist idiotisch; das ist so, als sei der *Gedanke* ein Ding, das kommen und gehen kann, und weiter, als könne er nach eigenem Belieben kommen und gehen, als könne er sich aus eigener Kraft bewegen. »Als ob« der *Gedanke*, mein *Kopf* und *ich* jeweils getrennte Gegenstände wären, die Dinge machen, Dinge tun. Klingt ziemlich dumm, nicht wahr? Aber wie es schon im Neuen Testament heißt: Am Anfang war das Wort, und das Wort war Gott. So hat die Menschheit seinerzeit begonnen, die Welt zu erklären. Irgendein Gott tut Dinge, macht Dinge. Heute hat dieses Substantiv, Gott, neue Namen: die Natur, die Schwerkraft, Elektrizität, das Elektron. Aber zumindest hindern uns die Namen, die wir den Naturkräften gegeben haben, nicht daran zu wissen, daß Elektronen keineswegs starr sind, sondern in ständiger Bewegung – bewegliche Partikel, die in vollkommener Beziehnung zueinander stehen. Ein Ding ist also etwas, das erstarrt, unveränderlich, Substanz ist, etwas, das ganz offensichtlich berührt und angefaßt werden kann und das sich nur bewegen läßt, wenn es von einem anderen Gegenstand gerammt oder angestoßen oder in einer Bewegung aufgehalten wird – wie ein rollender Ball, der von einer Mauer gestoppt wird.

Auch das Wort »Jetzt« hat diese Qualität, einen Prozeß zu fixieren, festzuhalten – und eine verdammt schwierige Fixierung dazu. Denn niemand kann das »Jetzt« festhalten. In dem Augenblick, in dem du versuchst, es in den Griff zu bekommen, ist es schon entwischt. Und nun, da die Erfahrung des »Jetzt« vorbei ist – was ist passiert? Ich möchte hierzu etwas im Hinblick auf die häufigste Projektion des Neurotikers, oder sagen wir einmal des autistischen Charakters sagen; insbesondere, was sein Bedürfnis angeht, beachtet, angeschaut zu werden. Dies im Gegensatz zum gesunden Menschen, der selbst aufmerksam ist und sein Interesse, seine Energie zur Auseinandersetzung mit der Welt benutzt. Und in diesem Vorgang der Auseinandersetzung, in dem Aufmerksamkeit und bewußte Wahrnehmung zusammenkommen, findet sich das Erlebnis des »Jetzt«. Und noch wichtiger als dies ist das folgende: Je größer die Intensität der bewußten Wahrnehmung des »Jetzt«-Erlebnisses, desto größer die Chancen, daß dieser Vorgang auf eine sehr spezielle Art und Weise auf den Organismus einwirkt. Je größer die

Intensität der Wahrnehmung, desto größer die Chance, daß etwas mit vorher Eingeprägtem zusammenpaßt.

Wir nennen das in der Gestalttherapie den Prozeß des *grooving*, des vollkommenen Ineinandergreifens. Dies bedeutet, daß eine Nachbildung, Nachempfindung vorhanden ist, die die Vergangenheit mit der Aneignung neuer Erfahrungen verbindet. Und dieses Ineinandergreifen stellt immer einen Teil der Gestalt dar: den Hintergrund. Mir gefällt dabei am besten die Metapher vom Anhören einer Sinfonie – obwohl es eigentlich keine Metapher, sondern eher ein Beispiel ist. Während du für den Bruchteil einer Sekunde zuhörst, bist du dir zwar des Klangs bewußt; der Hintergrund jenes Klangs wird aber von den gespeicherten Aufzeichnungen gebildet; und auf diese Weise lernst du dann die ganze Sinfonie kennen. Wenn wir das einmal verstanden haben, können wir uns voll und ganz auf das Erlebnis des Jetzt konzentrieren, auf den fortwährenden Prozeß des Hörens von Klängen, des Schauens, Beobachtens, Befaßtseins mit jenem anderen Ding, das man die Welt nennt – und die Unmittelbarkeit der Erfahrung wird die Gestalt schaffen, jenes Figur/Grund-Muster, das das *grooving* herstellt. Es klingt so leicht, und das wäre es auch, wenn es da nicht unsere DMZ (intermediate zone), unseren Intellekt gäbe.

Seht ihr, ihr werdet das so lange nicht selbst tun können, wie ihr nicht selbst unmittelbar in den fortlaufenden Prozeß einbezogen seid, und das ist die große Schwierigkeit dabei, authentisch, echt zu werden, wirklich zu sein; denn zwischen mir selbst, meinen Erfahrungen und der Welt gibt es – so versuche ich diese breite, dazwischenliegende Schicht, diese DMZ deutlich zu machen, – einen mittleren Bereich. Diese Zone ist angefüllt mit endlosem Geplapper, ist voller Komplexe, Vorurteile, Katastrophenerwartungen, Erklärungen, Entschuldigungen, Versuchen – ja, dieser Qualität des Versuchens und des Versuchs, etwas zu verstehen. Und wenn unsere Energien von derartigen Vorgängen absorbiert werden, können wir unmöglich in vollständigem Kontakt mit der Welt sein, was dann gleichzeitig bedeutet, daß wir den fortwährenden Prozeß nicht voll und ganz assimilieren und begreifen können. Mit anderen Worten: Die Werkzeuge, die unserem Wachstum dienen, werden aufgehalten – sie sind voll damit beschäftigt, alles abzusichern, auf Nummer sicher zu gehen. Wenn wir das aber einmal realisiert haben, können wir unser Werkzeug in Gebrauch nehmen, können

Aufmerksamkeit und Wahrnehmung miteinander in Einklang bringen, integrieren. An dieser Stelle möchte ich noch auf etwas anderes zu sprechen kommen: Bei den meisten Menschen werden Aufmerksamkeit und Wahrnehmung nicht zusammenkommen, zur Integration gelangen, sobald diese Wahrnehmung unerfreulich, schmerzhaft oder unbequem wird. Wir werden diese Erfahrung augenblicklich negieren, unsere Aufmerksamkeit wird sich der DMZ zuwenden, und wir werden mit dem Intellektualisieren beginnen und anfangen, uns zu ängstigen. Und so kann die Gestalt nicht geschlossen werden, das *grooving* kann nicht einsetzen, und das hat zur Folge, daß keine Weiterentwicklung erfolgen kann. Alle jene Unerfreulichkeiten sind Teil unserer Frustrationsblocks, Teil unserer fehlenden Bereitschaft, uns der Mühsal auszusetzen, die anfällt, wenn wir alte, unverdaute Gestalten abschließen oder wenn wir die frustrierenden Erfahrungen durcharbeiten, die anstehen, wenn wir mit der Welt ins reine kommen, uns mit ihr in Beziehung setzen. Statt dessen blockieren wir uns im wesentlichen auf zweierlei Art: Wir unterbrechen uns mit vorweggenommenen Assoziationen, mit unseren Katastrophenerwartungen, mit den Phantasien des inneren Wortschwalls. Wir weichen auf Nebengleise, in Symptome und auf nachklappernde Gedanken über unsere Erfahrungen aus; wir geben Erklärungen ab, entwerfen Ausreden. Aber das Ergebnis ist immer gleich: Wir begeben uns in unsere DMZ, anstatt die Erfahrung direkt zu machen und unsere Fähigkeiten zum *grooving* und zum Wachsen, zur Auseinandersetzung mit der Welt zu benutzen.

Das aber ist es, worum es uns in der Gestalttherapie geht: die Integration von Aufmerksamkeit und intensivierter Wahrnehmung. Inwiefern unterscheidet sich nun der »Prozeß-Ansatz« vom »Gegenstands-Ansatz«? Der Psychiatrie wurde der Name »Gott« zugeschrieben. Freud hat sein ganzes Leben der Aufgabe gewidmet, sich und den anderen zu beweisen, daß die Unterdrückung der Sexualität von Übel war, daß sie die Ursache unserer Probleme ist.

Die Wissenschaft seiner Zeit ging davon aus, ein Problem müsse seine Ursache in der Vergangenheit haben – wie der Billardqueu, der die Bälle anstößt; er ist die Ursache für das Rollen der Billardbälle. Natürlich entstand dann das Problem, wer den Queu geführt hat usw., bis wir bei Gott als dem Verursacher angelangt sind oder bei einer ziemlich bedauernswerten Frau, die vor ein paar tausend Jahren einmal einen Apfel gegessen hat. Inzwischen hat sich unsere wissenschaftliche Haltung geändert. Wir nehmen die Welt auf Prozesse, auf Systeme hin in Augenschein und nicht auf das Prinzip Ursache-Wirkung bzw. Stimulans-Reaktion. Wir betrachten die Welt als einen ununterbrochenen, fortwährenden Prozeß. Alles ist in Bewegung. Wir steigen nie zweimal in denselben Fluß. Mit anderen Worten: Wir haben rechtzeitig (das gilt allerdings leider noch nicht für die Psychiatrie) den Wandel vollzogen von der Frage *Warum*? zu den Fragen nach dem Prozeß: *Was* und *Wie*.

Zu Freuds Zeiten fragte die Wissenschaft (und er selbst auch): Warum? Die Wissenschaftler suchten nach Gründen, Ursachen, Erklärungen. Sie glaubten, wenn es ihnen gelänge, die Ursache zu verändern, dann könnten sie auch die Wirkung verändern.

In unserem elektronischen Zeitalter stellen wir die Frage nach dem Warum nicht mehr. Wir fragen nach dem Wie. Wir erforschen die Struktur: die molekulare Struktur, die genetische Struktur, die chemische Struktur. Und wenn wir die Struktur begreifen, dann können wir sie auch verändern. Und die Struktur, auf die wir in der Gestalttherapie achten, die uns am meisten interessiert, ist die Struktur unseres Lebensplans, des »Drehbuchs« für unser Leben. Dies ist die Struktur, wie wir der Unmittelbarkeit des Erlebens ausweichen. Diese Drehbücher stellen die Strukturen dar, wie wir unsere Spielchen spielen, von denen wir meinen, sie seien sicher. Aber die meisten dieser Drehbücher sind die Strukturen, die vorgeben, wie wir uns daran hindern, lebendig, in Kontakt mit der Welt und fähig zu sein, unser Leben zu meistern.

Schmerz und Lust

Ich möchte über das grundlegende biologische und psychologische Phänomen von Schmerz und Lust sprechen. Es gibt viele Aspekte von Zufriedenheit und Unzufriedenheit, viele Arten von Hochs und Tiefs etc. Die Natur hat den Schmerz geschaffen, um ihm Aufmerksamkeit zuteil werden zu lassen. Wenn wir eine Schmerzempfindung übergehen, beispielsweise in einem Organ, wenn wir ihr keine Beachtung schenken, dann sind wir wahrscheinlich auf dem besten Weg, dem Organismus ernste Schäden zuzufügen. Wenn wir uns ein Bein gebrochen haben, und wir wollen trotzdem loslaufen, sagt uns der Schmerz: Nein, laß es diesmal sein. Insofern hat das biologische Lust/Schmerz-Prinzip durchaus seine Berechtigung.

Nun machen wir auch im Phantasieleben mit Lust und Schmerz unsere Bekanntschaft. Jemand nennt dich einen »Scheißkerl«, und das ist unerfreulich für dich, du nimmst es als Verletztsein wahr. Und so geht es endlos weiter: Ich schäme mich – das ist eine unerfreuliche Erfahrung; ich bin stolz – das ist lustvoll. Wenn jemand seiner selbst und der Welt gewahr ist – und hierbei gibt es gewaltige Unterschiede –, dann erlebt er Angenehmes oder Indifferenz oder Schmerz bzw. Unlust. Andererseits sehen wir, und hierbei gibt es keine Unterschiede, daß die wenigsten Menschen bereit sind, im Bereich der Phantasie die Erfahrung von Unlustgefühlen zu machen. Sie setzen das nämlich mit Unlust auf der Ebene der Realität gleich. Und dann, sobald wir etwas Unerfreuliches wahrnehmen, reagieren wir phobisch. Das ist der entscheidende Punkt, ohne den wir nie in der Lage sein werden, die Psychopathologie, den Wachstumsprozeß usw. zu verstehen. In dem Moment, in dem du wegläufst, vermeidest du den Gang durch die Hölle, oder was auch immer die Unlust sonst beinhaltet. Mit dieser phobischen Haltung gelangen wir nicht dahin, die Gestalt abzuschließen, und sind nicht in der Lage, die anstehenden Dinge zu Ende zu bringen. Und all die Phantasievorstellungen, es sei alles sehr unerfreulich, etwas ganz Katastrophales werde eintreten, sehen wir in einem solchen Maß als Realität an, daß wir stets Mittel und Wege finden, einen weiten Bogen um das jeweilige Problem zu machen.

Das ist die Aufgabe des Therapeuten: aufzuzeigen, wo der Patient phobisch wird, wo er die Phänomene der Unlust nicht akzeptieren kann. Anstatt immer wieder, tausendfach, auch in der Therapie – in einer guten Therapie –, zu erleben, daß die Unlust, wenn man »dranbleibt«, unweigerlich in angenehmes Erleben umschlägt. Immer wenn ihr in eurer Phantasie mit Unangenehmem konfrontiert seid, nehmt ihr Reißaus. Wenn jemand träumt, er werde von einem Löwen aufgefressen, nimmt er es für die Wirklichkeit, will nicht vom Löwen verspeist werden – obwohl sein rationales Denken durchaus vorbringen kann, daß er ruhig tausendmal gefressen werden kann: er bleibt ja am Leben. Du kannst jemanden in deiner Phantasie tausendmal umbringen: er wird noch immer vorhanden sein. Mit anderen Worten: Der springende Punkt ist die Unterscheidung zwischen Realität und Phantasie. Verrücktheit spielt sich immer im Kopf ab, wie man so schön sagt.

In unserer ersten Sitzung haben wir mit der Tatsache begonnen, daß alles Wissen aus der Wahrnehmung kommt, und die Wahrnehmung findet stets im Hier und Jetzt statt. Und wenn wir konsequent bei dem bleiben, was in der Gestalttherapie als das Wahrnehmungs-Kontinuum verstanden wird, werden wir entdecken, daß der Patient dieses Kontinuum jedesmal dann unterbrechen wird, wenn er auf etwas Unangenehmes stößt. Und dann flüchtet er entweder in eine Position, in der er auf Unterstützung und Hilfe wartet, oder er zieht sich vollständig zurück, oder er beginnt vielleicht zu rationalisieren, fängt an, Erklärungen abzugeben. Oder er fängt an, seine Rollen zu spielen, etwa »Ich Ärmster«, diese ganzen Spielchen; er wird melodramatisch oder clever, ausfallend oder deprimiert, wendet alle möglichen Tricks an, um der schlichten Begegnung mit dem Unangenehmen auszuweichen.

Gestaltbildung

Ich möchte heute über die Gestaltbildung – die biologische Gestaltbildung – sprechen. Ich habe bereits gesagt, daß Gewahrsein bedeutet, zwischen Selbstwahrnehmung und Wahrnehmung der Welt zu unterscheiden. Wenn wir lediglich unserer selbst bewußt sind, leben wir in einem Vakuum: Wir sind authentisch. Wir hätten zwar Bedürfnisse wie Hunger und Durst, hätten aber keine Mittel zur Verfügung, um diese Bedürfnisse zu stillen. Wir wären außerstande, zwischen Wasser und bloß phantasiertem Wasser zu unterscheiden. Wenn wir andererseits ausschließlich ein Bewußtsein von der Welt hätten, könnten wir Wasser zwar auffinden, wir wüßten aber nicht, wann wir durstig sind bzw. wann unser Durst gestillt ist. In beiden Fällen würden wir sterben. So ist jederzeit die vollständige und totale Selbsterfahrung wie die Erfahrung des von ihm Unterschiedenen notwendig. Und ich spreche bewußt von »Unterschiedensein« anstatt von der »Welt«. Wenn wir über »das Selbst« in der modernen humanistischen Psychologie sprechen, gehen wir Maslow in die Falle und schreiben »selbst« mit ganz großem Anfangsbuchstaben. Dann unterliegen wir dem Aberglauben, das Selbst sei die Seele oder das Wesen oder etwas sehr Kostbares, es sei nicht die Identifikation durch das gesamte Sein. Und wir fallen zurück in das Syndrom des Aufspaltens und beschreiben uns selbst als von Geistern bewohnte Körper: der Körper ist dann eine sehr zerbrechliche Schale, in dem für eine kurze Zeitspanne ein Geist, ein Gespenst haust. »Selbst« verweist auf den Gegensatz zum Anderssein, und wenn ich sage: »Ich tue es selbst«, dann spreche ich tatsächlich davon, daß »niemand sonst es tut«. Wenn ich mich selbst attackiere, heißt dies, daß ich niemanden anderen außer mir angreife. – Ich attackiere mich selbst. Im Grunde eine Nonsense-Aussage. In Wirklichkeit spreche ich von den Systemen, die auf den Plan treten, wenn ich meine eigene Unmittelbarkeit unterbreche und nicht den anderen (bzw. das andere, d. Ü.) attackiere. Statt dessen vergeude ich die Erregung meines Organismus, verwende meine Energie dafür, Systeme zu schaffen. Im gesunden Organismus gibt es eine Beziehung zwischen dem Selbst und der Außenwelt, und diese Beziehung ist eine Gestalt. Als ich 1947 mein Buch *Ego, Hunger and Aggression** schrieb, waren die Leute – sogar die, die sich weigerten, es zu lesen –, furchtbar aufgebracht, daß ich die gesamte Triebtheorie aus den Angeln hob. – Wo der Trieb zu suchen ist, wußte niemand zu sagen. Deshalb entwickelte ich die Theorie der Balance des Organismus. Wir haben keine Organismen: Wir sind Organismen. Und als Organismen (in anderen Organismen, etwa bei Pflanzen und Tieren, verhält es sich ebenso) verfügen wir über eine Reihe subtiler, in uns wirkender Systeme. Jedes System hat das, was ich als den Null-Zustand (zero point) der optimalen Funktion bezeichne. Die Schilddrüse zum Beispiel hat die Aufgabe, neben anderen chemischen Substanzen eine bestimmte Menge Thyroxin zu produzieren. Wenn sie zuviel ausschüttet, kommt es zu übersteigerter Erregtheit – etwa zu übermäßigen Angstzuständen. Wenn aber zuwenig Thyroxin vorhanden ist, haben wir den Typus des Mongoloiden: Trägheit, Intelligenzdefizite und so fort. Die Balance zwischen beiden ist der optimale Funktionszustand des Systems. Auch unser Flüssigkeitshaushalt, das heißt das Vorhandensein von Wasser, weist einen derartigen Nullzustand auf. Wenn in unseren Systemen zu viel Wasser da ist, treten Schwellungen auf. Und ein Mangel an Wasser führt zu Dehydrierungserscheinungen. Jener Balancezustand muß aufrechterhalten bleiben; andernfalls kommt es zu Störungen der chemischen Prozesse unseres Stoffwechsels. Immer wenn der Organismus aus dem Gleichgewicht gerät oder sich vom optimalen Nullzustand entfernt, muß der

* dt.: Das Ich, der Hunger und die Aggression. Stuttgart (Klett-Cotta) ²1982.

Überschuß abgebaut bzw. der Mangel behoben werden. Und hier kommt es dann zur Gestaltbildung. Wenn es etwa sehr heiß ist und du fängst an zu schwitzen, dann verlierst du Wasser und entziehst dem Selbst Wasser, dehydrierst es. Das Selbst weist ein Minus an Wasser auf, und automatisch beginnt es sich für Wasser zu interessieren. Ganz plötzlich werden Dinge, die mit Wasser zu tun haben, die Welt bestimmen. Wir kennen die Anzeichen von Durst, und sobald sich dieses Durstsignal bemerkbar macht, werden ein Wasserhahn oder ein Glas Bier auftauchen oder was sonst zur Wiederherstellung der Balance nötig ist. Einen Briefkasten nimmst du nur bewußt wahr, wenn du einen Brief absenden möchtest, und dann tritt er auch prompt in Erscheinung. Jemand kann auf einer mit Schlaglöchern übersäten Straße entlanggehen, und – sagen wir einmal – für ihn gibt es dort keine Löcher und Dellen. Wenn er aber die Straße mit dem Auto entlangfährt, wird er die Schlaglöcher plötzlich registrieren, als Fußgänger hat er sie nicht wahrgenommen. So treten der Organismus und sein Umfeld als Funktion neu entstehender Bedürfnisse des Organismus in seiner Umwelt in den Vordergrund. Sobald Befriedigung erreicht ist, tritt das Bedürfnis aus dem Vordergrund der Wahrnehmung zurück in den Hintergrund. Und das nächste Bedürfnis oder Verlangen von Bedeutung, der nächste Drang wird sich dann in den Vordergrund schieben. In dieser Weise verhält sich die Natur wie eine Art selbstregulierendes System sehr subtil, außerordentlich empfindsam den jeweiligen Bedürfnissen gegenüber. Sobald wir diesen Prozeß unterbrechen und künstliche soziale Kontrollen einbauen, gerät er aus den Fugen. Jede Art der Selbstkontrolle wird dem Gesamtorganismus Schaden zufügen, wenn sie mit einem grundlegenden, vitalen Bedürfnis kollidiert. Jeder Sieg über uns selbst bedeutet gleichzeitig eine gewaltige Niederlage für uns selbst. Und wenn wir so weit gehen – was häufig der Fall ist –, daß wir die Gefühle, die gesellschaftlichen Ansprüchen oder ideologischen Forderungen entsprechen sollen, einer Kontrolle unterziehen, und anfangen, sie zu desensibilisieren, dann verlieren wir das Gespür dafür, welche Bedürfnisse mit den Gefühlen einhergehen. Und letztlich kann dies nicht mehr behoben werden. Dieser Vorgang ist vergleichbar mit verschiedenen neurologischen Fallbeispielen. Bestimmte Nerven sind zerstört, die Sensitivität, die Empfindungsfähigkeit ist verlorengegangen. Du verlierst Fähigkeit, Wärme zu empfinden, und erleidest Verbrennungen, weil du nicht merkst, was passiert. Dabei sind wir in so wunderbarer Weise auf den Gestalt-Prozeß hin organisiert. Wir verfügen über zwei in den Organismus eingebaute Systeme, die unsere Beziehungen zur Welt regulieren: auf der einen Seite das sensorische System, das System der Wahrnehmung, der Orientierung, des Gespürs und des Wissens, und auf der anderen Seite das motorische System, das System des Tuns, der aktiven Auseinandersetzung, des Sich-Rührens in der Welt. Das interessanteste Phänomen hierbei ist: Sobald sich ein starkes, drängendes Bedürfnis meldet, kommt es zu jenem schier unglaublichen Zusammenwirken des gesamten Organismus. Wenn ich durstig bin, geht es nicht nur um meine dehydrierten Körperzellen, die sich auf die Wasserflasche zubewegen. Der Durst übernimmt das Kommando über meinen ganzen Organismus, und ich folge dann meinen Ressourcen, den sensorischen und den motorischen. Ich mobilisiere alle Ressourcen, die ich brauche, um meinen Organismus wieder ins Gleichgewicht zu bringen. Den Durst stille ich durch die Einheit von Fühlen und Handeln, und dann tritt der Durst in den Hintergrund, und im nie aufhörenden Strom der Wahrnehmung taucht ein neuer Vordergrund auf. Wenn dieses System gestört ist, verlieren wir das Vertrauen in die Natur. Wir beginnen sicherzustellen, daß unsere Bedürfnisse auch ja befriedigt werden: wir füllen die Speisekammer randvoll, haben tausend Geliebte, volle Wassertanks, Versicherungspolicen. Gespür, Sensibilität bauen wir ab, und wir verlieren das Vertrauen, auch dann zurechtzukommen, wenn wir nicht alles im voraus geplant haben. Wir bilden einen Charakter aus, der die Aufgabe bekommt, die Welt dahingehend zu manipulieren, daß man alles für uns erledigt – um größtmögliche Sicherheit zu haben. Und dieses Absichern, diese Selbstkontrolle brechen den natürlichen Ablauf der Gestaltbildung, wir geraten immer mehr aus dem Lot. Und sobald du das Vertrauen in das Funktionieren des Organismus verlierst, findest du dein Vertrauen anderswo: in der Religion, der Philosophie oder der Psychotherapie. Es ist so schwierig zu begreifen, daß wir nicht anders sein können als wir sind, und wenn wir es geschehen lassen, hat der Organismus alles zur Verfügung, alle Kräfte, das gesamte intuitive Potential, um sich selbst ins Lot zu bringen. Wenn wir dem Funktionieren des Organismus (seiner Fähigkeit zur Selbstregulation) nicht mehr vertrauen, tun wir ein weiteres: Wir versuchen, die Zukunft fest in den Griff zu bekommen; wir springen mit einem Satz heraus aus dem funktionierenden Ablauf des Organismus und begeben uns in die Zukunft. Die Spanne, die zwischen dem Jetzt und der Zukunft liegt, heißt Angst. Es ist ja bekannt, daß die Angst eines der schwerwiegendsten Krankheitssymptome in der Psychiatrie darstellt. Die Gestalttherapie unterscheidet sich von anderen Therapieformen u. a. darin, daß wir vor Angstzuständen keine Furcht haben, wir versuchen nicht, sie sofort aufzuheben. Wir sehen sie eher als wertvollen Hinweis, weil die Angst die aufgestaute Lebenskraft des Organismus ist. Angst ist Erregung. Wenn du dir die Angst daraufhin ansiehst, daß sie ein Symptom des Ausweichens in die Zukunft ist, kannst du ein Gutteil mehr an Lebenskraft zurückgewinnen, die in Stagnation erstarrt war. Wenn wir unsere Lebensenergie in die Absicherung der Zukunft investieren – und solche Aktivitäten spielen sich in erster Linie in der Phantasie ab – reißen wir uns selbst eine große Lücke: wir können die Zukunft unmöglich ins Auge fassen, wenn wir rückwärts und blind auf sie zugehen. Mit »blind« meine ich, daß wir nur die Vergangenheit sehen. Und da wir in Phantasien über die Zukunft leben, können wir das Jetzt nicht sehen – was darauf hinausläuft, daß wir nur die Vergangenheit sehen. Und das bedeutet, daß wir die Lücke, die diese völlig unzureichende Art zu sehen reißt, irgendwie schließen müssen, und das machen wir dann auch: großartige Pläne, Vorahnungen, Katastrophenerwartungen, anastrophische Hoffnungen und dergleichen. Und so sind wir geschäftig, umtriebig, immer auf Achse, um vor der Wirklichkeit zu flüchten, der Gegenwart auszuweichen; wir flüchten vor der Möglichkeit, unser Gleichgewicht wiederherzustellen und unser eigenes Potential zur Entfaltung zu bringen.

Wie ich die Welt manipuliere*

Gestalttherapie ist der Name, den Fritz Perls seiner Methode der Psychotherapie gegeben hat. Jedesmal, wenn er über Gestalttherapie sprach, sprach er am liebsten über Verantwortung. Eines der Hauptziele der Gestalttherapie ist es, eine Person dazu zu bringen, Verantwortung für sich zu übernehmen, für ihr eigenes Leben, um Selbständigkeit zu erlangen.

*Transkription eines Films mit einer Einführung von Carl Humiston. Aquarian Productions, Ltd.

Er sprach in diesem Film darüber, wie viele von uns Wege finden, Verantwortung auf andere abzuwälzen und der Verantwortung für unser eigenes Leben auszuweichen.

Nehmen wir als Beispiel die Schuld: Um uns schuldig zu fühlen, müssen wir sehen, daß wir den Erwartungen von irgend jemandem nicht entsprochen haben – daß wir gegenüber irgend etwas da draußen versagt haben, statt daß wir die Verantwortung für uns selbst übernehmen. Weiterhin zeigt er im vorliegenden Film anhand einer Gruppensitzung eine seiner wirkungsvollsten Methoden: einen Menschen dazu zu bringen, sich sein eigenes Verhalten anzueignen, es zu besitzen.

Manchmal forderte Fritz eine Person sogar auf, mit einem Verhalten zu prahlen, das sie für schlecht oder unerwünscht hält, oder das zuzugeben sie sogar haßt. Jedes Mal, wenn eine Person sich ihr eigenes Verhalten angeeignet hat: »Ich habe es getan, und ich habe es gut gemacht«, passieren zwei Dinge: Das eine ist, daß die Energie, die in dem Verhalten gebunden war, nun verfügbar wird, um in das übrige Leben der betreffenden Person, in ihre übrigen Aktivitäten zu fließen. Das zweite, was passiert: Das Verhalten ändert sich von allein, spontan und ohne weitere Anstrengung.

(Fritz Perls:) Ich möchte noch etwas mehr über den Prozeß des Wachstums sprechen. Das Schlüsselwort hier ist Verantwortung. Verantwortung bedeutet die Fähigkeit, auf eine Person oder Sache eingehen zu können, was oft zur »Verpflichtung« verzerrt wird.

Eine Verpflichtung ist eine Handlung, die jemand unter dem Druck eines »Top dog« – sei es eines inneren oder eines äußeren – unternimmt. Und jede Verpflichtung ist gewöhnlich von Groll begleitet. Verantwortung bedeutet: »Ich bin empfindsam«, ich bin in der Lage zu reagieren. Ich weiß, was los ist. Und da ich nur dessen gewahr bin, was ich selbst erlebe und wie ich die Welt sehe, kann ich auch nur für mich verantwortlich sein, für niemanden sonst. Natürlich gibt es viele Menschen, die die Abhängigkeit lieben und die Verantwortung jemand anderem zuschieben wollen, etwa: »Ich möchte, daß für mich gesorgt wird«; »Ich möchte, daß du mich führst«. Im Grunde genommen tun die Leute das, um einen Sündenbock zu haben. Wenn du mir sagst, was ich tun soll, bist du verantwortlich. Ich kann mich bei dir beschweren, wenn etwas schief läuft. Der Gegensatz von Verantwortung übernehmen ist Manipulation. Ich übernehme keine Verantwortung für mein Handeln und für das, was ich in meinem Leben verwirklichen soll. Ich möchte, daß du dies für mich tust. Ich manipuliere dich durch alle möglichen Mittel, die mir zur Verfügung stehen, um dich zu meinem Sklaven, zu meiner Mutter oder sonst jemandem zu machen.

Ich möchte dich in meinem Lebensskript haben. Ich will ein kleines Experiment machen, um zu sehen, wieviel Ehrlichkeit wir in dieser Gruppe mobilisieren können. Jeder von euch soll der Gruppe erzählen, wie er oder sie die Welt manipuliert. Wir haben, zum Beispiel, ganz subtile Wege der Manipulation, etwa durch eine negative Einstellung: Ich leiste dir Widerstand. Ich manipuliere dich so, daß du mit deinem Kopf gegen die Steinwand rennen kannst. Sehr berühmte Manipulationen sind ja die Bärenfänger.

Ich verschlinge dich mit harmlosen Fragen oder mit Charme und warte darauf, daß du eine falsche Bewegung machst, so daß ich dir den Kopf abhacken kann. Oder die mit dem Mona-Lisa-Lächeln, sie lächeln und lächeln, und nichts dringt zu ihnen durch. Einige Leute denken: »Das ist ein Idiot, ich weiß es besser.« Ein sehr guter Manipulator ist der Verrücktmacher. Alles, was er will, ist, dich und sich selbst verrückt zu machen. Ein anderer »Killer« ist die giftige Person. Hühnersuppe ist Gift. Ihr kennt doch die jüdische Mutter, die einen mit ihrer Hühnersuppe vergiftet? Sie macht dir Schuldgefühle und du fühlst dich als so schlechter Mensch, weil du das gut gekochte Essen nicht ißt. All das sind Wege, die Welt zu manipulieren.

Nun möchte ich, daß jede(r) von euch der Gruppe erzählt, wie er (sie) die Welt manipuliert. Ihr könnt es machen, indem ihr euch Liebkind macht, schreiendes Baby oder tragische Königin spielt oder was auch immer.

CLAIRE: Ich sage, daß ich nicht gut genug bin.

FRITZ: Das ist die berühmte Königin aus der Tragödie. Wenn du dich nur selbst schlecht genug machst, wird die ganze Welt Depressionen kriegen. Wir nennen sie die Schlösser der Finsternis, die Miesepeter, die Melancholiker. Sie beginnen Schwermut zu verbreiten, und wenn alle am Boden sind, verschwinden sie.

MARK: Ich glaube, ich manipuliere die Welt mit Kritik. Durch Kritisieren.

FRITZ: Durch Kritisieren?

MARK: Richtig. Und dadurch, daß ich davon ausgehe, daß es einen besseren Weg gibt, die Dinge zu tun. Und vielleicht ist mein Weg der bessere. Das ist es, was ich wahrscheinlich behaupten würde.

FRITZ: Anders ausgedrückt, daß du die Leute kleiner machst?

MARK: Ja.

FRITZ: Diese Spiele des Abwertens, Niedermachens spielen eine gewaltige Rolle in unserem sozialen Kontext. Nicht, daß wir uns nur selber niedermachen, sondern viele Sportarten beispielsweise und viele Geschäfte sind so angelegt, daß der andere niedergemacht wird. Wenn ich mein Tennisspiel gewinne, fühlst du dich niedergeschlagen. Einige Leute gehen so weit, daß sie zu regelrechten Killern werden. Sie haben nichts anderes im Kopf, als es darauf anzulegen, sich überlegen und besser zu fühlen. Dasselbe gilt für Geschäftsabschlüsse. Alle vernünftigen Grundsätze sind vergessen, solange ich nur den Kunden ausstechen kann.

JOHN: Ich manipuliere die Welt, indem ich Unfälle habe.

FRITZ: Was ist der Sinn und Zweck dabei?

JOHN: Ich lasse jemanden anderen auf mich aufpassen.

FRITZ: Ja.

JANE: Ich manipuliere die Welt, indem ich versuche, meine Gefühle zu verstecken, und noch dazu erwarte, daß die Leute mich verstehen. Auch wenn ich lächle, lasse ich gerne eine Drohung durchblicken, möglicherweise physische Gewalt, wenn ich nicht das bekomme, was ich will.

FRITZ: Das klingt nach der sehr berühmten Manipulationsmethode, die sich Erpressung nennt. »Wenn du mich nicht liebst, dann . . .« Eltern sind ganz groß darin, ihre Kinder durch Erpressung zu manipulieren. Dafür sind sie auf der ganzen Welt berühmt. Wenn du nicht tust, was ich will, nenne ich dich böse und ungezogen, du kriegst kein Abendbrot und bekommst schlechte Noten.

MADELEINE: Ich manipuliere die Welt durch Machen – nicht, indem ich mich überlegen fühle, sondern indem ich alles tue, was ich tun kann, alles, was mir nur einfällt; und ich bin so offen wie nur irgend möglich, was nicht gut ist, denn hinterher, wenn jemand nicht reagiert hat, sage ich, daß ich alles getan habe, was möglich war.

FRITZ: Oder du spielst die Unschuldige, nicht wahr?

MADELEINE: Ja.

GORDON: Ich manipuliere die Welt, indem ich auf bestimmte Situationen warte und dann vorgebe, die Antwort parat zu haben.

FRITZ: In einer Hinsicht sehe ich, daß du zwar das Rollenspielen, aber nicht ganz seinen Sinn und Zweck verstehst. Welchen Gewinn ziehst du daraus?

GORDON: Eine Art von Zulänglichkeit oder sogar Überlegenheit.

FRITZ: Ja, und vielleicht Eindruck schinden bei den Leuten?

GORDON: Ja.

FRITZ: Schaut, was für ein großartiger Typ ich bin!

ANN: Ich manipuliere die Welt, indem ich ziemlich konfus bin und verloren und Dinge in einer Weise tue, die ein Eingreifen oder Kritik herausfordert, so daß ich die Leute dazu bringe, mich runterzumachen oder mir zu sagen, was ich zu tun habe, und auf diese Weise bin ich dann nicht mehr verantwortlich.

FRITZ: Mit anderen Worten: du spielst die Hilflose.

ANN: Ja.

FRITZ: Du wartest auf den Ritter in der glänzenden Rüstung.

JIM: Ich manipuliere die Welt durch Kritisieren, und wenn das nicht funktioniert, dann stelle ich Forderungen, und wenn das dann nicht funktioniert, kriege ich einen Rappel. Ich bin empört, total. Und all das dient dazu, mich in eine überlegene Position zu bringen, in eine Position überlegener Kenntnis und höheren Wissens, und außerdem ist es ein Schritt, mir Verpflichtungen zu schaffen.

ALAN: Ich manipuliere die Welt, indem ich hilflos bin und mich zurückziehe, und so ziehe ich die Aufmerksamkeit der anderen auf mich.

TONI: Ich manipuliere die Welt durch Warten; ich warte darauf, daß die Leute einen – wie ich meine – Fehler machen, und dann komme ich dazu und zeige, daß ich es besser machen kann als sie, oder ich weiß, wo es lang geht.

FRED: Ich manipuliere die Welt durch Passivität und bringe die Leute dazu, zu mir zu kommen.

TED: Ich manipuliere die Welt, in dem ich bockig bin und die Dinge nicht richtig mache, auch wenn ich weiß, daß ich es kann. Wenn mir dann aber jemand hilft, dann sage ich, daß ich weiß, wie ich es machen muß, aber dann brauche ich es nicht alleine zu tun.

ELLEN: Ich manipuliere die Welt, indem ich mich, wenn mir etwas nicht paßt, zurückziehe – manchmal in eine Depression und manchmal einfach so, Wegsein, Fliehen.

GEORGINE: Ich manipuliere die Leute, indem ich vorgebe, mich auf sie zu konzentrieren; so bringe ich sie dazu zu fühlen, was ich fühle, oder zu wollen, was ich will. Ich nehme Druck von mir, indem ich ihnen welchen mache.

Phantasie und Projektion

Wir haben zwei Arten von Prozessen, den öffentlichen und den privaten. Der private ist gewöhnlich unsere Phantasiewelt; der öffentliche wäre das veränderbare Verhalten. Unsere Phantasie ist unsere private Angelegenheit. Wir haben über retardierte Kinder gesprochen, als wir merkten, daß wir alle uns behindern, jedesmal, wenn wir nicht sofort reagieren. Wenn wir auf eine Situation nicht adäquat reagieren – äußerlich oder innerlich –, sondern lieber unsere unmittelbare Reaktion abbremsen, dann verfälschen wir unsere Art zu sein.

Viele Sprichworte sagen folgendes: »Denke, bevor du handelst«, oder »Schau, bevor du springst«. Spontan zu sein, ist zu riskant. Ob das Risiko real ist oder zu 99 Prozent eingebildet, wegen unserer Unsicherheit, das Resultat ist so ziemlich dasselbe. Wir verlieren immer mehr von unserer Mitte und immer mehr von unserer Fähigkeit, sofort zu reagieren mit all unserer Gewitztheit und allen unseren Möglichkeiten. Wir verzögern verbal unsere Antworten, wenn wir proben und indem wir berechnen, absichern, austüfteln. Es ist ein Teufelskreis. Er beginnt, wenn die Erregung (Angst, zum Beispiel), die in sofortiges Handeln einfließen sollte, als Furcht interpretiert wird und die Erregung dann ins »Proben« übergeht, bis oft nichts übrigbleibt außer Katastrophenerwartungen und das Absichern mit Hilfe von zwanghaftem Verhalten, und das in einer Situation, die vierhundert Handlungsmöglichkeiten hat.

Du vergewisserst dich, 399 Möglichkeiten zu haben, und läßt dir die einzig wirkliche entgehen. Das ist die Tragödie des Sich-Vergewisserns. Wenn du alle Möglichkeiten überdenkst, hast du immer das ausgelassen, was wirklich erforderlich ist. Indem wir alle Möglichkeiten abdecken wollen, sind wir blind für das, worum es wirklich geht. Das ist ein sehr interessantes Paradox, denn das, worum es wirklich geht, ist Unmittelbarkeit.

Wir haben ein »Organ«, genannt Intuition, welchem wir zu mißtrauen gelernt haben. Diese Intuition ist die einzig wahre Leitung, die wir haben. Ich würde sagen, das ist so ungefähr das traurigste Los des Menschen: Er muß sich der-und-der Sache vergewissern, und darüber verpaßt er das, was auf der Hand liegt.

Ich gebe euch ein Beispiel aus dem gesellschaftlichen Bereich. Für einen geistig gesunden Menschen ist es, sagen wir einmal, ein verrücktes Unterfangen, zum Mond zu fliegen. Doch die etablierte Gesellschaft fährt darin fort, alle möglichen Sicherheitsvorkehrungen für die Astronauten zu treffen (etwa die 21 Tage Quarantäne, um diese zwei, drei oder vielleicht auch vier Männer zu schützen, die ein sehr, sehr wertvolles Leben haben). Zur selben Zeit, während das Leben dieser zwei, drei oder vier Männer uns immer kostbarer wird, gibt es eine andere Situation wie den Krieg in Vietnam, in dem das Leben von Menschen desselben Landes aufs Spiel gesetzt wird. Dieser ganze verrückte Vorgang wird zugedeckt durch alle möglichen Systeme und Prozeduren. Das ist genau die Art und Weise, wie die meisten von uns den Großteil ihres Lebens zubringen – mit einem Verlust an Wirklichkeit.

Der Verlust an Wirklichkeit verwandelt sich in eine andere Wirklichkeit. Wir halten unsere Phantasien für real, wir halten unsere »Proben« für real. Wenn wir phantasieren, daß wir irgend jemanden töten, sind wir genauso erschreckt, als ob die Gefahr für diese Person real wäre – so, als wäre das Leben dieser Person wirklich in Gefahr.

So kommen wir zu den grundlegenden Thesen zurück: Psychose und Verrücktheit sind Zustände, in denen wir die Phantasie als Wirklichkeit ansehen. Der Unterschied ist, daß es keinen anderen Weg gibt, eine Phantasie zu überprüfen, als sie auszuagieren. Indem ich die Phantasie ausprobiere und sie zulasse, sehe ich, ob sie real ist oder nur eine Phantasie. Ich sage nicht, daß ihr nicht phantasieren sollt. Ich produziere kein neues »sollte ich oder sollte ich nicht«. Ich spiele meine Phantasien. Ich bin mir bewußt, daß es Phantasien sind. Ich spiele das Vergleichsspiel, und wenn ich an den Punkt komme, wo meines Erachtens eine Beziehung zwischen Phantasie und physischer Realität existiert, spüre ich es »klicken«. Das ist das »Aha«. Dem »Aha« zu vertrauen bedeutet, der Intuition zu vertrauen.

Wenn du deine Phantasie irrtümlich für die Wirklichkeit hältst, schneidest du dir eine Menge von dem ab, was gerade passiert. Indem wir diesem Prozeß Raum geben, verfälschen wir die Wirklichkeit und versäumen es, uns unserer Phantasie zu überlassen. Wir wagen nicht auszusprechen, was im Moment aktuell ist – einen Schurken einen Schurken zu nennen. Wir blockieren uns selber mit unseren Katastrophenerwartungen: wenn wir den anderen einen Schurken nennen, wird etwas Schlimmes passieren. So proben wir, und anstatt den Schurken einen Schurken zu nennen, wechseln wir das Thema. Aber sobald wir die Möglichkeit zu sehen beginnen, daß wir auf unsere Intuition vertrauen können, machen wir eine wunderbare Entdeckung: all die erwarteten Gefahren sind mindestens zu 95 Prozent nichts als Projektionen.

Wir glauben, daß wir Fenster haben, aber in Wirklichkeit haben wir nur Spiegel. Wir sehen uns selbst in unseren Spiegeln. Dies ist Teil unseres vollkommen autistischen Verhaltens, das unser unmittelbares Handeln und Kommunizieren unterbricht. Auf diese Weise sind wir in der Tat in unseren eigenen Phantasien gefangen. Wir proben, anstatt zurechtzukommen. Und was dabei herauskommt, ist – bestenfalls – ein fades, blutarmes Abbild des unendlichen Potentials, das wir entfalten könnten. Ich würde gern mehr erzählen über Spiegel, die wir anstelle von Fenstern haben.

Projektionen

Der Vorgang der Projektion ist sehr schwer zu begreifen. Vielleicht trägt folgendes zur Klärung bei: Wenn man seine *ganze* Persönlichkeit in ein Ereignis hineinprojiziert, kann das zu einer künstlerischen Erfahrung werden, zur Entdeckung einer anderen Art des Seins. Wenn man jedoch nur einen Teil seiner selbst auf einen anderen Menschen projiziert, führt das zu einem paranoiden Erleben. Die Frage lautet also: projizierst du dein ganzes Selbst oder verlagerst du nur einen Teil deiner selbst nach außen?

Wenn man einen ungeliebten Teil seiner selbst wie einen Fremdkörper behandelt – nehmen wir einmal an, jemand gestattet sich nicht, an anderen Menschen herumzunörgeln –, dann hindert er sich durch den Verzicht auf sein Talent zum Nörgeln daran, ein vollständiger Mensch zu sein. Du sagst: »Ich bin kein Nörgler.« Damit ist der Nörgler draußen. »Ich bin nicht wie der dort, das ist ein Nörgler.« Das Nörgeln ist draußen, jedenfalls scheint es so, und es schaut auf dich zurück. Aber dieser Teil von dir will wieder nach Hause, du willst ihn wieder hereinholen, und deshalb kommt es zum Konflikt.

Der folgende Gedankengang in der Gestalttherapie ist besonders schwer zu verstehen, weil sich hier die Art der Projektion verändert. Wenn jemand zu mir sagt: »Ich habe Angst vor dir«, dann antworte ich ihm: »Dann greif mich an!« – Ich sehe nämlich, daß der Betreffende seine Aggressionen auf mich projiziert haben muß. Die Aggression ist da, aber sie ist nicht in mir. Sie existiert in den Spiegeln des anderen, die er benutzt, um seine Aggression als gegen sich selbst gerichtet zu erleben. Seine Aggression wendet sich nicht gegen mich; deshalb verwandelt sie sich in Angst. Dasselbe gilt für den innerseelischen Kampf: Auf die gleiche Art und Weise projizieren wir bestimmte Aktivitäten in unserem System und nennen das dann »Gewissen« oder »top dog«. Freud hat einmal in einer Zeichnung gezeigt, daß das Über-Ich seine Wut aus dem Bereich bezieht, der dem Unbewußten entspricht. – Wie ist es nur möglich, das wir das nicht als eine Projektion wahrnehmen? Wenn man seine Sinne gebraucht, besteht kein Bedarf an irgendwelchen Dingen, die dazwischentreten. Sobald wir die Unmittelbarkeit des Beobachtens unterbrechen und aufhören, unsere Augen zu benutzen, entstehen Lücken in uns, leere Stellen. Wenn wir unsere Augen nach außen projizieren, leben wir in ständiger Wachsamkeit, fühlen uns dauernd beobachtet, sind uns ständig unserer selbst bewußt. Wenn wir unsere Ohren nach außen projizieren, leben wir in einem Dauerzustand des Redenmüssens, des Zwangs, andere zum Zuhören zu bewegen. Und dadurch geht uns das Handwerkszeug verloren, mit dem wir den Unterschied zwischen Projektion, Phantasie und Wirklichkeit herausfinden können.

Wir wollen noch einmal vorne anfangen: Wir sind vollständige Menschen. Während wir heranwachsen, gehen uns bestimmte Teile unseres Potentials verloren, sie werden projiziert, sie werden abgespalten. Wenn wir projizieren, sind wir noch halbwegs gesund. Natürlich schauen wir uns nach einem Haken um, an dem wir unseren Hut aufhängen können. Auch der manifeste Paranoiker wird keinesfalls ins Leere hineinprojizieren. Er wird irgendeinen Fehler entdecken, den der andere gemacht hat, und den wird er als Haken benutzen, an dem er seine Projektion aufhängen kann. Und dann bauscht er das Ganze zu einer gewaltigen Anschuldigung auf, um seine Projektion zu rechtfertigen.

Angenommen, wir haben den Wunsch zu handeln: Wenn wir dann unser So-Sein verfälschen statt unseren Wunsch zuzulassen, der Welt aktiv entgegenzutreten, wendet sich der Prozeß gegen uns. Anstatt den anderen zu verprügeln, schlagen wir uns selbst, hängen das Etikett eines, der Prügel austeilen will, nach außen und leben dann in Angst vor ihm. Von dem Zeitpunkt an leben wir dann in Angst vor der Phantasie.

Die meisten von euch kennen meine Vorliebe für Träume. Ich habe nämlich herausgefunden, daß die Traumarbeit die beste Methode ist, mit allen möglichen Phantasien umzugehen. Vorausgesetzt, man kennt den Trick des jeweiligen Patienten. Und hier liegt die einzige Gefahr der Gestalttherapie. Wenn der Psychiater Kindheitserinnerungen hören will, kriegt er von seinem Patienten Kindheitserinnerungen präsentiert. Wenn der Psychiater Probleme will, liefert der Patient ihm Probleme. Fritz will Träume, also serviert ihr ihm eure Träume.

Man kann immer herausbekommen, ob ein Traum echt ist, oder ob es sich um einen faulen Traum handelt, den jemand benutzt, um der Auseinandersetzung mit aktuellen Situationen auszuweichen. Abgesehen davon ist der Traum das Drehbuch zum Leben eines Menschen. Ich glaube, daß der Traum aus Projektionen unseres Selbst besteht. Jeder Teil des Traums ist ein projizierter Teil unserer Persönlichkeit. Im Traum benutzen wir auch Vermeidungsverhalten. Das Vermeidungsverhalten dient dazu, der Unmittelbarkeit auszuweichen. Vermeiden ist die Art und Weise, wie wir Phantasie und Wirklichkeit verwechseln. Und so geht der Kreislauf weiter, bis du ihn eines Tages durchbrichst.

2 Die Therapie

»Ich glaube,
der Traum ist wirklich
der Königsweg zur Integration.«
– Fritz –

Träume

Der existentielle Bote*

Wie in der Psychoanalyse ist der Traum auch in der Gestalttherapie der Eckpfeiler. Wir arbeiten auch dann am Traum, wenn eine Person behauptet, sie habe keine Träume. Meiner Ansicht nach heißt das, daß jemand nicht gewillt ist, seinen existentiellen Problemen ins Auge zu schauen. Also lassen wir diese Leute ihre Träume so behandeln, als seien sie irgendwo in der Nähe, und wir lassen sie zum Traum sprechen, damit sie ihre Einwände gegen das Erinnern des Traumes entdecken. Wir träumen alle, und wir können an unseren Träumen lernen und wachsen.

Meiner Ansicht nach ist der Traum viel mehr als der Wunsch, eine unbeendete Situation abzuschließen. Für mich ist der Traum eine existentielle Botschaft. Er kann zum Verständnis des eigenen Lebensskrips, des Karma, des Schicksals führen. Und das Wunderbare daran ist, daß wir, wenn wir einmal die Verantwortung für unser Lebensskript, für unsere Träume, übernommen haben, in der Lage sind, unser Leben zu ändern.

Wie die Neurose, so ist auch unser Lebensskript in unserem Phantasieleben angesiedelt. Das kann ich gar nicht genug betonen. Immer wieder vergessen wir, daß wir phantasieren, daß wir uns Bilder vorstellen, Bilder und Stimmen erschaffen. Die Schwierigkeit liegt darin, zu verstehen: Phantasie ist eine Phantasie ist eine Phantasie ist eine Phantasie. Und der Glaube, den wir in diese Phantasie setzen, die Überzeugung, daß das die Wirklichkeit sei, ist der einzige Stolperstein. *Maya* ist das indische Wort für »Alles ist Täuschung«, und ich glaube, es bezieht die Sinneswahrnehmung

* Vortrag über Träume

mit ein. Der Prediger Salomo sagt, alles ist eitel, alles ist ganz eitel. Wir wollen jetzt also für den Augenblick auf Nummer sicher gehen und sagen, alles ist Täuschung.

Wir wissen sehr gut, daß wir, während wir träumen, die Phantasie für Realität halten. Die absurdeste Situation nehmen wir für wirklich. Wir sind nicht verwundert, wenn wir uns plötzlich in ein Tier verwandeln oder in eine andere Person. Während wir träumen, nehmen wir die Phantasie für die Realität, und wenn wir aufwachen und beginnen, die Absurdität, die Irrationalität daran zu sehen, dann können wir vergessen, daß die Wirklichkeit im Traum eine Wirklichkeit *ist* – eine Wirklichkeit von tieferer Bedeutung, als all unsere Logik je zugeben wird.

Um einen Traum in seiner ganzen Bedeutung auszuschöpfen, können wir systematisch vorgehen und uns anschauen, was passiert, wenn dir ein Patient einen Traum erzählt. Normalerweise wird er dir eine Geschichte erzählen über das, was in der letzten Nacht passiert ist, oder auch viele Nächte vorher. Nichts von der Kraft, von der Lebendigkeit der Vorgänge im Traum ist erhalten.

Der nächste Schritt ist, den Traum wieder mit Leben zu erfüllen. In der Gestalttherapie tun wir das mit einem einfachen grammatikalischen Trick. Wir bitten den Patienten, den Traum im Präsens zu erzählen – das Erlebnis des Traums so zu beschreiben, als geschehe es hier und jetzt –, als sei der Traum eine gegenwärtige Realität. Und wenn wir diesen Prozeß noch verstärken wollen, damit der Patient sein Lebensskript mit dem Erlebnis des Traums in Verbindung bringen kann, lassen wir ihn nach jedem Satz die Aussage einfügen: »Und das ist meine Existenz.« Auf diese Weise kann der Patient dann die Botschaften des Traums bewußt mit seinem Lebensskript in Verbindung bringen. Einer mag dann sagen: »Ich schwimme gerade im Ozean, das ist meine Existenz«, oder »Ich kann keinen Platz zum Ausruhen finden, das ist meine Existenz«, oder »Ich habe das Gefühl zu ertrinken, das ist meine Existenz.« Seht ihr, wir sind in der Psychoanalyse so sehr darauf konditioniert worden, den Traum zu interpretieren, nach Assoziationen zu suchen, nach Ereignissen, die möglicherweise wiederholt werden, daß der Gedanke, der Traum sei eine kleine Episode, die die Essenz des Lebensskripts enthält, schwer zu akzeptieren ist.

Und wenn der Patient dann von seinem Traum in der Gegenwartsform Gebrauch macht, kommen wir zum dritten Schritt. Wir machen aus dem Traum eine Geschichte oder ein Theaterstück. Unser Patient wird gleichzeitig der Regisseur, das Ensemble, und er wird alle Requisiten. Er geht im Raum hin und her, richtet die Bühne ein und beschreibt, wo die Dinge, wo jede Person ihren Platz hat. Dann beginnt er mit dem Drama der Re-Identifikation. Wir lassen die Patienten alle Teile des Traums spielen, mit allen anderen Teilen in Interaktion treten und sie dabei, zum Zwecke der Identifikation, in der Ichform sprechen und, um das Drama zum Leben zu bringen, im Präsens. Während dieses Prozesses beobachten wir, wie sie lebendiger werden. Sie werden sich selbst vom Frost befreien, werden auftauen, während sie all jene Teile von sich selbst wieder integrieren, die im Prozeß der Sozialisation abgespalten worden sind.

Das Schöne daran ist – egal wie tot dein Patient auch erscheinen mag, auch wenn er wie zweimal gestorben aussieht –: es ist ursprüngliches, echtes Leben übriggeblieben, und das ist der Traum. Für mich bedeutet das Lebensskript, daß es noch Hoffnung gibt: daß in den Träumen selbst von tot scheinenden Patienten noch Leben ist. Es mag eine Angst sein, ein verzweifelter Versuch, etwas zu bekommen, ein Kampf – aber irgend etwas in dem Traum wird Leben haben. Und wenn wir den Patienten dazu bringen, sich mit diesem Leben zu identifizieren, wird er sich verwandeln: irgend etwas wird geschehen, irgend etwas wird »klick« machen. Er wird wieder Anschluß an die Gegenwart finden. Er wird anfangen, sich mit den verstreut vorkommenden Einzelteilen seiner Persönlichkeit von neuem zu identifizieren, die bislang nur oberflächlich von dem Wort »Ich« zusammengehalten wurden. Wenn dann das »Klicken« kommt, wird die Dynamik, der *élan vital*, die Lebenskraft, die er bislang verleugnet und auf andere projiziert hat, wieder in die eigene Mitte zu fließen beginnen, und er wird wieder er selbst sein.

Der Patient – genau wie jeder von euch, der oder die mit den eigenen Träumen arbeitet – wird bemerken, daß er jedes Mal, wenn er ein paar kleine Stückchen zurückholt, sie assimiliert und so ein wenig von seiner Zersplitterung und Zerstückelung abbaut, nicht nur lebendiger aussehen, sondern sich auch lebendiger fühlen wird.

Ich würde gerne für einen Augenblick auf immer wiederkehrende Alpträume zu sprechen kommen. Sie sind höchst bedeutsam. Ich weiß nicht, ob ich es bereits erwähnt habe, aber Freuds Fehler in bezug auf den Todestrieb in diesen wiederkehrenden Träumen war, meiner Meinung nach, daß er nicht gesehen hat, daß ein wiederkehrender Traum das Ergebnis einer unvollständigen Gestalt ist. Der Traum ist ein Versuch, ein Problem immer wieder zu lösen. Wenn wir nicht willens sind, durch diese Sackgasse hindurchzugehen, muß der Traum wiederholt werden. Diese Träume werden euch den Weg zeigen, den Patienten zu helfen, die Situation abzuschließen.

Es gibt dabei einen Aspekt, auf den ich gerne noch hinweisen möchte. In Träumen stoßen wir auf die Löcher in der Persönlichkeit. Wir entdecken, daß jemand keine Augen oder keine Seele hat: eine Person hat keine Genitalien, eine andere keine Beine, auf denen sie stehen kann. Was im Traum fehlt, fehlt in der Existenz dieser Person. Der Traum weist direkt auf diese Weigerung hin, ganz zu sein.

Um diese ganze Angelegenheit zusammenzufassen, kann ich folgende Frage stellen: Wenn wir bestimmte Teile von uns entfremdet haben, wie können wir diese Entfremdung wieder aufheben?

Die Entfremdung wird durch Re-Identifikation rückgängig gemacht. Und hier stoßen wir auf ein weiteres Problem, das am Anfang schwer zu verstehen ist: die Tatsache, daß das Wort »Ich« nicht für die Person steht. »Ich« ist ein Identifikationsprozeß. Es gibt Völker, die das Wort »Ich« nicht haben. Sie sagen, hier ist ein Kind, ein Kind hat noch kein »Ich«. Ein kleines Kind wird sagen: »Fritz will Schokolade«, oder »Fritz ist groß«. Das »Ich« ist Identifikation, keine symbolische Identifikation, sondern Identifikation. Das bin ich. Wenn wir uns weigern, uns mit unseren Teilen zu identifizieren, zum Beispiel damit, ein(e) Nörgler(in) zu sein, und ich sage »Ich nicht«, dann spalten wir uns in Einzelteile auf und verbrauchen allmählich alle dynamischen Energien, bis wir eine Hülle sind, die von einem Geist bewohnt wird. Wir nennen diesen Prozeß Entfremdung: »Ich verstoße es, ich entledige mich seiner.« Und durch Re-Identifikation, indem du den projizierten Teil spielst, zu diesem Teil wirst, indem du dich mittels einer Metamorphose in dieses Ding, in diese Stimmung verwandeln kannst, gelingt dir die Anknüpfung. Plötzlich macht es »klick«, das Aha-Erlebnis, eine Einsicht sind da.

Sobald du beginnst, dir diese Teile wieder anzueignen, fängst du an zu wachsen, integrierst du die verlorenen Teile wieder. Der Traum ist der beste Weg, um vorwärtszukommen. Wenn du nur ein kleines bißchen über das »Wie« der Wiederaneignung dieser Projektionen lernst, kann dir das Einsicht, Glück, Freude und einen Gutteil der ganzen Lebenskraft bringen.

Dann beginnt die Energie in neue Richtungen zu fließen, und der neurotische Prozeß, der Prozeß der wachsenden Entfremdung wird angehalten und umgedreht.

Wachstumsfördernde und negative Aspekte der Persönlichkeit*

SHARON: Ich hätte da einen Traum, mit dem komme ich irgendwie nicht weiter. – Jetzt ist er wieder da.

FRITZ: Sprich mit dem Traum.

SHARON: Mit meinem Traum sprechen?

FRITZ: Du hast doch gehört, was ich sage.

SHARON: Traum, du kommst mir lächerlich vor. Und du ergibst keinen Sinn.

FRITZ: Wie das zusammenpaßt. Mit diesem Lächeln wirkst du jetzt auch ziemlich lächerlich. Das hatten wir neulich ja schon, dieses Ins-Lächerliche-Ziehen. Also: Im Traum mache ich mich lächerlich, ich bin lächerlich. Ich bin lächerlich. Ist mir schon klar, ich weiß, ich bin lächerlich. Was blockst du jetzt gerade ab?

SHARON: Mein Herz. Mir klopft das Herz bis zum Hals. Ich blocke das ab, damit ich überhaupt etwas sagen kann.

FRITZ: Gut, zieh dich in dich selbst zurück. Nimm mit dir selbst Kontakt auf. Geh einmal weg von uns. Was erlebst du dabei?

SHARON: Ich spüre, wie mein Körper zittert. Und ich sehe das Meer. Die Brandung spritzt mir ins Gesicht. Und ich spüre, wie ich größer und kleiner werde.

FRITZ: Und was siehst du jetzt? Du bist eben zu uns zurückgekommen. Zumindest zu dem Stuhl dort.

SHARON: (Sie schnieft.) Ich sehe lauter glitzernde Sachen.

FRITZ: Na, gut – vielleicht hast du ja jetzt einen anderen Traum. Erzähle uns den Traum in der Gegenwart. Und denk an die vier Schritte. Erstens die Geschichte – die können wir überspringen. Als nächstes: den Traum im Präsens erzählen. Dann der dritte

* Die folgenden Kapitel sind Transkriptionen von Filmen mit Fritz Perls. Manchmal arbeitet er in einer Gruppe mit verschiedenen Personen auf dem »heißen Stuhl«, manchmal arbeitet er nur mit einer Person.

Schritt: Du wirst dein eigener Regisseur. Gibt deine Regieanweisungen. Und schließlich verwandelst du dich in jeden einzelnen Teil des Traums.

SHARON: Ich bin in einer Erdbeere drin. Nein, ich bin in einer Fabrik für Milchshakes. Hier ist eine riesige Maschine, die produziert die Milchshakes, und neben mir taucht meine Mutter auf. Sie sagt: »Ich kaufe dir gleich einen Milchshake.« Und ich sage: »Ja, in Ordnung.« Und sie kauft mir einen, er wird von einer großen Maschine gemacht. Sie kriegt einen mit Schokolade, und ich bekomme einen mit Erdbeer. Sie geht weg, weil ihrer – sie hat ihren zuerst gekriegt. Ich muß warten und dann bekomme ich meinen. Dann gehe ich auch. Ich glaube, es ist ein Krankenhaus – es ist dieses Haus hier. (Lachen.)

FRITZ: Was ist daran so komisch?

SHARON: Es ist nicht komisch. (Sie schnieft.)

FRITZ: Na ja, du hast jedenfalls ziemlich blöde gegrinst.

SHARON: Es ist – ach, es ist komisch, aber eigentlich ist es überhaupt nicht komisch. Es ist bloß so lächerlich.

FRITZ: Sag das zum Krankenhaus. Krankenhaus, du bist lächerlich.

SHARON: Gleich. Mein Grinsen hatte nichts mit dem Krankenhaus zu tun. Ich mußte darüber grinsen, was danach passiert. Und das war – ich bin zum Krankenhaus gegangen, um mein Baby abzuholen, und das fand ich lächerlich. Und es war noch nicht soweit. Und so mußte ich warten, und ich bin dann in der Nähe des Krankenhauses spazierengegangen, und da liefen alle möglichen Leute herum. Und ich war . . .

FRITZ: Merkst du, daß du in die Vergangenheitsform rutschst?

SHARON: (Sie schnieft.) Ja.

FRITZ: Geh zu der Stelle zurück, wo du angefangen hast, in die Vergangenheitsform zu wechseln.

SHARON: Hmm . . . Ich möchte einen Milchshake, einen mit Erdbeer. Jetzt sagt meine Mutter etwas zu mir. Nein, sie sagt eigentlich nichts zu mir. Aber sie spricht mit mir. (Pause.) Bis später, mach's gut. Jetzt bekomme ich meinen Milchshake.

FRITZ: Deine Mutter bekommt die Erdbeermilch?

SHARON: Nein, Sie bekommmt die mit Schokolade.

FRITZ: Mit Schokolade. Und du kriegst die . . .

SHARON: . . . mit Erdbeer.

FRITZ: Gut, laß die Schokoladenmilch mit der Erdbeermilch reden.

SHARON: Ich bin mit Erdbeer und du mit Schokolade. Ich bin rosa. Und ich schmecke süß. Aber ich schmecke anders süß als du. Mein süßer Geschmack ist ... ist echt. Er ist ... äh ... ist nicht ... hmm, Augenblick mal. Nun ja – es stimmt, der Milchshake schmeckt wie eine Frucht, er schmeckt wie etwas, das man so dazubekommt.

FRITZ: Sag bitte statt »er«: »ich«.

SHARON: Ach, ich ... ich schmecke nach Frucht, und zwar nach einer Frucht, die man unten am Boden pflücken kann. Und du ... ach, ich weiß jetzt gar nicht, wo du herkommst. Ich bin eine Schokoladenmilch. Ich ... ach, ich bin braun ... ich bin nicht braun, ich bin ... äh ... irgendwie bräunlich. Irgendwie milchig – braun. Ich schmecke voll und kräftig. Ich habe einen vollen, süßen Geschmack.

FRITZ: Was passiert jetzt?

SHARON: Ich finde, so eine Erdbeermilch ist lächerlich.

FRITZ: Sag das zu ihr.

SHARON: Ich finde, so eine Erdbeermilch ist lächerlich.

FRITZ: Sag das zu ihr.

SHARON: Ich finde dich lächerlich.

FRITZ: Sag es noch einmal.

SHARON: Ich finde dich lächerlich. Ich finde dich lächerlich.

FRITZ: Tausche die Plätze. Sag es zu ihm dort.

SHARON: Für dich bin ich lächerlich, aber ich finde mich selbst eigentlich überhaupt nicht lächerlich. Ich schmecke nämlich gut.

FRITZ: Sag das zu jedem in der Gruppe: Ich schmecke gut.

SHARON: Ich schmecke gut. Ich schmecke gut. Ich schmecke gut. Ich schmecke gut, Ich schmecke gut.

FRITZ: Was erlebst du, wenn du das sagst?

SHARON: Ich fühle mich wie ... Ich spüre, daß ich gut schmecke.

FRITZ: In Ordnung. Wir wollen uns eine andere Szene vornehmen. Laß die Milchshakefabrik mit dem Krankenhaus reden.

SHARON: Ich bin eine Milchshakefabrik. Und ich ... ich produziere Milchmixgetränke für die Leute (Lachen).

FRITZ: Zu wem sagst du das ?

SHARON: Zum Krankenhaus.

FRITZ: Dann sag es dem Krankenhaus. Du bist so weit weg, wenn du es sagst. Los, mach es, sag es dem Krankenhaus.

SHARON: Ich ... äh ... ich ... äh ... ich produziere Milchshakes für die Leute, und sie sind prima, es sind gute Milchshakes, aber manchmal werden die Leute krank davon, und das ist – unter anderem der Grund dafür, daß es dich gibt, und du hilfst dann den Leuten, wieder gesund zu werden.

FRITZ: So. Und jetzt sei das Krankenhaus.

SHARON: Ich bin innen ganz weiß. Und ich rieche wirklich furchtbar. Und das hier ist . . . äh . . . an ein paar Stellen riecht es allerdings ziemlich sauber, wenn man nicht zu lange dortbleibt. Und wir . . . in mir gibt es auch Milchshakes. Aber meine . . . ich . . . meine sind nicht wie deine etwas besonderes: – das ist nämlich deine Spezialität. Meine Spezialität ist, den Leuten zu helfen, daß sie wieder auf die Beine kommen.

FRITZ: Gut, wir wollen mal eine Abkürzung ausprobieren. Sei jetzt wieder du selbst. Und erzähle jedem von uns, daß du Milchshakes machst, und sag: Ihr bekommt von mir diese Milchmixgetränke, und ihr landet davon im Krankenhaus, und dann muß ich euch kurieren. Etwas in der Art.

SHARON: Ich mache Milchshakes, und . . . äh . . . und von diesem hier, den du . . . den du bekommst, wirst du ganz krank.

FRITZ: Du behauptest, ich würde dich krank machen?

SHARON: Da bist du doch selbst schuld. Ich . . . das ist doch dein eigener Fehler, weil du . . . vielleicht hast du einfach zuviel davon getrunken. Wenn du allerdings ins Krankenhaus gehen würdest, könnte ich dir helfen. Ich bin . . . du bekommst einen Milchshake von mir und . . . und wirst krank davon. Das braucht nicht zu passieren, eigentlich wird man von so etwas nicht krank.

FRITZ: Sprich bitte in der ersten Person.

SHARON: Eigentlich wird man von mir nicht krank. Jedenfalls gehst du ins Krankenhaus. Und dann kommst du wieder auf die Beine. Aber dort kannst du auch krank werden, oder ich kann dich auch krank machen. Ich bin ein Milchshake, und dir wird ganz elend von mir, und deshalb gehst du dann ins Krankenhaus, und dann geht es dir wieder besser.

FRITZ: Kannst du die ganze Angelegenheit auf einen einfachen Nenner bringen? Etwa: Ich bin gleichzeitig Nahrung und Gift.

SHARON: Ja. Ich bin Nahrung und Gift zugleich. Ich bin Gift und Nahrung.

FRITZ: Okay, schließ die Augen. Zieh dich von hier zurück. Was erlebst du? Wohin gehst du?

SHARON: Ich bin irgendwo, wo es . . . es ist alles rot, sonst nichts.

FRITZ: Ja.

SHARON: Aber es ist nicht grell.

FRITZ: Kannst du das Rot näher beschreiben? Was für ein Rot ist es? Gibt es da irgendwelche Abstufungen, Schattierungen?

SHARON: Es ist ein . . . es ist ein grelles Rot . . ., wie Feuer. Rot wie ein Apfel.

FRITZ: Wie was?

SHARON: Die Farbe eines Apfels. Nur grell, grellroter Apfel.

FRITZ: Grellroter Apfel. Dann leg den grellroten Apfel auf den Stuhl. Sprich mit ihm.

SHARON: Wie kommt es, daß du so rot bist? Dein Rot ist so kräftig. Es ist so lebendig. Aber es ist kein schöner Apfel. Er ist . . . er ist häßlich.

FRITZ: Sei dieser Apfel. Sag das zu dem . . .

SHARON: Ich bin . . . äh . . . eigentlich gar nicht häßlich und . . . äh . . . ich bin in Wirklichkeit auch nicht grell. Ich sehe nur so grell aus.

FRITZ: Was empfindest du, wenn du das sagst?

SHARON: Ich habe das Gefühl, daß mir niemand glaubt.

FRITZ: Und wie stehst du selbst dazu?

SHARON: Ich nehme es mir ab. Nur . . . ich begreife das »grell – nicht grell« nicht. Ich verstehe nicht, was das sein soll.

FRITZ: So, laß uns das zusammenfassen. Welche Schlüsse ziehst du aus dem kleinen Stück Arbeit von eben?

SHARON: Hmm, ich schließe daraus, daß ich . . . eine lächerliche Figur bin. Mir war schon immer klar, daß ich ziemlich lächerlich bin, aber . . . ach nein, das ist jetzt eine Ausrede. Und daß ich nicht wirklich häßlich bin.

FRITZ: So. Sag jetzt zu jedem hier ganz schnell: du bist lächerlich, wenn . . . Inwiefern sind wir alle lächerlich? Fang mit mir an. Inwieweit bin ich lächerlich? Einfach laut denken.

SHARON: Ich weiß nicht, ob du lächerlich bist.

FRITZ: Gut. Der Nächste. Sehr schnell.

SHARON: Ich weiß nicht, inwiefern du lächerlich bist.

FRITZ: Schnell, finde etwas lächerlich.

SHARON: Ich . . . Ach, ich weiß nicht.

FRITZ: Du bist also der einzige lächerliche Mensch auf der Welt.

SHARON: Nein.

FRITZ: Schau dich um. Ist hier irgendwer lächerlich?
SHARON: Nein.
FRITZ: Sag zur Marty: Marty, du bist lächerlich.
SHARON: Marty, du bist lächerlich.
FRITZ: Noch einmal.
SHARON: Marty, du bist lächerlich.
FRITZ: Inwiefern ist er lächerlich?
SHARON: Er ist ein Lügner.
FRITZ: Und du bist Schneewittchen?
SHARON: Nein.
FRITZ: Nein. Der vergiftete Apfel? Ja! Ich kenne zwei »Totmacher«. Ich glaube, ich habe schon darüber gesprochen. Einer dieser Totmacher ist das Wort »aber«. Mit dem Wörtchen »aber« könnt ihr alles totmachen. Deshalb ersetzen wir in der Gestalttherapie »aber« durch »und«. Die andere Art ist das Lächerlichmachen. Lächerlichmachen bedeutet töten. Das weiß jeder Karikaturist. Jeder Politiker kann ein Lied davon singen.

Der Traum vom Klassenzimmer

Ungefähr 20 Personen sitzen im Seminarraum des Esalen Instituts in Big Sur. Dr. Perls sitzt ebenfalls im Kreis. Louise, eine Tänzerin von etwa 22 Jahren, sitzt neben Dr. Perls auf dem »heißen Stuhl«. Mary, ihre Tanzlehrerin, ist auch anwesend; sie sitzt auf der gegenüberliegenden Seite des Kreises.

FRITZ: Zum Mittelpunkt meiner Arbeit mache ich gerne Träume. Für mich ist ein Traum eine existentielle Botschaft und nicht bloß eine Story – eine nicht abgeschlossene Situation. Ich würde der Gruppe gerne einmal zeigen, was man mit einem Traum alles machen kann. Mir fällt dazu ein Erlebnis ein, das ich vor etwa einem halben Jahr hatte: Wir machten damals etwas Ähnliches mit einem Filmemacher, der an einem Traum arbeitete, und er hat dann aus dem Traum einen Film gemacht. Ein Traum ist ein gutes Drehbuch. Wir wollen einmal sehen, ob ihr mir helfen könnt, den Traum mit einer viel bedeutsameren Erfahrung zu verbinden, als wir dies normalerweise mit Träumen tun. Wer hat einen Traum und möchte daran arbeiten? (Louise hebt die Hand.) Gut, du kannst nach vorn kommen? Du heißt . . .?

LOUISE: Louise.

FRITZ: Louise.

LOUISE: (Sie setzt sich auf den »heißen Stuhl« neben Fritz.) Dies ist ein Traum, den ich vor einigen Wochen hatte. Ich saß in einem Klassenzimmer auf einem Stuhl. Die Tische standen dort in Zweierreihen, und aus irgendeinem Grund saß ich in der ersten Reihe. Links neben mir saß ein Mädchen, und ich sagte: »Mir ist ein Zahn ausgefallen«, und sie (Louise hebt den Blick) schaut auf – (Sie führt vor, wie sie sich einen Backenzahn aus dem Kiefer zieht und ihn fallen läßt.)

FRITZ: Was hast du eben mit deinem Zahl gemacht? Hast du ihn dir rausgezogen und weggeworfen?

LOUISE: Ich habe ihn weggelegt.

FRITZ: Mach weiter mit deinem Traum.

LOUISE: Sie wandte sich ab, es schien sie nicht besonders zu beunruhigen, daß ich einen Zahn verloren hatte. Ich saß da, und immer mehr Zähne lockerten sich, und plötzlich stand ich auf dem Kopf, immer noch auf demselben Stuhl sitzend, und mir fielen sämtliche Zähne aus dem Unterkiefer aus, ungefähr so (Sie führt vor, wie ihre Zähne herausfallen.), und sie fielen alle raus oder hingen an ganz kleinen Fäden, und ich stand dabei auf dem Kopf. Das Blut ... – das Blut von den Zähnen – ... es scheint unlogisch, aber das Blut lief mir in den Hals und machte mir Schwierigkeiten beim Atmen, ich kriegte keine Luft mehr und wollte schreien. Ich rief nach Hilfe, irgendeiner Hilfe: »Hilfe!« Rief nach irgend jemandem und zwar ziemlich erstaunt, daß niemand auf diese doch ziemlich merkwürdige Zwangslage reagierte, niemand tat etwas, es ging einfach irgendwie weiter. Und dieses Mädchen, das doch irgendwie mitbekommen hatte, daß mir seit zwei Tagen die Zähne ausfielen, schien nicht beeindruckt zu sein. Ich wachte mit schrecklichem Würgereiz auf.

FRITZ: Du hast eben angefangen, eine Geschichte zu erzählen. Ich möchte, daß du ein Theaterstück daraus machst. Stehst du bitte auf? Du bist der Regisseur, und die ganze Angelegenheit findet in der Gegenwartsform statt.

LOUISE: (Sie steht auf.) Ich möchte meine Schuhe ausziehen. (Sie zieht sie aus.) Kann ich die anderen bitten, weitere Rollen zu übernehmen?

FRITZ: Nein. Du bist alles. Richte dir die Bühne ein.

LOUISE: (Während sie spricht, richtet sie mit Gesten die Bühne her und inszeniert den Traum.) Kann ich diesen Stuhl benutzen? (Sie läßt sich auf den Stuhl plumpsen.) Da bin ich. (Sie zeigt nach vorn.) Hier oben ist eine Tafel mit einem riesenhaften Professor; an sein genaues Aussehen erinnere ich mich jetzt nicht. Der Professor steht mit dem Rücken zu mir, zur Klasse. Aus irgendeinem Grund sind die Stühle in Zweierreihen aufgestellt. Hier ist noch ein Tisch. (Sie zeigt gestikulierend in die Nähe ihres Stuhls.) Und dort ist ein Mädchen, kann mich nur an dunkle Haare erinnern, sie sitzt da drüben. Die Leute schreiben etwas auf, sehen ziemlich gelangweilt aus, etwa so ..., und plötzlich, aus irgendeinem Grund, fällt mein Zahn – einer aus dem Unterkiefer – raus, und ich bin irgendwie daran gewöhnt, es ist in Ordnung so, aber trotzdem mag ich es nicht. Und ich wende mich an das Mädchen neben mir, und in einem beiläufigen Tonfall, als machte ich eine Bemerkung darüber, daß die Sonne scheint oder etwas in der Art, sage ich: »Mir fällt ein Zahn raus.« Und sie schaut herüber und sagt: »Das ist wohl der fünfte in zwei Tagen, nicht wahr?« Und sie schreibt einfach weiter. Ich fühle mich ein bißchen verwirrt und schreibe auch weiter und passe auf, dann merke ich aber, daß mir nicht nur ein Zahn herausfällt. Und plötzlich stehe ich auf dem Kopf, so ..., auf meinem Stuhl. (Sie steht auf ihrem Stuhl auf dem Kopf.) In der unteren Reihe fallen mir die Zähne aus und ich kriege keine Luft. (Sie macht es vor, die Hände vor ihrem Mund, immer noch auf ihrem Stuhl, der Kopf hängt nach unten und die Füße hängen über die Lehne.) Das ganze Blut, der ganze Speichel und alles läuft nach innen und ich fange an zu würgen ... arrgh, arrgh, so ungefähr, und ich will ... ich brauche Hilfe, und ich weiß nicht, was ich tun soll.

FRITZ: Bleib so, als würdest du gleich ertrinken. Das Blut läuft dir heraus ...

LOUISE: (Sie schreit und würgt, zerrt an ihrem Kopf und krümmt sich nach oben, immer noch mit nach unten hängendem Kopf.)

FRITZ: Schrei!

LOUISE: (Sie schreit.) Hilfe! (Schweigen, langgezogenes Seufzen.)

FRITZ: Laß es einfach geschehen. Laß es einfach passieren.

LOUISE: (Sie schreit immer noch, mit dem Kopf nach unten, auf dem Stuhl zusammengesunken, schluchzend, unter Qualen. Sie sinkt in sich zusammen und ist still, ihr Brustkorb hebt und senkt sich.)

FRITZ: Wo bist du jetzt?

LOUISE: (Leise, mit unterdrückter Stimme.) Ich habe das Gefühl, draußen zu sein. Als wäre ich nicht in der Situation.

FRITZ: Komm zurück. Was erlebst du jetzt?

LOUISE: (Sie setzt sich gerade hin.) Ein eher entspanntes Gefühl.

FRITZ: Komm, wir fangen noch einmal von vorn an. Ich möchte, daß diesmal der Professor den Traum träumt. Sei der Professor.

LOUISE: Hmm. Du willst also, daß er den Traum träumt, als wäre er . . .

FRITZ: Nein. Sei der Professor. Ich nenne das »Traumarbeit à la Rashomon«. Schau, es bedeutet, daß unterschiedliche Leute dieselbe Situation jeweils aus ihrem Blickwinkel sehen. »Ich bin Professor.« Beschreibe exakt, was für ein Typ Mensch du bist.

LOUISE: (Sie steht auf, spielt die Szene mit lebendigen Gesten.) Na gut. Ich bin Professor. Vielleicht Anfang dreißig, Ende zwanzig, dunkles Haar, sehr gepflegt, gutaussehend, vielleicht nur so groß ungefähr . . .

FRITZ: Ich stelle fest, daß du mich fortwährend anschaust.

LOUISE: Ja.

FRITZ: Was willst du von mir?

LOUISE: Bestätigung – beziehungsweise . . ., daß ich es richtig mache.

FRITZ: Sag es zu mir.

LOUISE: Ich möchte spüren, daß du das Gefühl hast, ich mache es richtig.

FRITZ: Laß den Professor das zur Klasse sagen.

LOUISE: Klasse, du weißt ja . . . ich möchte die Gewißheit haben, daß ihr das, was ich tue, gut findet, daß ihr das Gefühl habt, daß das, was ich tue, . . .

FRITZ: Gerade da schaust du Mary an. (Allgemeines Gelächter.)

LOUISE: Ich stelle ihr dieselben Fragen wie euch.

FRITZ: Kannst du den Widerstand dabei wahrnehmen? Kannst du es zu Mary sagen? Daß du Schwierigkeiten hast, sie um Bestätigung zu bitten?

LOUISE: (Sie hockt sich vor Mary hin, schaut sie an.) Mary, ich kann es zu dir sagen – aber fast kann ich mir selbst dabei zuhören, wie ich es ohne Gefühl sage –, daß es nämlich sehr schwer für mich ist, dich um Bestätigung zu bitten.

FRITZ: Sag es noch einmal.

LOUISE: Schau mal, ich möchte deine Bestätigung, und ich brauche sie.

FRITZ: Sag das zu Mary.

LOUISE: Mary, ich will Bestätigung von dir, und ich weiß nicht, wie ich es ausdrücken soll. Und ich habe das Gefühl, als spräche ich nicht aus mir selbst heraus, und das macht mich ganz verrückt.

FRITZ: Sag zu Mary: »Mary, ich bin drauf und dran, dich verrückt zu machen.«

LOUISE: Mary, ich bin drauf und dran, dich verrückt zu machen.

FRITZ: Noch mal.

LOUISE: Ich bin drauf und dran, dich verrückt zu machen, Mary.

FRITZ: Nun sage noch einmal, was du von ihr willst.

LOUISE: Ich will und ich brauche noch immer Bestätigung von dir.

FRITZ: Gut. Jetzt setze Mary auf diesen Stuhl. (Er zeigt auf den leeren Stuhl, der vor dem »heißen Stuhl« steht.) Und entwickle . . . Du bist jetzt Mary, gib Louise deine Bestätigung.

LOUISE: (Sie geht zurück und setzt sich auf den »heißen Stuhl«, um Marys Rolle zu spielen.) Louise, du weißt doch, daß du meine Zustimmung hast. Das, was du bist, erkenne ich an.

FRITZ: Genauer, bitte.

LOUISE: (Als Mary.) Ich mag die Größe und die Kraft deines Körpers. In deinen Bewegungen ist manchmal eine bestimmte Nachlässigkeit, so eine Art Schlaksigkeit, die deine individuelle Note ist, und ich respektiere das. Mir gefällt das. (Sie hustet.)

LOUISE: (Als sie selbst.) Ich glaube, ich wollte nur, daß du das sagst. Von dir so etwas zu hören, das habe ich gebraucht.

FRITZ: Was bedeutet es dir, das zu hören?

LOUISE: Mary, ich möchte dich dafür in den Arm nehmen. Ja, ich will's.

FRITZ: Umarme die Mary dort im Stuhl.

LOUISE: (Sie umarmt die imaginäre Mary auf dem Stuhl.) Mary nimmt Louise auch in den Arm. Das ist alles, was dazu zu sagen ist. Was zu sagen wäre, kann nicht gut mit Worten ausgedrückt werden.

FRITZ: Komm jetzt zurück und sei der Professor.

LOUISE: Der Professor im Traum?

Fritz: Ja.

Louise: (Sie steht auf und imitiert einen Professor, sarkastisch, mit lockerer Körperhaltung; alle lachen.) Ich habe eine Tafel und habe Kreide.

Fritz: Sprich zur Tafel.

Louise: (Mit leiser Stimme, als Professor, mit präzisen, gezierten Gesten.) Auf dich baue ich, Baby, wenn ich nämlich nicht in die Richtung dort schauen kann, kann ich nur dich angucken. (Allgemeines Gelächter.)

Fritz: Spiel jetzt die Wandtafel. Was antwortet die Tafel?

Louise: (Mit lauter Stimme.) Du Arschloch! Wie kommst du dazu, mich für lebendig zu halten? Einen Scheißdreck kriegst du von mir! Wenn ich es mir aussuchen könnte, würde ich mich weiß machen und deine gottverdammte Kreide würde überhaupt nichts mehr ausrichten! (Lachen.)

Fritz: Gib jetzt dem Professor eine Stimme. Fang ein Zwiegespräch zwischen dem Professor und der Wandtafel an, wie vorhin mit Mary.

Louise: (Leise.) Das ist jetzt der Professor, er spricht nicht besonders laut.

Fritz: Ich bin . . .

Louise: Ich bin der Professor, und ich spreche nicht besonders laut. Ich habe das Gefühl, ein kleines Männchen zu sein. Ich trage einen Mantel, eine Krawatte, ein weißes Hemd und einen dunklen Anzug. Blankgeputzte Schuhe, allerdings ist immer ein Schnürsenkel offen. Und meine Arbeit liebe ich sehr. (Lachen.)

Fritz: Willst du den Professor jetzt tanzen?

Louise: Ich kann den Professor spielen.

Fritz: Spiel den Professor.

Louise: Ich nehme dieses Stück Kreide von der Kreideschiene. In meiner linken Hand ist ein Buch . . .

Fritz: In der linken Hand hast du das Buch, in der rechten hast du die Kreide. Halt hier mal an. Wir haben jetzt ein neues Gespräch, eine neue Begegnung: die Kreide und das Buch. Sie begegnen sich, sie reden miteinander. Die Kreide steht für deine rechte Hand, das Buch für die linke.

Louise: In Ordnung. (Sie gleitet zu Boden, legt sich auf die Seite, die Beine zusammengepreßt, die Hände an der »Hosennaht«.) Ich bin das Buch. (Sie hält ihre Hände starr vor sich, eine winzige Spalte weit geöffnet.) So weit stehe ich offen. Manchmal kommt jemand vorbei und legt einen Teil von mir in der Richtung ... auf die andere Seite, ... aber ich spüre nicht, wie ... Dieses Stück Kreide ist da drüben. Ich sehe ...

FRITZ: Sprich zu der Kreide: »Kreide dort drüben ...«

LOUISE: Kreide, ich sehe dich dort drüben, weiter weg, als ich dachte ...

FRITZ: Spiele jetzt die Kreide.

LOUISE: (Sie bewegt sich so, daß sie die Stelle sieht, wo das Buch lag. Als Kreide ist sie ausgestreckt und weiß, mit kräftiger Stimme.) Schau, ich kann überall auf dir schreiben.

FRITZ: Sag es noch einmal.

LOUISE: Du kannst nichts machen. Ich kann überall auf dir schreiben und du kannst mir nichts tun.

FRITZ: Noch einmal ...

LOUISE: *Du kannst mir nichts tun, Buch.*

FRITZ: Noch einmal.

LOUISE: Buch, du kannst mir nicht das geringste anhaben.

FRITZ: Sei jetzt wieder das Buch.

LOUISE: (Als Buch klappt sie sich zu.) Kreide, du irrst dich.

FRITZ: Noch mal.

LOUISE: Wenn ich will, kann ich dich zerquetschen. Nur weil ich überhaupt zulasse, daß du existierst ... weil ich dich lasse ... das ist der einzige Grund, daß du nicht zermalmt wirst.

FRITZ: Kreide?

LOUISE: (Als Kreide guckt sie, nach vorne gebeugt, unter einer Hand hervor, die sie sich vor die Augen hält.) Das würdest du nicht tun. Du hast nicht das Recht, das zu tun.

FRITZ: Schreib das Drehbuch jetzt selbst. Tausch die Rollen, wenn dir danach ist.

LOUISE: (Als Buch.) Du komisches Ding kannst also auf mir herumschreiben, hmm? Wie kommst du denn darauf? Wenn ich will, kann ich dich töten. Du reißt noch ein einziges Mal das Maul auf, und ich mache dich platt. Ich kann dich nämlich zwischen meine Seiten nehmen und langsam zerdrücken. (Sie rollt sich herüber.) Oder ich stehe einfach auf und lasse mich auf dich drauffallen. (Sie tut es.) (Als Kreide.) Hahahaha, hahahaha, meinetwegen hast du mich zerquetscht, aber ich bin immer noch da. Jetzt bin ich Staub, und ich kann dich zudecken, wenn ich will, kann dich vollkommen zudecken mit meinem Staub. (Pause.) Aber ich weiß nicht, wozu das gut sein soll. Ich denke, ich haue einfach ab, ich verlasse dich, und du kannst wüten und toben. (Pause. – Sie zieht mit der linken Hand an ihrer Lippe.)

FRITZ: Was macht deine linke Hand da?

LOUISE: Meine Lippe in die Länge ziehen.

FRITZ: Ja? (Sie spielt weiter mit ihrer Lippe, sieht nachdenklich aus.) Ich möchte, daß du jetzt wieder der Professor bist. Erzähle der Klasse von deinem Konflikt: Was die rechte Hand tut und was die linke Hand tut.

LOUISE: (Steht auf.) Ich sollte mich besser umdrehen und die Klasse anschauen.

FRITZ: Professor, was siehst du, wenn du die Klasse anschaust? Siehst du die Klasse?

LOUISE: Nein.

FRITZ: Sag das zur Klasse.

LOUISE: (Als Professor, mit barscher Stimme.) Klasse, ich schaue euch an und kann euch doch nicht sehen. Irgendwie verschwimmt ihr zu einem einzigen großen, furchteinflößenden Haufen.

FRITZ: Wechsle jetzt die Position. Sei die Klasse. Antworte dem Professor.

LOUISE: (Als Klasse steht sie auf einem Bein, die Arme in die Seite gestemmt, sehr sarkastisch.) Für wen zum Teufel hältst du uns eigentlich? Du bist derjenige, der die Noten zu geben hat, du bist derjenige, der uns versetzen oder sitzenbleiben lassen kann. Es ist nicht unser Bier, mit dir etwas zu machen. Wir können dich nicht leiden.

FRITZ: Sag es noch einmal.

LOUISE: Wir können dich nicht leiden.

FRITZ: Sag ihm, was ihr an ihm nicht leiden könnt.

LOUISE: (Aggressiv.) Wir können es verdammt noch mal nicht leiden, daß du uns nicht einmal anschaust und daß du dich einen Teufel darum scherst, was passiert. Du bist immer gleich mit deiner Arbeit zufrieden. Das ist alles eine große Scheiße, und ich glaube, du weißt das ganz genau.

FRITZ: Sei wieder der Professor.

LOUISE: (Als Professor, die Füße eng zusammen, angriffslustig, dabei mit weinerlicher Stimme.) Ich habe euch gesagt, wie mir zumute ist. Ich habe euch gesagt, daß ich euch nicht sehen kann, und ihr kommt an und seid drauf und dran, mich zu zertreten, mich zu erdrücken. Was glaubt ihr, wie mir dabei wohl zumute ist? Ihr seid so damit beschäftigt, wie . . . wie es euch geht, aber was meint ihr, wie ich mich mit alledem fühle?

FRITZ: Wechsle wieder die Rollen.

LOUISE: (Als die Klasse.) Also verdammt noch mal, was soll das? Was sollen denn wir tun? Dasitzen und alles Mögliche inszenieren, nur damit du dich wohl fühlst? Liegen wir da richtig? Und damit wären wir dann am Ziel unserer Wünsche? Ist es das, was du meinst?

FRITZ: Sag das zu Mary. (Gelächter.) Brauchst du noch immer Bestätigung von ihr? (Stärkeres Lachen.)

LOUISE: (Zu Mary.) Mary, was glaubst du, wofür wir eigentlich hier sind: Nur, damit es dir gutgeht? Verdammt noch mal, was soll das überhaupt? (Lachen.) Du bist ein Kotzbrocken, ich liebe dich.

FRITZ: Was passiert jetzt gerade?

LOUISE: Ich fühle mich, als drehte ich mich im Kreis, als setzte ich mich hin und zöge mich zurück.

FRITZ: Zieh dich zurück. Gut. Schließ die Augen und geh weg, geh aus diesem Zimmer raus. Verlasse einfach in deiner Phantasie diesen Raum. Wohin würdest du gehen?

LOUISE: (Mit geschlossenen Augen.) Ich würde einen Spaziergang machen, den Fußweg hinunter zum Strand.

FRITZ: Ja. Was erlebst du dort unten?

LOUISE: (Leise, mit geschlossenen Augen, noch immer im Stehen.) Mir gefällt es, durch den Sand zu gehen, den kalten nassen Sand an meinen Füßen zu spüren. (Sie bewegt ihre Zehen.) Und er dringt zwischen meine Zehen, er bewegt sich zwischen meinen Zehen auf und ab, das ist ein gutes Gefühl, ein festes, kräftiges Gefühl. (Sie macht ein paar langsame, zögernde Schritte.) Dann setze ich mich ein Weilchen hin, schaue einfach aufs Wasser. (Sie sitzt im Schneidersitz, mit den Armen auf ihren Knien.) Aber es bleibt nicht lange so.

FRITZ: Komm nun zurück zu uns. Wie geht es dir dabei, hier zu sein?

LOUISE: (Sie hat ihre Augen geöffnet, sitzt am Boden.) Etwas wacklig, unsicher, aber im Grunde gut.

FRITZ: Kannst du die Unsicherheit jetzt tanzen?

LOUISE: (Sie beginnt einen Tanz, führt die Hände zu ihrem Haar, streckt sich, bringt ihre Hände nach vorn, nach innen gebogen, greifend; sie macht ein paar kleine Schritte, sie berührt jemandes Fuß und stolpert. Ihre Schultern sind hochgezogen und angespannt, dann wird sie lockerer, streckt sich unter großer Anspannung in einer weit ausladenden Bewegung, löst die Spannung dann wieder und läßt die Arme locker herabhängen, macht einige kleine, ruhige Schritte, still und leicht.)

FRITZ: Siehst du uns? Wie geht es deinen Augen: Immer noch nicht klar?

LOUISE: (Leise, eindringlich.) Ja, ich glaube, ich sehe Menschen. Ihr seid Menschen. Ich glaube, ich sehe euch.

FRITZ: Gut. Sei wieder der Professor. Schau dir wieder das Klassenzimmer an.

LOUISE: (Als Professor, ruhig, entspannt, aufmerksam.) Klasse, ich kann jetzt ein wenig von dem sehen, was vor sich geht. Ich sehe ... viele Augen hier. Ich sehe, ihr habt viele Augen, ihr tragt Brillen, einige von euch. Einige nicht. Ihr habt blaue Augen und braune Augen. Ein paar Brillengläser funkeln.

FRITZ: Du siehst noch immer im wesentlichen Augen. Du hast selbst noch keine Augen, deine Augen sind noch immer außerhalb. Spiel also die Augen, die dich anschauen. Schau auf die Art, wie du jetzt gerade den Professor anschauen kannst. Schau ihn wieder an. Sei die Augen der Klasse.

LOUISE: (Als »Augen«; sie sitzt im Schneidersitz, die Arme auf den Knien.) Es gibt sehr unterschiedliche Augen in der Klasse. Es gibt da braune Augen mit Brillengläsern. Sie kommen auf mich zu.

FRITZ: Die Augen. Du bist noch nicht die Augen. Die Augen sind noch immer draußen. Könntest du die braunen Augen sein? (Pause.) Was machst du mit dem Professor, wenn du »braune Augen« bist?

LOUISE: Ich halte den Professor fest.

FRITZ: Sag es ihm.

LOUISE: Professor, wir wollen dich festhalten. (Pause.) Aus irgendeinem Grund bin ich gerade auf Kniehöhe, und irgendwelche Oberschenkel ...

FRITZ: Sei jetzt irgendwelche anderen Augen. Sei die blauen Augen. Wie begegnest du dem Professor?

LOUISE: Blaue Augen. Als blaue Augen sehe ich den Professor, aber ich sehe mehr als bloß den Professor.

FRITZ: Sag es ihm.

LOUISE: Professor, ich sehe dich, aber ich sehe mehr als nur dich. Dich zu sehen, hilft mir ... hilft mir, mich selbst zu sehen, ... meine eigenen Verletzungen. Ich mag dich, aber im Augenblick denke ich mehr an mich. Ich muß mich jetzt ein wenig von dir entfernen. Ich bin jetzt in meiner eigenen Welt. (Sie macht dazu eine Geste des Wegschickens, konzentriert sich auf ihr Inneres.)

FRITZ: (Pause.) Was ist passiert?

LOUISE: Was passiert ist?

FRITZ: Ja. Wo bist du jetzt? ... Wo bist du jetzt gerade?

LOUISE: Weniger hier, als ich es vorhin war.

FRITZ: Du hast uns wieder verlassen. Zieh dich wieder zurück. Und laß uns wissen, wohin du gehst.

LOUISE: (Sie »tanzt« wieder, diesmal im Sitzen. Sie öffnet ihre Arme, schließt die Augen, macht tastende Bewegungen, führt dann die Arme zusammen, hält sie um sich geschlungen und schaut unter ihnen hervor. Sie kauert sich hin und blickt aufmerksam nach unten, zieht sich dann in eine Art Fötusstellung zusammen. Pause. Sie steht auf.) Ich gehe in die Erde hinunter.

FRITZ: Ja. Was findest du dort vor? Was siehst du dort?

LOUISE: Sie ist fruchtbar und braun, und es gibt dort kleine Kieselsteine ... und eine Schnecke. Es ist eine braune Schnecke mit einem kleinen Schneckenhaus, und sie ... sie ist klein.

FRITZ: Sei jetzt die braune Schnecke. Was für eine Art Leben führst du, braune Schnecke?

LOUISE: (Sie begibt sich in eine kauernde, schneckenähnliche Stellung und bewegt sich, während sie spricht, wie eine Schnecke, mit Knien und Ellbogen auf dem Fußboden.) Ich lebe in meinem Schneckenhaus, aber wenn ich will, kann ich ein Stück weit aus dem Haus herauskommen. (Sie bewegt sich zusammengekauert vorwärts.) Und ich kann mich auf diese Weise fortbewegen.

FRITZ: Komm zurück und sag das zu uns.

LOUISE: (In der Schneckenstellung.) Ich lebe in meinem Schneckenhaus. Manchmal kann ich ein wenig herauskommen, und auf diese Weise kann ich mich vorwärtsbewegen, und dann richte ich mein Haus auf (sie macht es vor) und komme wieder raus, ein kleines Stück weit, recke mich, strecke meine Fühler aus und schaue mich nach allen Seiten um und schiebe mich weiter nach vorn. Aber mir gefällt es, ich bin gern Schnecke. Mir gefällt ... Ja, sogar mein Haus ist manchmal irgendwie hübsch. (Sie spürt der Spiralwindung nach.) Wenn ihr das Muster meines Schnekkenhauses einmal wirklich anschaut, es gibt da Spiralen, viele kleine Linien, die sich kreuz und quer über die Spiralen ziehen ... sehr verschlungen.

FRITZ: Schnecke, ich nehme dir jetzt dein Haus weg. Ich lasse dich nackt dastehen. Achte darauf, was du jetzt erlebst, ohne das Schneckenhaus.

LOUISE: (Sie zieht sich wie zu einem Schneckenhaus zusammen.) Ich ziehe mich in mir selbst zusammen, ohne das Schneckenhaus als Schutz.

FRITZ: Sag das noch einmal.

LOUISE: Es gibt keinen Schutz für mich, wenn ich mich in mich selbst zurückziehe.

FRITZ: Wovor hast du Angst? Wogegen brauchst du Schutz?

LOUISE: Gegen Leute mit großen Füßen und schweren Schuhen, die auf mir herumtrampeln. (Sie spielt eine nackte Schnecke, die sich zusammenzieht und sich entfernt.)

FRITZ: Sei jetzt dieser Mensch. Tritt mit großen Füßen und schwerem Schuhwerk auf die Schnecke.

LOUISE: (Sie steht auf, geht dann mit großen Füßen vorwärts, setzt ihre Füße mit Vorbedacht auf.) Eine Art unbewußter Handlung. Ich bin mir eigentlich nicht klar darüber, daß ich auf die Schnecke trete.

FRITZ: Tritt auf uns drauf. Wir sind jetzt Schnecken.

LOUISE: Mann o Mann. (Sie geht im Kreis, setzt ihre Füße langsam und bewußt auf, tritt einigen Leuten im Kreis auf die Füße; sie tritt Mary auf die Füße, was Gelächter hervorruft.)

FRITZ: Wie geht es dir, wenn du das tust?

LOUISE: Ich spüre eine Mischung aus Gleichgültigkeit und Schuldgefühl. (Sie geht immer noch weiter.) Ich war auch auf der anderen Seite. Es macht Spaß, dort zu gehen, wo ich will, und es bedeutet eine Art Freiheit. Wenn gerade eine Schnecke auf dem Weg ist – nun ja, dann ist sie eben auf dem Weg.

FRITZ: Sag das zu den Schnecken. – Zu uns: »Wenn ihr mir im Weg seid ...«

LOUISE: Also, ihr Schnecken, (laut) wenn ihr zufällig auf meinem

Weg seid, wenn ich dort gerade entlanggehe, also das bedeutet dann: Tod. Wenn ihr meint, ich bin nicht schwer: Probiert es aus.

FRITZ: Sag das zu Mary.

LOUISE: (Zu Mary.) Wenn du mir im Weg bist, Puppe, dann verziehst du dich gefälligst, so sieht das aus. Fritz, du auch. (Sie geht auf ihn zu. Sie tritt auf seine Füße.)

FRITZ: Wie geht es deinen Augen jetzt? Was siehst du?

LOUISE: Es geht ihnen gut.

FRITZ: Siehst du uns?

LOUISE: Ja.

FRITZ: Klar und deutlich?

LOUISE: Ich glaube, ja. Arme sind auch da . . . Außer Augen gibt es auch noch Arme. (Sie setzt sich hin, verschränkt ihre Arme über dem Kopf, lehnt sich lächelnd zurück, raucht dabei eine Zigarette.)

FRITZ: Gut so. Bis hierher will ich vorerst einmal gehen.

Martha*

FRITZ: Marthas Fall würde ich den Fall mit der verzögerten Reaktion nennen. In den meisten Fällen bin ich ja in der Lage, zur Mitte einer Person vorzudringen, und kann mit Sicherheit irgendeine bedeutsame Situation in . . . in einer Stunde auflösen. Marthas Fall hat nun in dieser Hinsicht ein paar Schwierigkeiten gemacht. Ich habe gestern kurz mit ihr gearbeitet, und es wurde ganz deutlich, daß die Schwierigkeiten mit ihrer vorangegangenen Therapie darin lagen, daß ihr »Vorhang« nicht sichtbar geworden war. Wenn sie in Schwierigkeiten geriet, ließ sie eine Art »geistigen Vorhang« zwischen sich und dem Therapeuten herunter, so daß jede Kommunikation unmöglich wurde. Sie *machte* nicht auf dumm; sie wurde tatsächlich leer und zur Kommunikation unfähig. Dieser Vorhang wird, in anderer Form, auch im folgenden Film zu sehen sein.

Wenn ich einen Traum habe, an dem ich arbeiten kann, vereinfacht das die Therapie sehr. Meine Traumtechnik besteht darin, all das verfügbare Material zu benutzen, das in den Traum inve-

* Media-Psych. Corporation

stiert worden ist. Ich lasse die Leute die verschiedenen Teile spielen; wenn sie dann wirklich in der Lage sind, sich ganz in eine solche Rolle hineinzuversetzen, dann eignen sie sich ihr verlorengegangenes Material wieder an. Ihr werdet sehen, daß Martha so wenig in Kontakt mit sich selbst ist, so tot und so rigide geworden ist, daß sie echte Schwierigkeiten hat, sich auf die verschiedenen Rollen einzulassen. Sie versucht es; sie ist besten Willens, aber sie kriegt es einfach nicht hin. Aber trotz alledem wird etwas geschehen.

Nach Beendigung unserer Sitzung kam es dann zu einer verzögerten Reaktion. Sie erlebte einen Durchbruch zum Gefühl hin. Vorher war kaum ein Affekt und kaum ein Gefühl zu bemerken. Ihre Sprache ist rigide, und ihre Fähigkeit, mit dem Therapeuten ein Stück Weges zu gehen, ist ziemlich eingeschränkt. Einige Teile des Films werden euch sehr langweilig erscheinen, weil sich an der Oberfläche nichts ereignet. Aber dennoch wurde Stück für Stück ein wenig bewegt, und mir geht es darum zu zeigen, daß trotz des unbefriedigenden Ergebnisses doch etwas sehr Wichtiges passiert ist.

(Martha ist eine junge Frau von ca. 25 Jahren. Ihre äußere Erscheinung ist attraktiv, aber ihr Verhalten ist flach, banal; sie spricht mit monotoner Stimme, ihre Körperhaltung ist zusammengekrümmt und lustlos. Sie sitzt auf dem Stuhl neben Dr. Perls, das heißt auf dem »heißen Stuhl«. Ihr gegenüber steht ein leerer Stuhl.)

MARTHA: Äh . . . diesen Traum habe ich schon in mehreren Varianten geträumt . . . Ich gehe gerade spazieren, und da steht eine . . . eine Kirche, es ist eine Backsteinkirche wie im Mittleren Westen, einfach ein kleines längliches Gebäude, klein, aber ziemlich lang. Und an der Seite gibt es eine Küche. Und die Küche ist zur Kirche hin ganz offen. Und ich gehe hinein, und da ist eine Negerin – es ist eine ältere Frau –, sie heißt Druggers oder so. Und ich scheine etwas zu ihr zu sagen. Und dann sehe ich, wie diese andere Frau hereinkommt.

FRITZ: Wer ist diese andere Frau?

MARTHA: Ich weiß nicht, wer sie ist. Eine Frau mittleren Alters. Sie geht hinein, und ich weiß, daß gleich etwas passieren wird. Ich spüre, diese Frau wird diese Frau umbringen. Und mich regt das auf . . . und . . . äh . . . ich gehe über den Korridor in die

Kirche. Und ich gehe nach vorn zu diesem Mann, er ist der stellvertretende Direktor der Schule, an der ich Lehrerin war. Und ich sage: »Ron, dort in dem Raum wird ein Mord passieren – in einem der Räume – in der Küche dort. Diese Frau wird diese Frau umbringen.« Und er schaut mich bloß an und sagt: »Darum kümmern wir uns schon.« Und ich schaue zur Vorderfront der Kirche und sehe dort vier Männer sitzen. Einer der Männer neigt den Kopf ein wenig, und es ist mein Vater. Ich gehe also zurück in die Küche, und ... äh ... da sind eine ganze Menge Jungen, sie telefonieren, rufen die Polizei an. Und die Leiche liegt draußen auf dem Rasen, ganz zugedeckt, mit einem ... Tuch oder so etwas. und sie sagten: »Laßt den Körper da draußen liegen.« Und dann gehe ich raus, und ich muß einen Hügel hochgehen und muß durch all diese Köpfe und den ganze Müll, durch Abfall und dergleichen.

FRITZ: Ja. Also, laß uns zunächst ein paar Rollen spielen, bevor wir dann die ganze Sache machen. Ich weiß nicht, ob wir genug Zeit haben. Also, ich ... Spiel jetzt die Kirche: »Ich bin eine Kirche im Mittleren Westen ...«

MARTHA: ›Äh ... ich bin eine Kirche, bin aus Backstein gemacht.

FRITZ: Ich bin aus Backstein.

MARTHA: Und ich habe ... äh ... bloß einen Linoleum-Fußboden, es gibt keinen Teppich. Und ich ... äh ... ich habe harte Bänke.

FRITZ: Wozu bist du da, Kirche?

MARTHA: (Sie sieht verblüfft, verwirrt aus und spricht zögernd, wie durch einen Dunstschleier.) Äh ...

FRITZ: Wo bist du?

MARTHA: Mein Leben ...

FRITZ: Ja, ja.

MARTHA: Mein ganzes Leben ...

FRITZ: Du blockst etwas ab. Als du den Traum erzähltest, hast du »und, ... und, ... und« gesagt, keine Pausen. Jetzt plötzlich, wenn ich dich etwas frage, läßt du wieder einen Vorhang herunter. Was erlebst du jetzt gerade?

MARTHA: Ich habe wohl vor irgend etwas Angst. Ich habe ... Erinnerungen ... an die Kirche und daran, was die Kirche bedeutet ... Ich glaube, die Kirche ... dort, wo ich war, als ich noch klein war ... Aber es ist nicht diese Kirche hier, die ist es nicht ...

FRITZ: Du bist nicht dieselbe Kirche wie die, als du klein warst?

MARTHA: Ich bin nicht ... Nein, in der Erinnerung eben war ich nicht dieselbe Kirche wie die, als ich noch klein war.

FRITZ: Na gut. Spiel jetzt diese Negerin.

MARTHA: Sie ist...

FRITZ: Ich bin ...

MARTHA: Ich bin ...

FRITZ: Schau mal ... laß mich mal etwas erklären. Wir haben sehr viel an Potential eingebüßt. Wir haben einen Großteil dessen, was wir sein könnten, verloren. Wir haben große Teile unseres Potentials aufgegeben. Um es zurückzuholen, müssen wir es »re-identifizieren«. Und das tun wir in dieser Traumarbeit dadurch, daß wir dieser Teil, den wir verloren haben, *werden*. In Wirklichkeit spielen wir das dann. Also, ich möchte, daß du jetzt wirklich diese Negerin bist. Verstehst du noch immer nicht? Welcher Teil von dir ist diese Negerin? Wenn du es wirklich spielst, wirst du es begreifen.

MARTHA: (Mit angespannter Stimme, wie gegen einen Widerstand kämpfend.) Ich bin ... groß und ... ruhig und freundlich ... und ich arbeite in der Küche. Fühle mich sehr kompetent ... sehr warm ...

FRITZ: Spiel jetzt diese andere Frau ... diese Frau mittleren Alters.

MARTHA: Ich bin geisteskrank und ziemlich durcheinander ... und im Augenblick gehe ich, sehr ... äh ... mit voller Absicht ... zu töten ... ich habe auch ein Messer ...

FRITZ: Du willst die Negerin umbringen?

MARTHA: Ja, ich werde bloß um den Tisch herumgehen und sie dann töten.

FRITZ: Wie würdest du sie töten?

MARTHA: Einfach zerhacken. Einfach ein kräftiger Hieb.

FRITZ: Was hast du gegen sie?

MARTHA: (Lange Pause.) ... Es ist, als hätte sie auf mich gewartet.

FRITZ: Geh auf sie zu: »Ich bin hergekommen, um dich umzubringen ...«

MARTHA: Es erscheint mir sinnlos ... als wäre es ohne ... ohne jedes Nachdenken ... einfach dort hinzugehen und ihr einen Hieb versetzen.

FRITZ: Sei jetzt die tote Frau, die tote Negerin. Spiele sie.

MARTHA: Aber im Traum war die Frau, die getötet wurde, nicht die Negerin. (Pause.) Es ist die Weiße. Sie liegt dort draußen im Gras.

FRITZ: Spiele sie.

MARTHA: Ich bin ... man hat meinen Körper draußen ins Gras geworfen, weil sie sagten ... laßt sie hier liegen ... Einfach rausgeworfen ... Ich liege auf dem Rücken ... und über ... über dem, was übrig ist, ... liegt ein Leinentuch.

FRITZ: Sei jetzt das Tuch ... »Ich bin das Tuch ...«

MARTHA: Ich bin ein Tuch ... und rauh, ... und ich decke das, was übrig ist, zu ..., und so brauchen die anderen es nicht zu sehen ...

FRITZ: Spiele jetzt die Leute, die es sehen wollen ... die unter das Tuch schauen ...

MARTHA: Keiner will es sehen, ... sie ... äh ... stehen bloß rum ... einer telefoniert, die Negerin ist nicht mehr da. Bloß eine ganze Menge von diesen Jungs ... Sie stehen rum ...

FRITZ: Spiele jetzt die Jungens.

MARTHA: Ich laufe hin und her.

FRITZ: Wir ... wir ... komm, spiele es, spiele es, spiele es.

MARTHA: Sie ... sie stehen bloß rum.

FRITZ: Ja.

MARTHA: ... und warten auf die Polizei ... und ... und haben ein Auge auf dieses ganze Schlamassel dort ...

FRITZ: Spiele die Polizei.

MARTHA: Habe bloß einen Sack, ich habe einen Sack, ... und wir stecken das ganze Schlamassel da rein ... und nehmen es weg, karren es weg ...

FRITZ: Sei jetzt wieder die Tote. Du wirst weggetragen.

MARTHA: Ich werde ... eingepackt, damit es niemand anschauen muß ... und der ... und werde einfach weggetragen.

FRITZ: Was machen sie mit dir?

MARTHA: Ihre Aufgabe ist, mich aufzuheben und ...

FRITZ: Und was machen sie mit dir?

MARTHA: Sie schmeißen die Reste irgendwohin.

FRITZ: Wohin? Nenne mir den Ort, wo sie dich hinschmeißen.

MARTHA: Leichenhaus.

FRITZ: Ja.

Martha: Und . . .

Fritz: Martha, wann bist du gestorben?

Martha: (Ausdruckslose Stimme, angespannt.) Ich erinnere mich nicht . . . Ich kann mich einfach nicht erinnern, jemals lebendig gewesen zu sein, nicht einmal als Kind. Ich kann mich nicht einmal daran erinnern . . . erinnere mich nicht. Manchmal habe ich das Gefühl, daß ich bloß geschrien habe und dann . . . gestorben bin.

Fritz: Geh zurück und sei wieder die Kirche.

Martha: . . . ich bin still . . . und alt . . .

Fritz: Was erlebst du jetzt?

Martha: Ich fühle bloß . . . ich habe einfach eine Menge Erinnerungen an Kirch. . .

Fritz: Ich will das für einen Augenblick unterbrechen und zu uns hier zurückkommen. Komm jetzt aus deinem Alptraum von deinem Tod in die Wirklichkeit zurück. Sieh dich um. Was siehst du? Wie erlebst du die Welt jetzt in diesem Augenblick?

Martha: Ich denke, schön warm.

Fritz: Was erlebst du?

Martha: Die Leute hier . . . äh . . . kümmern sich . . .

Fritz: Ja?

Martha: Ich habe das Gefühl, umsorgt zu werden.

Fritz: Und was dich angeht? Die jungen Burschen jedenfalls sind offenbar ziemlich teilnahmslos. Wie steht es mit Deinem Interesse? Könntest du dich um irgend jemanden hier kümmern?

Martha: Ja.

Fritz: Kannst du das zum Ausdruck bringen?

Martha: Also, ich weiß, daß hier zwei Leute sind, an denen mir sehr, sehr viel liegt.

Fritz: Mach kein Gerede darum. Bring es zum Ausdruck. Sag es ihnen, los.

Martha: (Gespanntes, kurzes Lachen.) Ich weiß nicht einmal, wie ich jemandem sagen soll . . . wie ich danken . . . (Sehr angespannt, mit harter Stimme.) . . . Wie ich mich dafür bedanken kann . . . daß ihr so nett zu mir seid . . . und ich . . . ich wollte, ich könnte irgendwie . . . irgend etwas dafür tun, daß ihr nicht so verdammt ängstlich seid.

Fritz: Hör mal auf deine Stimme. Du sprichst nicht mit ihnen.

Martha: Nein, ich bin . . . ich kann nicht . . .

Fritz: Das ist Literatur, was du hier produzierst, keine Kommunikation. Versuch es noch einmal. Geh dort rüber und sage es zu ihr ...

MARTHA: Ich weiß nicht, wie.

FRITZ: Steh auf und ... Du arbeitest dir schon wieder selbst entgegen. Wie ich es dir seinerzeit gezeigt habe. Die rechte Hand geht nach links und die linke nach rechts. Wie kannst du so leben? Wie kannst du so etwas tun? (Er öffnet seine Arme.) Geh jetzt so zu ihr rüber.

MARTHA: (Sie ahmt Fritz' Geste nach und spricht mit deutlich sichererer Stimme.) Ja, ich glaube, ich würde dir gern sagen können, wann du mich ganz verrückt machst und wann du mich wütend machst, und ich würde dir gern sagen können, wann ich echtes Interesse an dir habe und daran, wie du dich fühlst und wie es dir geht.

FRITZ: Immer noch Literatur.

MARTHA: Verdammt.

FRITZ: Ja, verdammt. Verfluche es ruhig. Versuche es noch einmal. Fang mit Marykay an.

MARTHA: Gut. Gerade jetzt, wo ich anfange, wütend zu werden, weil du mich darum bittest, dich zu mögen – und dann läßt du mich bestimmt nicht ... dich gernehaben ... beziehungsweise dir sagen oder dir zeigen, oder ...

FRITZ: Schimpf sie aus, gib ihr ein paar Namen. Sag ihr, was sie ist: »Schäbig« ...

MARTHA: ... Ich ...

FRITZ: Kannst du deine emotionale Verstopfung spüren?

MARTHA: Ja, verdammt. Klar kann ich das.

FRITZ: Geh jetzt rüber zu ihr, geh rüber zu ihr. Schließe die Augen und berühre sie mit den Fingerspitzen. (Martha geht hinüber und steht vor Marykay, einer jungen Frau aus der Gruppe, die auf der anderen Seite sitzt, und legt die Hände auf Marykays Schultern. Marykay greift nach oben, um ihr zu antworten.) Nein. Reagiere bitte nicht. Laß sie bloß mit dir in Kontakt kommen. (Zu Martha:) Was spüren deine Hände?

MARTHA: Sie ist warm.

FRITZ: Sag: »Du bist warm.« Sprich immer in der zweiten Person.

MARTHA: Du bist warm.

FRITZ: Laß deine Finger erzählen, was sie spüren. Mach weiter. Mach weiter, erforsche sie.

MARTHA: Du bist weich . . . und du hast Angst . . . (Sie seufzt.)
FRITZ: Was erlebst du jetzt?
MARTHA: Ich habe das Gefühl, als wäre der Vorhang wieder runter.
FRITZ: Der Vorhang ist wieder runter. Du bist wieder tot. Okay. Wo sollen wir die Leiche begraben? (Fritz nimmt Marthas Hand.) Du bist nicht ganz tot. Deine Hände sind lauwarm, sie sind nicht richtig eisig. Du hast noch die Möglichkeit, von den Toten aufzuerstehen. Du mußt daran arbeiten.

(Szenenwechsel, im Studio.)
FRITZ: Ich vermute, ihr habt in diesem Film zunächst zwei Dinge bemerkt. Einmal, daß dieser Vorhang wieder aufgetraucht ist, als Tuch, und daß dieser Vorhang tatsächlich der Tod war, diese Trümmer, das verlorengegangene Leben. Der andere interessante Umstand liegt darin, daß nach meiner Frage »Wann bist du gestorben?« die erste Spur einer Gefühlsäußserung sichtbar wurde. Sie begann, ihren eigenen Tod zu betrauern. Und dann ging ich, nachdem wir die Sitzung beendet hatten, hinaus. Später schaute ich noch einmal rein und sah, daß die Trauer in den Vordergrund getreten war, daß sie heftig und ausgiebig weinte und von ihren Freund(inn)en getröstet wurde. Diese letzte Szene sehen wir uns jetzt an.

(Szenenwechsel, wieder zurück in der Gruppe. Martha mitten in einer Gruppe, bittere Tränen weinend; sie wird getröstet.)

Eine Sitzung mit College-Studenten*

Dies ist die Transkription einer Gestalttherapie-Sitzung. Etwa 15 junge Männer und Frauen, College-Studenten, sitzen im Kreis. Dr. Perls sitzt ebenfalls im Kreis, neben sich einen leeren Stuhl. Das ist der sogenannte »heiße Stuhl«: Wenn ein Gruppenmitglied mit Dr. Perls arbeiten möchte, steht der/die Betreffende auf und nimmt auf dem »heißen Stuhl« Platz. Dem gegenüber steht ein weiterer leerer Stuhl. Die Sitzung wird gefilmt, es sind Kameras und Mikrophone zu sehen. Wer gerade arbeitet, sitzt auf dem »heißen

* Media-Psych. Corporation

Stuhl« und wechselt gelegentlich auf den anderen, den leeren Stuhl.

Fritz: Also, das hier ist der »heiße Stuhl«. Das ist euch inzwischen bekannt. Und das hier ist der leere Stuhl. Das ist der Teil von euch, mit dem ihr euch auseinanderzusetzen habt, egal, ob es ein Teil eurer selbst oder Teil einer Person ist, die ihr mit euch herumschleppt, jemand, mit dem ihr eine unerledigte Situation zu klären habt. Wir sind hier in einem Studio, und wir haben eben über das Lampenfieber gesprochen. Die Gestalttherapie ist ausschließlich am Jetzt interessiert, und unser Ziel ist es, umzugehen lernen mit dem, was sich ereignet, und gerade jetzt haben wir es hier mit einer ganzen Menge Lampenfieber zu tun. Wenn ihr euch nicht wohl fühlt, könnt ihr nicht wirklich kommunizieren. Wir wollen mal einen kleinen Probelauf veranstalten. Kommst du auf den »heißen Stuhl«? (Eine junge Frau nimmt auf dem »heißen Stuhl« Platz.) Und nun erzähl mir mal, wie du dein Lampenfieber erlebst.

Barbara: Uh, meine Hände sind ganz kalt und naß. Sehr naß. Und ich habe dieses kleine Stück Papier. (Sie zerknüllt ein Stück Papier und kichert.)

Fritz: Kannst du das mit mir tun?

Barbara: Dich zerreißen?

Fritz: Ja.

Barbara: Ja.

Fritz: Komm her. Reiß mich in Stücke.

Barbara: (Sie zerknüllt das Papier.) Ich bin zu Tode erschrocken! Ich habe Angst vor dir.

Fritz: Setz mich in den Stuhl dort. (Er zeigt auf den leeren Stuhl.)

Barbara: Um mit dir zu reden?

Fritz: Ja.

Barbara: Ich denke, . . . ich glaube, ich habe Angst, weil ich denke, *daß ich mir selbst etwas antue.* Weil ich weiß, daß du mir überhaupt nichts tun wirst. Aber ich habe wirklich Angst vor dir.

Fritz: Gut. Wende dich an die Kamera. Sag es der Kamera.

Barbara: (Sie schaut zur Kamera.) Ich habe wirklich Angst vor dir.

Fritz: Spiel jetzt die Kamera. Setz dich hierhin und spiel die Kamera. Was würde die Kamera dir wohl antworten? Wenn du als

Kamera irgendein Gefühl hättest – was würdest du sagen? Rede mit dem Mädchen, das soviel Angst hatte.

BARBARA: (Sie setzt sich auf den anderen Stuhl und spricht als Kamera.) Ich sehe dich dort sitzen. Ich sehe, daß du nervös bist. Ich sehe, daß du unsicher bist. Ich sehe, daß mit dir alles *in Ordnung* ist. (Sie seufzt erleichtert auf.)

FRITZ: Sei jetzt wieder du selbst. Was würdest du sagen? Mach in dem Dialog weiter.

BARBARA: Ich fühle mich besser. Ich bin jetzt nicht mehr so angespannt. Ich fühle mich lockerer.

FRITZ: Ja. Siehst du, so geht es immer. Wenn du von deiner Projektion ein Stück assimilierst und begreifst, daß du es in Wirklichkeit mit einer Phantasie zu tun hast, mit etwas, das du erfindest, *und wenn du dir zurückholst, was du aufgegeben hast – egal, welche Art von Energie oder welche Erfahrung du aufgegeben*, an die Welt verloren hast –, dann wird es wieder dein Eigentum. Dann wächst du, integrierst das fremde Material – gut, laß uns ... Willst du es ausprobieren? Setz dich auf den »heißen Stuhl«.

ANN: Meine Hände sind ganz kalt und feucht; und ich wende mich ganz schnell nach innen. Genau dahin. Aber andererseits habe ich ein übernatürlich ruhiges Gefühl.

FRITZ: Übernatürlich ruhig.

ANN: Ja.

FRITZ: Es kann also sein, daß an deiner Ruhe etwas faul ist.

ANN: Ja ... ja.

FRITZ: Gut. Schließ jetzt deine Augen. Zieh dich in deinen Körper zurück. Was spürst du körperlich?

ANN: Pochen. Pochen. Pochen. Pochen.

FRITZ: Kannst du das »Pochen, Pochen« übertreiben?

ANN: Hach. Hach. Hach. Hach.

FRITZ: Lauter!

ANN: (Sie macht laute, harsche Atemgeräusche.) Das fühlt sich mit Sicherheit besser an. (Allgemeines Lachen.)

FRITZ: Das stimmt.

(Ann geht auf ihren Platz zurück, eine andere junge Frau nimmt auf dem »heißen Stuhl« Platz.)

DOROTHY: Ich spiele immer noch mit einem Papierschnitzel.

FRITZ: Sprich mit dem Papier.

DOROTHY: Papierschnitzel, ich zerknülle dich noch immer in meinen Händen. Ich will dich nicht in Frieden lassen. Und meine Hände schwitzen und zittern etwas. Und ... uh, ... mir wird ganz heiß. (...) (Sie wird von ihrer Hand ganz in Anspruch genommen.)

FRITZ: Hörst du deine Stimme?

DOROTHY: Ja. Ich werde ängstlich.

FRITZ: *Wovor?* (Nicht: *Warum?*)

DOROTHY: Vor den ganzen Leuten da draußen, die mich beobachten.

FRITZ: Sag es ihnen.

DOROTHY: Ich habe Angst vor euch allen da draußen, wie ihr mich beobachtet.

FRITZ: Tausch jetzt die Plätze. Du bist jetzt einer von denen da draußen, die dich beobachten. Sag: »Ich sehe dich.«

DOROTHY: Ich sehe dich, und deine Angst ist berechtigt. Besonders, wenn meine Eltern zuschauen, oder etwas in der Art, und ich sage etwas ... Es könnte euch kränken.

FRITZ: Gut. Tausch wieder die Plätze. Antworte ihnen.

DOROTHY: (Sie setzt sich auf den anderen Stuhl.) Ich spüre eine gehörige Portion Feindseligkeit gegen diese ganze Meute und gegen meine Eltern.

FRITZ: Bring deine Feindseligkeit zum Ausdruck. Tu es mit diesem Stück Papier.

DOROTHY: Ich würde dich gern zusammendrücken.

FRITZ: Sag das zu uns.

DOROTHY: Ich würde euch alle gern zusammendrücken.

FRITZ: Jetzt, hierbei, sehe ich, daß du deine Augen abgetreten hast. Deine Augen sind außerhalb und schauen dich an, du hast sie nicht.

DOROTHY: Ja, das stimmt.

FRITZ: Also, könntest du einmal den Versuch machen, deine eigenen Augen zu entdecken, und uns sagen, was du siehst? Benutze jetzt deine Augen. Was siehst du?

DOROTHY: Ich sehe, daß ich Angst habe.

FRITZ: Das ist es nicht. Das siehst du nicht. Das ist das, was du dir vorstellst.

DOROTHY: Alles, was ich sehe, sind Kameras ... und Figuren ...

FRITZ: Ja.

DOROTHY: Und Dunkelheit.

FRITZ: Siehst du mich?

DOROTHY: Und ... einfach Leute, die dasitzen. (Ihr Ton verändert sich.)

FRITZ: Ah! Du wachst auf. Ja. Das ist das, was ich »Mini-Satori« nenne. – Im Gegensatz zum großen Satori, dem großen Erwachen. Das hier ist ein kleines Erwachen. Plötzlich wacht jemand aus der Trance auf, als ob ... Du wirst von den Augen der Welt verfolgt.

DOROTHY: Ja.

(Dorothy setzt sich auf ihren Platz, eine andere junge Frau auf den »heißen Stuhl«.

JUDY: Ich habe ganz kalte, verschwitzte Hände, und meine Füße ... meine Zehen sind vom Körper getrennt ... ich kann sie gar nicht fühlen.

FRITZ: Sprich mit ihnen.

JUDY: Zehen, warum seid ihr so kalt und schmutzig? Ich spüre, wie die Sandalen drücken. Ich möchte mit den Zehen knacken. Ich fühle mich durch die Sandalen beengt.

FRITZ: Laß jetzt die Zehen mit den Sandalen sprechen. »Ich fühle mich von dir beengt.«

JUDY: Laßt mich los, Sandalen. Ich will mich bewegen!

FRITZ: Noch einmal.

JUDY: Laßt mich los!

FRITZ: Schrei es! Laßt mich los!

JUDY: Laßt mich los!

FRITZ: Noch mal!

JUDY: Laßt mich los, Sandalen! (Sie geht zu ihrem Platz.)

FRITZ: Nun, die Art, wie wir in der Gestalttherapie mit Träumen umgehen, ist folgende: Für uns sind Träume existentielle Botschaften und nicht Reste von unerledigten Situationen oder traumatischen Angelegenheiten oder etwa Wunscherfüllung. Und wir müssen die Botschaft herausfinden, die wir von unseren Träumen empfangen. Und noch etwas am Traum muß man begreifen. Ein Traum ist eine Zerstückelung oder Fragmentierung unserer Persönlichkeit. Mit Fragmentierung meine ich folgendes: Wenn ich drei Stücke Holz habe und sie zu einem Dreieck zusammenlege, dann bildet dieses Dreieck eine Gestalt, und zwar eine zusammenhängende. Nun, wenn sie weggenommen werden, sind die Stücke wieder Einzelteile – sie sind sozusagen alle übrig. So vieles an unserer Persönlichkeit ist fragmentiert. Es ist zwar vorhanden, aber es steht uns nicht zur Verfügung, weil die verschiedenen Teile voneinander getrennt sind. Nun, die Gestalttherapie ist keine analytische, sondern eine integrative Methode. Und das wichtigste, wenn wir mit Träumen arbeiten, ist: Wir interpretieren nicht – das heißt, wir spielen weder »Interpretation«, noch fangen wir intellektuelle Spielchen an. Ich bin der Auffassung, daß jede Interpretation ein therapeutischer Fehlgriff ist. Und Interpretation bedeutet Unterbrechung des Patienten durch die Meinung des Therapeuten. Der Patient muß somit die ganze Dreckarbeit selbst tun. Und die Schritte, die wir unternehmen, sind . . .

(Ann hat wieder auf dem »heißen Stuhl« Platz genommen, und Fritz wendet sich an sie.)

Als erstes fragen wir: Erzählst du uns den Traum?

ANN: Ja. Ich war mit meinen Kindern in einem länglichen, dunklen und kalten Raum, vielleicht war es ein Betonbunker oder ein Kanalisationsschacht. Keiner von uns trug normale Kleider, wir hatten so etwas wie Taucherausrüstung an, eine Art Strumpfhose, und ich wußte, daß ich rausmußte, und ich wußte, daß ich sie dort herausbekommen mußte. Und ich wurde sehr wütend auf sie und fing an, sie zu schlagen und sie anzuschreien, aber . . . ich kam nicht mit ihrem Körper in Berührung. Und ich schlug sie sehr, sehr heftig.

FRITZ: Uhuh . . .Eine der existentiellen Botschaften kennen wir jetzt bereits. Du vermeidest es, in Kontakt zu treten und Kinder zu schlagen. Siehst du das?

ANN: In meinem Leben schlage ich sie ziemlich oft.

FRITZ: Und im Traum . . .

ANN: Da nicht. Ich habe kein besonders gutes Gefühl, wenn ich sie schlage.

FRITZ: Also, das ist der erste Schritt. Der zweite Schritt: Ich mache dich zum Regisseur. Richtest du die Bühne her für den Traum? Und sprich im Präsens. Bau dir in der Phantasie die Bühne auf: »Ich bin mit meinen Kindern hier. Da ist die Kanalisation.«

ANN: Okay. (Sie steht auf und geht umher, während sie die Szenerie beschreibt.) Ich bin an einem kalten, dunklen Ort. Auf beiden Seiten Wände. Und meine Kinder sind vor mir, glaube ich. Aber sie gehen nicht schnell genug. Und ich sage: »Los, vorwärts!«

Und dabei höre ich nicht auf, sie zu schlagen, zu schlagen und zu schlagen. (Während sie das sagt, agiert sie es.) Und sie stehen bloß irgendwie herum. Ich komme einfach nicht durch zu ihnen. Es ist, als würde ich in ein Vakuum schlagen.

FRITZ: Spiel jetzt das Kind, und sprich als Kind mit deiner Mutter.

ANN: Ich gehe nicht weiter. Du kämpfst gegen einen Sturm an. Ich gehe nicht weiter. Und du kannst dich meinetwegen abrackern, überhaupt nichts werde ich tun. Ich werde so gehen, wie ich will. (Zu Fritz:) Dort hört es auf! Dort habe ich es vergessen.

FRITZ: Ja. In Ordnung. Jetzt wollen wir eine wirkliche Begegnung mit deinem Kind. Sei noch einmal das Kind. Ist es ein Junge oder ein Mädchen?

ANN: Ein Junge und ein Mädchen.

FRITZ: Beides. Gut. Sie fordern dich heraus.

ANN: Soll ich mich dorthin setzen? (Sie zeigt auf den anderen Stuhl.)

FRITZ: Ja.

ANN: (Sie setzt sich auf den anderen Stuhl und spricht als eines der Kinder.) Du kriegst mich nicht. Du kannst mir nichts tun. Du machst dich doch lächerlich, wenn du so schreist und prügelst, und ich gehe in meinem eigenen Tempo. Du kannst mich nicht antreiben.

FRITZ: Was würdest du antworten?

ANN: (Sie spricht als Mutter.) Ihr müßt hier raus! Ich weiß, was gut für euch ist, und ich muß euch hier rauskriegen! Das ist das wichtigste. Hört mir zu. Und seht mich an.

FRITZ: (Er zeigt auf den anderen Stuhl.) Wieder dorthin.

ANN: (Sie tauscht die Plätze, spricht als Kind.) Bevor du mich nicht richtig schlägst, erreichst du überhaupt nichts. Du kannst soviel Staub aufwirbeln, wie du willst. Aber du erreichst bei mir nichts; solange ich selbst noch nicht soweit bin, erreichst du bei mir überhaupt nichts.

FRITZ: Kannst du jetzt mit mir sprechen, wie deine Kinder, aber als du selbst?

ANN: (Mit kindlicher Stimme) Ich will's nicht tun! Laß mich in Ruhe! Hau ab und hör auf, mir auf die Nerven zu gehen! Ahhhrrr . . .

FRITZ: Sprich jetzt genauso, diesmal aber in deinem richtigen Alter! Und drück dich so aus, wie du zu mir stehst.

ANN: (Mit ruhiger Stimme.) Laß mich in Ruhe. Du kannst mich nicht berühren. Du kannst mir nichts tun. Du kannst zum Schlag ausholen, kannst wegschauen, kannst gelangweilt sein, es ist ganz egal.

FRITZ: Wen spielst du jetzt?

ANN: Es ist eine Mischung. Es ist sehr überheblich . . .

FRITZ: Ja.

ANN: Und ein klein wenig verführerisch. (Sie seufzt.) Im Augenblick des Träumens war der Traum so stark, so gewaltig; und ich erlebte die stärkste physische Reaktion die ich je von einem Traum hatte. Unangenehm war es. Und ich habe keine Ahnung, warum es nicht noch stärker war. Warum es mich nicht in den Weltraum geschossen hat, weißt du. Vielleicht ist es so eine Sackgasse.

FRITZ: Nun gut. Spürst du davon jetzt noch etwas?

ANN: Ich kann ein Resümé ziehen. Ich sage dir, warum ich nach dem Traum glaubte, er sei so wichtig. Wenn ich nämlich wütend werde, schalte ich die Wut aus, oder ich lenke sie nach innen. Nach innen. Ungefähr so. . . . (Sie spricht mit angespannter Stimme.) Ich füge mir zwar keine Verletzung zu, aber ich tue doch mein möglichstes. Manchmal kneife ich mich sogar. (Sie kneift sich selbst.) Aber ich habe nie . . .

FRITZ: Mach das mit mir. Achte darauf: Wenn du es mit mir tust, hältst du den Atem an.

ANN: O ja. Atem anhalten. Ich halte wirklich die Luft an.

FRITZ: Ja. Tu es jetzt noch einmal, und atme dabei. (Sie kneift in seine Hand und atmet dabei tief ein und aus.) Atme weiter, und mach Geräusche.

ANN: (Geräuschvolles Ein- und Ausatmen.)

FRITZ: Wie fühlst du dich jetzt?

ANN: Eine ganze Menge mehr Energie ist in mir.

FRITZ: Siehst du, du hast dir wieder Energie aus dem Traum angeeignet. Im Traum warst du impotent, machtlos.

ANN: Ja.

FRITZ: Wir haben etwas von der Energie der Kinder weggenommen und dir zurückgegeben.

ANN: Ja. Ich glaube, ich schlage nach ihnen und wende die Wut dann umgehend gegen mich selbst.

FRITZ: Ja, ja.

ANN: (Lebendig.) Oh! ... Die sollen mich kennenlernen! (Fritz lacht.) Danke. (Sie geht zu ihrem Platz zurück.)

FRITZ: Also, falls ihr es für euch allein tun wollt: Auch wenn ihr euch nicht den ganzen Traum vornehmt, versucht wenigstens, wenn ihr die verschiedenen Teile des Traums spielt, diese miteinander zu konfrontieren, inszeniert eine Vielzahl innerer Begegnungen, bis ihr mehr und mehr des verlorengegangenen Materials re-assimiliert habt. In diesem Fall war es deine Energie und all das, was du dir selbst angetan hast, indem du es gegen mich gerichtet hast. Dadurch werdet ihr realer. Das ist das Wesen der Gestalttherapie: Wir wollen Papiermenschen in reale Menschen verwandeln. Das ist der Grund, weshalb wir mit den ganzen Meinungs-Spielchen, mit Interpretation und dergleichen, nichts am Hut haben. So. Wer will als nächstes an einem Traum arbeiten? (Er wendet sich an Barbara.) Du?

BARBARA: Ich habe da einen Traum.

FRITZ: Ja. (Barbara nimmt auf dem »heißen Stuhl« Platz.) Um die Sache abzukürzen, wollen wir etwas tun, das oberflächlich betrachtet ein wenig schief aussieht. Erzähle mir deinen Traum und füge zu jedem Satz hinzu: »Das ist meine Existenz.« Um zu begreifen, daß es nicht bloß um eine einzelne Szene geht; es geht um die grundlegende Struktur deiner Existenz.

BARBARA: Ich sollte bei diesem Traum in der »Jetzt«-Form sprechen, denke ich. Ich bin auf der Spitze eines hohen Turmes. Das ist meine Existenz.

FRITZ: Ich muß dich unterbrechen, weil etwas ... los ist, ein gewisser Ausdruck ist da ... Unterbrich es bitte nicht. Sage mir, was du mit deinen Händen tust.

BARBARA: (Matt.) Ich weiß es nicht.

FRITZ: Laß deine rechte Hand mit der linken sprechen.

BARBARA: Ich reibe dich. Es ist ein gutes Gefühl, so hart zu drükken, die Finger zusammenzupressen. Mir gefällt es, dich zu drücken.

FRITZ: Sag es noch einmal.

BARBARA: Mir gefällt es, dich zu drücken.

FRITZ: Was antwortet die linke Hand?

BARBARA: Ich bin passiv. Das gefällt mir. Ich ... ich fühle mich gut.

FRITZ: Wir wissen noch nicht, inwiefern wir es hier mit einer Rechts-Links-Spaltung zu tun haben. Die rechte Hand – die rechte Seite – drückt in der Regel die männliche, aggressive, motorische, praktische Seite aus. So. Gut, wir wollen auf deinen Traum zurückkommen.

Barbara: Ist es dabei egal, ob man Rechts- oder Linkshänder ist?

Fritz: Ja.

Barbara: Ich bin auf der Spitze eines Turmes, und der Turm dreht sich. Es ist ein hoher Turm. Ich bin über die Kante gerutscht und klammere mich dort an der Seite fest, und das ist meine Existenz. Ich hänge an dem Geländer und bin dabei, hinunterzufallen.

Fritz: Erlebst du das wirklich so?

Barbara: Ja. Und ich klammere und halte mich so fest, wie ich kann, und rufe um Hilfe.

Fritz: Wie?

Barbara: Ich rufe: Hilfe! Helft mir! Und ich rufe nach meinem Mann, der drinnen sitzt und mich nicht hört. Und meine Kinder sind dort auch irgendwo.

Fritz: Setz jetzt deinen Mann auf den Stuhl und rufe ihn um Hilfe.

Barbara: Bob! Bob! Bob! Komm, hilf mir, Bob! Ich falle! Komm, hilf mir. Bitte komm und hilf mir!

Fritz: Hörst du deine Stimme? Kannst du deine Stimme hören? Sag es noch einmal und achte darauf, ob deine Stimme ausdrückt, was du fühlst.

Barbara: Bob! Komm, hilf mir, Bob. Komm, hilf mir. Ich brauche dich. Bob. Ich brauche dich.

Fritz: Sag das noch einmal.

Barbara: Ich brauche dich.

Fritz: Noch einmal.

Barbara: (Sie weint ein wenig.) Ich brauche dich.

Fritz: Noch einmal.

Barbara: Ich brauche dich.

Fritz: Was antwortet er?

Barbara: (Sie tauscht die Plätze, spricht als Bob:) Ich kann nichts dafür, daß ich dich nicht gehört habe. Ich habe dich einfach nicht gehört. Ich habe nichts bemerkt. (Sie weint.) Ich habe einfach nichts mitbekommen. Ich will dir doch helfen.

Fritz: Nimm wieder deinen Platz ein. Was würdest du zu ihm sagen?

Barbara: (Sie tauscht die Plätze.) Daß du mich nicht hörst, macht mich ganz wahnsinnig. Es sieht ganz so aus, als gehe dich das alles gar nichts an. (Sie tauscht die Plätze, spricht als Bob:) Doch, es macht mir etwas aus, Bobby. (Koseform für Barbara, d. Ü.).

FRITZ: Sag es noch einmal.

BARBARA: Es macht mir etwas aus, Bobby.

FRITZ: Noch einmal.

BARBARA: Es macht mir etwas aus, Bobby.

FRITZ: Tausch die Plätze.

BARBARA: (Sie weint.) Ich möchte ihn umarmen.

FRITZ: Tu das.

BARBARA: Er ist nicht hier. (Sie umarmt einen imaginären Bob.)

FRITZ: Ist es bei ihm angekommen?

BARBARA: (Sie schnieft.) Ich . . . ich weiß nicht.

FRITZ: Aber du verstehst. Irgend etwas an eurer Kommunikation stimmt nicht.

BARBARA: Ja.

FRITZ: (Interpretation.) Und du spielst das Spiel »jemanden beschuldigen«. Man muß ihm die Schuld geben. Es könnte sein, daß du nicht weißt, wie du ihn erreichst, wie du mit ihm kommunizieren kannst. Und so viel anderes steckt ja in dem Traum. Dein verzweifeltes Anklammern und so weiter. Aber ich denke, wir sind . . . wir wollen hier Schluß machen. Zumindest ein kleinwenig Gewinn hast du doch von dem Traum gehabt, oder? (Barbara nickt.) Ich denke, wir haben in der Sitzung eben etwas sehr Wichtiges kennengelernt: Es geht um das Beteiligtsein. Zu Beginn waren wir von der Situation hier gefangengenommen, und jeder hatte Lampenfieber. Aber sobald eine neue Gestalt auftaucht, etwa die Traumarbeit, seid ihr so sehr mit dem beschäftigt, was in euch passiert, daß der Hintergrund aus dem Blickfeld rückt. Ihr werdet auf eine ganz andere Art und Weise real. Man könnte sich nun einen Traum vornehmen und jeden kleinen Punkt aufgreifen. Nicht bloß die verschiedenen Personen, sondern auch die verschiedenen Dinge und Gegenstände. Und das würde ausreichen, um zur vollständigen Integration zu kommen. Aber normalerweise passiert dann folgendes: Wenn ein Traum durchgearbeitet ist und die verschiedenen Teile integriert sind, haben wir einen neuen Traum, der uns genauer zeigt, was abläuft, und der dann die Dinge bereits vereinfacht.

Besonders, wenn wir diese Alpträume haben – das sind die echten Selbstverhinderungsträume – und aufhören, uns selbst zu frustrieren, uns selbst in die Parade zu fallen, dann fangen wir an aufzublühen, kommen mit der Welt in Kontakt und so weiter. Laßt uns also noch einen Versuch mit einem Traum machen. (Er wendet sich an Judy.) Willst du nach vorne kommen? Also zurück zum Traum. Solange man träumt, erscheint der Traum absolut real, ist absolut gerechtfertigt – weil das, was man träumt, wirklich *ist*. Es handelt sich um eine andere Sprache. (Judy sitzt auf dem heißen Stuhl.) So. Was ist mit deinem Traum?

JUDY: Es war in einem Warenhaus, wie bei Macy's.

FRITZ: Sprich in der Gegenwartsform. Begib dich in den Traum hinein.

JUDY: Ich bin in einem Warenhaus. Es hat unbegrenzt viele Stockwerke. Es geht immer weiter, immer weiter. Man kann mit dem Fahrstuhl hochfahren. Meine Mutter wartete draußen in der Kälte, mit hochgezogenen Schultern. In einem schwarzen Mantel. Und ich ging hinein, um einzukaufen. Und ...

FRITZ: Wie du siehst, hast du die Lebendigkeit des Traums sofort abgewürgt und ... äh nun ja, von dir erwarte ich noch gar keine echte Kooperation. Und der Traum bestätigt das. Aber versuche wenigstens, im Präsens zu bleiben.

JUDY: Ich bin in einem Warenhaus.

FRITZ: Deine Mutter wartet draußen.

JUDY: Meine Mutter wartet draußen. Sie trägt einen schwarzen Mantel.

FRITZ: Was machst du mit deiner linken Hand?

JUDY: Ich schlage mein Bein.

FRITZ: Du schlägst dein Bein. Mach weiter damit, schlag weiter dein Bein. Wen willst du sonst noch verhauen?

JUDY: Meine Mutter. (Sie lacht kurz auf.)

FRITZ: (Interpretation, aber richtig.) Schlag sie jetzt. Gleichzeitig zeigt das, daß deine Mutter dein Bein ist. In Ordnung, wir wollen mit diesem Traumfragment anfangen. Wenn du dieses Warenhaus wärest: Was für eine Art von Existenz hättest du dann? Du bist jetzt dieses Warenhaus.

JUDY: Ich bin das Warenhaus?

FRITZ: Ja.

JUDY: Ich wäre groß, und . . .

FRITZ: Ich *bin* groß und . . .

JUDY: Ich habe eine Menge Dinge in meinem Bauch. Ich habe alles. Alles auf der Welt, es ist alles dort. Alles, was du willst, kannst du in meinem Inneren finden. Es gibt dort Bücher, Schallplatten, Möbel, und ich habe Kleidungsstücke.

FRITZ: Kannst du einmal deiner Stimme zuhören? Kannst du deine Stimme spielen?

JUDY: Wie ein Instrument? (Sie singt: La-la-a-a-a-a-a.)

FRITZ: So höre ich deine Stimme nicht. Ich höre sie so: (Er grunzt.) Uh – uh – uh – uh.

JUDY: Ich kann sie nicht hören.

FRITZ: Das stimmt. Du hörst deine eigene Stimme nicht. Na gut. Sei deine Mutter.

JUDY: (Mit quengelnder Stimme.) Judy, Judy, wo bist du? Was machst du? Warum rufst du nicht nach mir?

FRITZ: Antworte ihr.

JUDY: Weil ich nicht du bin. Ich bin nicht du! Du weißt ja überhaupt nicht . . . Du brauchst nicht über alles Bescheid zu wissen, was in meinem Leben passiert.

FRITZ: Tausch die Plätze.

JUDY: (Sie setzt sich auf den anderen Stuhl. Als ihre Mutter.) Aber . . . ich bin jetzt ganz allein, ich habe niemanden mehr.

FRITZ: So, schreib weiter am Drehbuch zwischen dir und deiner Mutter.

JUDY: (Als sie selbst.) Uh, ich muß ich selbst sein. Ich will dir mal etwas sagen. Du hörst nämlich nie zu. Aber – ich muß mein eigenes Leben leben. Ich bin nicht du.

FRITZ: Hört sie dich? Hört sie dich?

JUDY: (Als Mutter.) Was? Ich denke doch gar nicht, du wärst ich. Ich erwarte gar nicht, daß du wie ich bist. Ich habe mein eigenes Leben. Das weißt du doch. (Sie tauscht die Plätze; als sie selbst.) Aber du bist da. Du gehst nicht weg.

FRITZ: Wir wollen jetzt etwas Komisches tun. Laß deine Mutter in das Warenhaus gehen. Erzähle, was sie dort erleben würde. Spiel deine Mutter im Warenhaus.

JUDY: Also . . . (als Mutter) schau mal, Judy, da ist ein schönes Kleid. Glaubst du nicht auch, daß es dir stehen würde? Es darf dich nicht älter machen. Laß uns schauen, welche Größe es ist.

Oh, es ist Größe Achtunddreißig. Glaubst du, Größe Achtunddreißig paßt dir?

FRITZ: Gut. Du darfst ihr jetzt antworten. Eine Unterhaltung mit ihr. Was sie da so sagt: »Würde das nicht passen?«, und so weiter.

JUDY: (Als sie selbst.) Das gefällt mir aber nicht. Die Farbe gefällt mir nicht. (Als Mutter.) Aber was für eine Farbe willst du denn? (Als sie selbst.) Ich will Rot. (Als Mutter.) Aber du siehst schrecklich aus in Rot. Du weißt doch, daß Rot dir nicht steht.

FRITZ: Merkst du, wieviel lebendiger du bist, wenn du deine Mutter spielst? (Judy lacht.) Ja. Deine Stimme hat dann wenigstens *irgendeine* Eigenschaft. Jetzt die 64-Dollar-Frage: Wie alt bist du?

JUDY: Einundzwanzig.

FRITZ: Und wofür brauchst du eine Mutter?

JUDY: Ich brauche keine Mutter!

FRITZ: Sag es ihr.

JUDY: Ich brauche dich nicht. Ich brauche dich nicht.

FRITZ: Und was antwortet sie?

JUDY: (Als Mutter.) Ich weiß. Aber du weißt, wir sind da. Für den Notfall. Du weißt, wo du hingehen kannst.

FRITZ: Schreib jetzt weiter am Drehbuch.

JUDY: (Als sie selbst.) Im Notfall will ich es aber selbst schaffen können. Ich will dich nicht für den Notfall brauchen müssen. (Als Mutter.) Ja, ich weiß. Aber, weißt du, man kann nie wissen. Wenn du mal Geld brauchst, du weißt schon . . . Irgend etwas in der Art. (Allgemeines Gelächter.) (Als sie selbst.) Aber ich brauche kein Geld. Ich komme selbst zurecht. Und wenn ich es bräuchte, würde mir schon etwas einfallen, wie ich an Geld komme.

FRITZ: Also, du sprichst immer mehr oder weniger defensiv. Wie könntest du . . . Wenn du deine Mutter nicht brauchst: Wie kommt's, daß du sie nicht loswirst?

JUDY: Ich weiß nicht, wie.

FRITZ: Du bekommst jetzt einen idealen Fritz. Setz ihn in den Stuhl dort und frag ihn, wie du deine Mutter loswirst. Hier – du hast jetzt deinen eigenen Psychiater.

JUDY: (Sie spricht mit dem imaginären Fritz im Stuhl gegenüber.) Fritz, ich habe lange darüber nachgedacht, meine Mutter ist für mich wirklich zum Problem geworden. Und ich denke, du kannst mir helfen.

Fritz: Spiel jetzt ihn.

Judy: (Als Fritz fuchtelt sie mit einer imaginären Zigarette und streift imaginäre Asche ab. Allgemeines Gelächter. Sie nimmt mehrere Züge. Noch mehr Lachen. Sie spricht als Fritz.) Mach mich zu deiner Mutter. Ich bin deine Mutter. Was machst du mit mir? (Sie tauscht die Plätze; als Judy hämmert sie mit den Fäusten auf den Stuhl ein, auf dem der imaginäre Fritz sitzt. Sie hämmert und trommelt auf dem Stuhl herum.)

Fritz: Was hast du jetzt getan?

Judy: Ich habe meine Mutter umgebracht. (Allgemeines Gelächter.)

Fritz: Ja? Gut, spiel jetzt die tote Mutter. Was empfindest du als tote Mutter?

Judy: Schmerz.

Fritz: Bring ihn zum Ausdruck.

Judy: (Gequältes Schreien und Schluchzen, sie findet kein Ende.)

Fritz: Hast du eine Idee, was eben passiert ist?

Judy: Ich habe keine Ahnung.
(Dorothy sagt etwas.)

Fritz: (Zu Dorothy.) Setzt du dich auf diesen Stuhl? (Dorothy setzt sich auf den Stuhl Judy gegenüber.)

Dorothy: Du brauchst deine Mutter noch immer, sonst hättest du nicht so starken Schmerz empfunden, als du sie umgebracht hast.

Fritz: Ist dir klar, daß du gerade für sie denkst? Und dieses Ganze »Für-sie-Denken« verhindert Wachstum.

Dorothy: Stimmt.

Fritz: Das ist genau das, was wir nicht tun wollen. Wir versuchen, unsere Patienten zu frustrieren. Wir versuchen, sie zu zwingen, ihr eigenes Potential zu entwickeln und so zu lernen, auf eigenen Füßen zu stehen. Deshalb geben wir so wenig Unterstützung wie möglich. Wenn sie nicht weiß, was passiert ist, weiß ich's auch nicht. Ich kann nur phantasieren. Und möglicherweise mache ich Vorschläge, die vollkommen danebenliegen.
(Dorothy geht auf ihren Platz zurück. Fritz wendet sich Judy zu.) Was empfindest du jetzt?

Judy: Ich fühle mich noch immer abgeschnitten.

FRITZ: Du fühlst dich abgeschnitten. Wovon?

JUDY: Von mir selbst. Ich kann nicht atmen.

FRITZ: Schließ die Augen und geh in deinen Körper. Gib uns Einzelheiten, wie du dich selbst am Atmen hinderst. Kannst du für das, was du dir selbst antust, Verantwortung übernehmen?

JUDY: Ich verschließe meine Kehle.

FRITZ: Ja . . .

JUDY: Ich halte meinen Magen fest. Ich presse meinen Mund zu. Ich mache einen Knoten in meinen Magen.

FRITZ: Was machst du mit deinem Magen?

JUDY: Ich verknote ihn.

FRITZ: Kannst du das alles, was du dir da selbst zufügst, jetzt deiner Mutter antun? (Judy dreht, quetscht, schlägt und preßt ihre Mutter und gibt dabei gequälte Laute von sich.) Mach noch mehr Geräusche dabei. (Judy schreit, kreischt und keucht.) Was fühlst du jetzt?

JUDY: Jetzt fühle ich mich besser. Ich fühle mich wie eine Hexe.

FRITZ: Ja. Ja. Ja. Ich mache dich zur Hexe. Was könntest du mir tun? (Judy gestikuliert bedrohlich in Fritz' Richtung.) Macht's Spaß, eine Hexe zu sein? (Judy lacht. Judy platzt heraus.)

Gut. So weit wollte ich mit diesem Traum gehen. Ich möchte noch ein paar Worte zur – nennen wir sie vorerst ruhig so – Traumtechnik sagen. Im historischen Kontext gehen ihre Ursprünge auf zwei andere Psychiater zurück: Einer davon ist Moreno und sein Psychodrama. Der Nachteil von Morenos Psychodrama liegt darin, daß er andere Leute dazuholen muß. Und dann wird die Rolle durch die Einzigartigkeit der anderen Person verfälscht. Wenn ich jemanden die verschiedenen Rollen selbst ausdenken lasse, dann weiß ich, daß er ganz bei sich ist. Der andere Teil der Technik kommt von Carl Rogers' Feedbacktechnik. Aber zuerst muß ich noch hinzufügen, daß zwischen Morenos Technik und dieser hier ein weiterer Unterschied besteht. Moreno beschränkt sich im allgemeinen auf Menschen. Aber gerade in die Objekte, in die Dinge ist so viel investiert worden: Wenn wir also die Gegenstände lebendig machen – über die Beziehung zur Leblosigkeit eines Menschen kann ich mich im Augenblick nicht auslassen –, dann haben wir zusätzlich viel Material, das wir assimilieren können. Und der andere ist also Carl Rogers mit seiner Feedbacktechnik. Nur, ich benutze für das

Feedback nicht bloß Sätze. Ich gebe das Erlebnis zurück und bringe die Leute dazu, sich gegenseitig zuzuhören. Es gibt keine andere Wahl. Zuhören oder kämpfen. Wenn die UNO zuhören würde anstatt zu kämpfen, hätten wir Frieden. Aber wer hat schon Ohren? Wer hört schon zu?

Polaritäten in der Ehe*

In diesem Film demonstriert Fritz Perls einige Besonderheiten der Gestalttherapie, jener psychotherapeutischen Methode, die er entwickelt hat. Er hat festgestellt, daß jeder von uns gegensätzliche Polaritäten in sich trägt und daß wir häufig keinen Kontakt zu einem der gegensätzlichen Elemente haben. Oft projizieren wir das andere Element in eine andere Person hinein. Weiterhin hat Fritz erkannt, daß wir uns unweigerlich einen Ehepartner aussuchen, der jene Polarität bzw. jenen Teil des Gegensatzpaares repräsentiert, mit dem wir in uns selbst keinen Kontakt haben.

In diesem Film nutzt er die Arbeit mit einem Ehepaar, um zu demonstrieren, wie er für jeden der beiden den Kontakt mit dem jeweils fehlenden Element in ihm selbst bzw. im Partner herstellt. Und aufgrund der Arbeit mit beiden können sie dann die geballte Energie beider Partner benutzen, um bessere Resultate zu erzielen.

MADELEINE: Ich bin aufgewacht. (Sie schnieft.) Als ich noch ganz klein war, . . . habe ich . . . hat es mir nichts ausgemacht. Ich war einfach glücklich, daß ich schwimmen konnte. Darüber, daß ich das Wasser nicht trinken konnte, habe ich mir keine Gedanken gemacht. Aber als ich dann älter wurde, empfand ich immer Groll darüber, daß ich das Wasser nicht trinken konnte.

FRITZ: Gut, so weit zunächst. Hier hast du wieder dasselbe, was wir vorhin mit den Träumen gemacht haben. Keine Interpretation. Du weißt alles selbst. Du weißt weitaus mehr als ich. Interpretationen meinerseits würden dich nur in die Irre führen. Es ist wieder bloß eine Frage des Lernens: die Aufdeckung des wahren Selbst.

MADELEINE: Danke.

* Aquarian Films

BILL: Ähm ... Ich habe da einen Traum.

FRITZ: Ja. – Beweg dich nicht. Was kannst du über deine Körperhaltung jetzt sagen?

BILL: (Pause; mit leiser Stimme.) Ich halte die Hände über meine Genitalien.

FRITZ: Ja. Kannst du das zur Gruppe sagen? Ich halte die Hände über meine Genitalien.

BILL: Ich halte die Hände über meine Genitalien.

FRITZ: Entwickle das einmal weiter.

BILL: Hmm ...

FRITZ: Entwickle das einmal näher. Ich muß dich noch einmal daran erinnern – wir fragen in der Gestalttherapie niemals: Warum? Wir fragen immer: Wie? Wir fragen nach der Struktur, und die beste Methode ist dabei, ins Detail zu gehen.

BILL: Ich schätze, ich erwarte einen Tritt in die Eier. Und wahrscheinlich mache ich Anstalten, mich dagegen ein wenig zu schützen.

FRITZ: Gut. Nimm den leeren Stuhl. Jetzt bist du der Feind. »Bill, ich will dir in die Eier treten.«

BILL: Ähm ... Bill, ich will dir in die Eier treten.

FRITZ: Schreib jetzt das Drehbuch für den »Eiertreter« und den anderen.

BILL: (Er seufzt.) Was hast du gegen mich? Ich meine, warum bist du so feindselig?

BILL: (Er hat die Plätze getauscht.) Weil du ein ziemlicher Arsch bist, Bill. Deshalb. Du willst dich im Grunde gar nicht öffnen, Bill. (Er hat die Plätze getauscht.) Wenn ich mich öffne, habe ich doch keinerlei Schutz dagegen, daß du mir in die Eier trittst, oder?

BILL: (Hat wieder die Plätze getauscht.) Warum läßt du es nicht einmal drauf ankommen! Geht das nicht?

FRITZ: Setz dich jetzt wieder hin und schau dich um. Ich habe dir ja gesagt, daß jeder Gesichtsausdruck, alle Verrücktheiten und Hemmungen irrationale Phantasietätigkeit sind. Wir wollen unsere Phantasien einmal überprüfen. Schau dich um. Wer war drauf und dran, dir in die Eier zu treten?

BILL: Von denen, die ich hier sehe, keiner.

FRITZ: Was hast du dann gemacht? Wovor hast du dich geschützt?

BILL: (Lacht.)

FRITZ: Du hast Gespenster gesehen. Du hast dein eigenes Gespenst gesehen. Stell dir jetzt vor, daß du mir in die Eier trittst. Schließ die Augen. Stell dir jetzt vor, du trätest mir in die Eier. Was erlebst du dabei?

BILL: Verletzung.

FRITZ: Du fühlst dich verletzt?

BILL: Ich fühle mich ... ähm ...

FRITZ: Komm, diesen Mist drehst du mir nicht an. Wie soll das angehen: Du fühlst dich verletzt, wenn du mir in die Eier trittst?

BILL: Ich habe das Gefühl, das ist etwas, was ich nicht tun sollte.

FRITZ: Ja.

BILL: Ich stelle mir vor, dich zu treten, stelle mir vor, daß du dich krümmst.

FRITZ: Ja.

BILL: Und ich sehe blaue Flecken oder dergleichen. Ich sehe bloß einen wunderbaren alten Mann, der sich vor Schmerz krümmt.

FRITZ: Spiel jetzt den alten Mann, wie er sich vor Schmerz krümmt. Ich glaube kaum, daß du auf einem Stuhl säßest. Los, spiel es. Komm in Gang mit dem Schmierentheater. Was empfindest du jetzt?

FRITZ: Schau mich jetzt an. Gebe ich etwa das Bild vom alten Mann ab, den du gerade eben getreten hast? Du trittst mich also, trittst mir in deiner Phantasie tausendmal in die Eier. Und ich bin noch immer derselbe. In der Phantasie kannst du jemanden tausendmal umbringen. Das hat Sokrates gesagt. Der Unterschied zwischen einem guten Menschen und dem Bösewicht liegt darin, daß der Gute das, was der Bösewicht wirklich in die Tat umsetzt, in seiner Phantasie tut. Nun ja. Du hast einen Traum?

BILL: Es ist ein ganz kurzer Traum. Aber er kommt in den letzten paar Jahren immer wieder. Ich fliege einfach ... Und ich fühle mich dabei eher so, als würde ich durch die Luft gleiten. Gleiten, wie ein ... wie ein Vogel. Und ich fliege ... wie soll ich sagen ... vielleicht sechs Meter über der Erde, und ich ... ich schwebe, eine Art Über-die-Landschaft-Dahingleiten, und ich folge dabei im Flug den Konturen der Landschaft. Und ich sehe ... (Seufzen.) ... Ich sehe Häuser und sehe Straßen und Kirchen und Kirchturmspitzen, und ich sehe Bäume, und ich ... ich fühle mich eher ... fühle mich sehr gut, wenn ich so dahingleite. Ich fühle mich frei. Und das ist wohl alles, was ich von dem Traum erzählen kann.

FRITZ: Spiel die Landschaft und erzähl uns deine Story, wenn du Bill siehst. Leg dich hin. Sei die Landschaft.

BILL: Und da . . . da fliegt Bill. Er düst mir über den Kopf.

FRITZ: Sprich mit Bill. – »Bill, du bist über meinem Kopf.«

BILL: Hallo, Bill. Du bist ja heute wieder auf deinem Rundflug. Oho. Du scheinst es zu genießen. Du scheinst es zu genießen, wie du über meinem Kopf entlangfliegst. Ich schätze, du fühlst dich ziemlich gut, wenn du da oben bist und auf uns alle herabschauen kannst.

FRITZ: Sag das noch einmal.

BILL: Ich schätze, du fühlst dich verdammt gut, wenn du da oben herumfliegen und auf uns herabschauen kannst, auf uns alle hier unten.

FRITZ: Und – Landschaft, wie geht es dir dabei, wenn du . . . wenn Bill auf dich herabschaut?

BILL: Nun ja, zuerst fühle ich mich . . . Donnerwetter, es ist bestimmt großartig, fliegen zu können, und ich fühle mich etwas unterlegen, und dann merke ich . . . ich stelle fest, daß ich stabil und kompakt bin, und daß auf mir etwas wächst, und . . .

FRITZ: Sag das noch einmal. Das ist jetzt die Mitteilung, auf die es ankommt.

BILL: Auf mir wachsen all die schönen Dinge, und auf einem Gegenstand, der bloß fliegt, wachsen sie nicht.

FRITZ: Okay, tausch die Rollen. (Pause.) Nein, Bill sitzt nicht einfach da, er fliegt. Los, tausch die Rollen.

BILL: Hier oben fühlt man sich sehr frei. Der Wind flüstert in meinen Ohren, nichts, was mich festhalten könnte. Ach, es ist schön. Einfach dahinschweben, gleiten. Die Dinge ziehen an mir vorbei. Aus diesem Blickwinkel betrachtet, sind sie interessant!

FRITZ: Versuche, immer das Wort »du« zu verwenden.

BILL: Du bist interessant von . . . von hier oben. Andererseits bin ich im Grunde von dir nicht wirklich berührt. Ich fliege bloß an dir vorbei.

FRITZ: Okay, da haben wir einen weiteren Schlüsselsatz. Setz dich hin und sag den Satz zu jedem hier im Raum.

BILL: Ich flieg über dich hinweg und an dir vorbei. Und was ich von dir sehe, das sind ein paar flüchtige Schatten. Und ich fliege über dich hinweg, bin schon an dir vorbei und habe dich in Wirklichkeit nie kennengelernt, Mark. Ich komme bloß für ein Weilchen vorbei, und dann bin ich schon wieder weg. Im Grunde kommen wir nie ... uh ... wir kommen in Wirklichkeit nie auf den Punkt.

FRITZ: Kommt die Botschaft bei dir an?

BILL: Mmmh.

FRITZ: Sag es noch einmal zu ihr. (Zu Bills Frau.)

BILL: (Er seufzt.) Ich fliege immer nur vorbei. (Pause; er fängt an zu weinen.) Ich halte nie lange genug an, um es geschehen zu lassen.

FRITZ: Steh auf, sprich mit ihr. Mach es so ...

BILL: Es ist jetzt egal. Ich bin ja hier. Ich ... ich denke, ich bleibe eine Weile hier. und ... uh ... man kann sich genauso frei fühlen, wenn man hier unten sitzt, wie wenn man oben herumfliegt.

FRITZ: Was ist deine Antwort, Ann?

ANN: Ich ... ich habe das Gefühl, es ist nicht so ... du weißt schon ... man ist nicht so frei hier unten wie dort oben.

BILL: Und darüber brauchst du dir nicht den Kopf zu zerbrechen. Du – ich weiß das. Was macht das schon aus?

FRITZ: Können wir etwas ausprobieren, Ann?

ANN: Mmmh.

FRITZ: Du tauschst jetzt die Rollen. Du spielst jetzt ihn, du hebst ab und bist oben, über uns allen. Und du spielst Ann, die noch unten auf dem Boden ist.

BILL: Willst du umherfliegen?

ANN: (Sie lacht. Schniefen.) Ich ... ich fliege wie ein Vogel oben am Himmel. (Sie schnieft.) Ich habe keinerlei Bindungen an den Erdboden. Ich gleite einfach dahin. Ich schaue hinab und ich sehe dich unten auf der Erde. Und ich habe das Gefühl, ich flöge davon. Mein ... im Grunde finde ich es ganz schön ermüdend. Ich muß gleich wieder runterkommen.

FRITZ: Du antwortest jetzt als Ann. Du antwortest als Ann. Du bist jetzt Ann.

BILL: Ich ... ich ach, mir gefällt es, dich dahingleiten zu sehen, Bill. Und ich weiß, daß du es sehr genießt.

FRITZ: Die Engel nennen es die himmlischen Freuden, des Teufels Höllenqualen. Der Mensch nennt es Liebe. Nun, wir haben hier ein gutes Beispiel für das, was immer passiert, wenn die Angelegenheit gut vorangeht. Zum Schluß äußern sich sämtliche Konflikte, alles Trennende, in exakter Polarität. Wir hatten es hier mit der Polarität oben/unten zu tun. Mit beiden Füßen auf der Erde stehen und dem Flug der Phantasie folgen. Diese Spaltung kommt häufig vor. Davor hatten wir die Trennung in topdog und underdog. Über die große Bedeutung der Spaltung zwischen rechts/links haben wir noch nicht gesprochen. Aber man sieht immer wieder, daß die Leute auf Polaritäten stoßen; wir können dann die Zentren dieser Polaritäten aufspüren. Das ist eines der Mittel der Integration.

Die Geburt einer Komponistin*

ILANA: Ich halte Fritz in den Armen und blase ihm Rauch ... ich blase dir Rauch in den Mund, Fritz. Dein Gesicht ist meinem unmittelbar zugewandt, und – und das erscheint in dem Traum wie eine Feststellung, eine Erklärung. Du bist dort, und unsere Münder, unsere Münder sind zusammen, und ich blase dir den Rauch hinein. Direkt anschließend dann eine Ankündigung: Es soll ein Konzert gegeben werden, vor einem Teich; vor dem Teich soll ein großes Konzert stattfinden. Und wir gehen zu dem Konzert, und da ist ein Mädchen, welches das Orchester dirigiert. Sie hat langes Haar und sie sieht aus wie eine der Kellnerinnen aus dem Speiseraum. Und sie dirigiert eine Ouvertüre, und ich sitze dort – Junge, Junge, sie ist so beschissen, und die Ouvertüre ist solch ein ... sie erinnert mich an Kitsch, wenn der Dirigent ... Wir kommen immer wie zwei Geigen und zwei Flöten und ein Cello daher – Iiiiaar – jaulend, du weißt schon, fürchterlich, absolut, und das mit dem Becken ... und ein absurder, lächerlicher Sound. Und sie dirigiert sehr ernsthaft, einfach wie dieser fürchterliche Klang eben. Und ich sitze da, mit einem gekünstelten Grinsen im Gesicht, und sage zu jedem, der in der Nähe ist: »Junge, Junge, ist das beschissen, sie ist so beschissen.« Und ich gehe weg, ich gehe weg, gehe weg von ihrer Dirigiererei und von diesem Sound – ach ja, NBC und CBS nehmen die Sache gerade auf –, und darüber gerate ich noch mehr in

* Media-Psych. Corporation

Rage, und dann kommt meine Cousine zu mir – im Grunde ist sie Franks Cousine –, und sie sagt, sie sagt: »Weißt du, Ilana, ich glaube, ich will dirigieren lernen.« Und ich schaue sie an; und ich hasse sie, weißt du, aber ich sage ihr mit einem breiten Lächeln: »Ach, das ist ganz wunderbar, das muß ja aufregend werden.« Und sie sagt: »Aber mir würde es nicht gefallen, jemanden im Publikum zu haben, der über mich lacht.« Ich sage irgend etwas Verrücktes, wie etwa ... (Pause.)

FRITZ: Was erlebst du jetzt gerade?

ILANA: Als würde ... als würde mir gesagt: »Ich würde niemanden im Publikum haben wollen, der lacht ..., der im Publikum über mich lacht.«

FRITZ: Sag den Satz noch einmal.

ILANA: Ich würde im Publikum niemanden haben wollen, der über mich lacht.

FRITZ: Sag das zur Gruppe.

ILANA: Ich möchte niemanden im Publikum, der über mich lacht. (Pause.) Mein Atem geht sehr sprunghaft und ...

FRITZ: Geh in deinen Körper.

ILANA: Ja, meine Hände sind ... sind ziemlich feucht und klamm, und das widert mich an, weißt du. In dem Zustand kann ich sie nicht leiden. Mein Atem ist ziemlich unruhig und geht bu, bu, bu ... Ich habe mich scheußlich gefühlt.

FRITZ: Geh jetzt zurück zum Traum – zu uns und sag noch einmal diesen Satz »Ich will keinen ...«

ILANA: Ich würde keinen im Publikum haben wollen, der über mich lacht. (Laut!)

FRITZ: Geh zurück in deinen Körper.

ILANA: Etwas besser. Ah. Noch immer unsicher, das Herz schlägt schnell, aber ich fühle mich besser, ich kann tiefere Atemzüge nehmen, sie sind nicht mehr so flach, sind nicht so in der Art ...

FRITZ: Ilana, komm zu den Sätzen zurück.

ILANA: Gab es einen Satz?

FRITZ: Diesen einen Satz.

ILANA: Ich würde keinen im Publikum haben wollen, der über mich lacht. (Pause.)

FRITZ: Angst?

ILANA: Es ist da. Es ist da. Wie ... uff ... wie kannst du es wagen, über mich zu lachen, wenn ich gerade dirigiere?

FRITZ: So, tausch die Plätze und spiel die Person, die lacht.

ILANA: Gut. Sie ist so komisch, sie steht da oben und dirigiert zwei Geigen und vier Handtrommeln, zwanzig Flöten, nicht wahr, und sie glaubt, sie wäre gut, ist dort oben wirklich am Dirigieren, dirigiert ein Orchester, sie ist ... guck, sie macht nicht einmal ... es ist so beschissen, und sie bleibt schlicht und einfach oben und dirigiert. Mein Gott, mich würden sie nicht einmal tot da hochkriegen. Ich hätte wenigstens ein Acht-Mann-Orchester. Herrgott, was'n Scheiß. (Sie tauscht die Plätze.) Gut, dann komm du doch hier hoch und dirigiere, wenn du so verdammt mutig bist. Mich hat es wirklich getroffen, als sie »Frau« sagte, und eine Frau auch dort oben. Das hat mich tatsächlich ... Ich will wirklich keine Leute im Publikum, die mich auslachen. Du blöde Ziege, du hast doch gar keine Ahnung, wie es klingt, und du kritisierst an mir herum. Du sitzt ja da draußen. (Sie tauscht die Plätze.)

Es ist schon in Ordnung – sie steht mit dem Rücken zu mir, und das ist ... ihr wißt ja ... ich kann damit weitermachen, weil sie euch ja ... weil sie jedem erzählt, daß sie ein ... Arschloch ist. Sie kann mich nicht sehen, sie dreht mir den Rücken zu. Wie kann sie nur diesen Sound dirigieren? Außerdem ist sie Kellnerin, sie ist Kellnerin und klettert dort hoch und macht Verrenkungen mit den Armen. Ihr wißt schon.

FRITZ: Gut. Sei jetzt das Orchester.

ILANA: Oh. Mist, alle lachen. Habt ihr Musik hier? (Sie beginnt, aktiv zuwerden und herumzulaufen.)

FRITZ: Nein, nein, nein, nein, nein. Ich will, daß du das Orchester bist.

ILANA: Das Orchester, richtig, das ist nicht das Orchester. Das ist der Achtzig-Mann-Laden, und es sind obendrein ganz schön blasierte Typen. (Alle beginnen zu lachen.) Sie hat ... sie hat ... wie das ...

FRITZ: Ich bin das Orchester.

ILANA: Ich bin das Orchester.

FRITZ: Vier Trommeln.

ILANA: Ja, und man hat mich bloß für dieses dämliche Konzert vor diesem Tümpel hier zusammengebracht, und sie sitzen alle auf dem Rasen dort, es ist alles so lächerlich. Und wir spielen eine Ouvertüre, und ich bin die vier Trommeln und bin zwei Pauken und ... (Sie macht eine Pantomime der Instrumente, und alle lachen.) Zwanzig Flöten spielen links und rechts, und zwei Geigen und ein Cello. Ich mag Cello. Und diese Göre dirigiert, wie wenn sie da drüben die Mahlzeiten serviert, und es ist das dämlichste ...

FRITZ: Sie dirigiert mich ...

ILANA: Ja, o ja, sie dirigiert mich, und es ist der allerdämlichste Sound. Ach, ich habe diese zirka zwölf Klarinetten ganz vergessen. (Sie beginnt, den Orchesterklang mit der Stimme nachzuahmen, viel Gelächter in der Gruppe.) Quietsch, quaak, kratz usw., es ist fürchterlich, ich bin fürchterlich und ich bin ein fürchterlicher Sound. Und dem Ganzen hören auch noch Leute zu. Alle nicken. Ich halte sie alle zum Narren. Ich bin so beschissen, und die denken alle, ich wäre ganz großartig, dabei bin ich so beschissen. Mein Gott, wie die Leute übers Ohr gehauen werden! Ich bin so ein Sch ... dreck. Ja. (Pause.) Es war ein gutes Gefühl, das zu machen, wirklich gut. (Pause.) Und so renne ich vor meiner Cousine weg.

FRITZ: Warte mal. Laß uns mit dem hier weitermachen.

ILANA: In Ordnung. Ich sehe alles ganz deutlich. Nicht zu nah dran, aber so, wie die Leute neben mir. Ich schaue euch an. Ich sehe euch ganz deutlich, aber ich schaue euch an. Ich bin nicht dort, wie das Publikum, ihr seid dort. Ich bin hier. (Sie verändert den Tonfall.) Ach, ist das nicht schön, es ist einfach erstklassig.

FRITZ: Für sie heißt das: Ich fühle mich einfach großartig, und das Orchester ...

ILANA: Ach, du bist einfach wunderbar, erstklassig. Das Beste, was ich seit Monaten zu hören bekam. Das ist wirklich ... es ist wirklich ... das ist wirklich Musik! Was für ein Orchester! Du bist wirklich eine besondere Nummer. Echt ausbalanciert. Sehr stark bei den Bläsern. Und es ist nicht einmal zu schmalzig, weißt du. Die Streicher neigen ja dazu, die Sache zu sentimental anzugehen, aber ihr habt wirklich einen neuen Sound auf die Beine gestellt.

FRITZ: Sag das noch einmal.

ILANA: Ihr habt einen neuen Sound drauf.

FRITZ: Noch einmal.

ILANA: Ihr habt einen neuen Sound drauf.

FRITZ: Gut. Komm jetzt zurück und schreib ein Stück für dieses Orchester.

ILANA: Ein Stück für das Orchester schreiben?

FRITZ: Ja. Das ist deine Hausaufgabe. Aber ohne es ins Lächerliche zu ziehen.

ILANA: Okay.

FRITZ: Hast du irgendeine Idee, was dich jetzt aus der Fassung bringt?

ILANA: (Lange Pause.) Ich habe Gefühle, ich habe Gefühle, weißt du, ich habe Ideen. Ich würde viele Schlaginstrumente einsetzen, weil ich ja vier Trommeln und zwei Becken habe; und ich würde die Flöten einsetzen, weil ich so viele Flöten habe. (Sie singt eine Melodie.) Wie Dudelsäcke, die ganze Zeit. (Sie singt.) Und ich hätte eine Flötengruppe, die sich wie ein Gewebe darum legt, darumgewebt wie ein Obligato, weißt du, ein Baß, ein Generalbaß marschiert vorwärts, und die Trommeln, vier von den Trommeln könnten so gehen ... (Sie singt eine Melodie.) Ich habe zwei Geigen. Ich werde nur eine einsetzen. Verzeih mir, Abe, ich ... im Traum höre ich ... im Traum habe ich diese Melodie gehört. (Sie singt.) Nein, das ist nicht das Cello, ich ... (Sie singt die Melodie und beginnt zu weinen.)

Behandlung mit Gestalttherapie

Schrankenlose Gier*

DIANNE: (Sie sitzt auf dem Stuhl neben Dr. Perls.) Meine Füße stehen auf dem Boden, mein Rücken ist gegen das Polster gelehnt, und mit den Armen halte ich mich hinten fest. Und du, dein strahlendes Gesicht. Und deine Zehen, und das Silber (Dr. Perls' Halskette), das glänzt.

FRITZ: Kannst du anstatt »und, und, und ...«, anstelle dieses Mischmaschs, nach jedem Satz sagen: »Punkt«? (im Amerikanischen: »period«, was auch »Periode« bedeutet, d. Ü.)

DIANNE: Ich nehme das Blau deines Hemdes wahr – Punkt. Ich nehme die Locke wahr – Punkt, und das Mikrophon – Punkt.

* Media-Psych. Corporation

FRITZ: Tu' mir einen Gefallen: Halte dich jetzt an den simplen Satz »Jetzt entdecke ich . . .« Vielleicht beginnst du dann doch noch Entdeckungen zu machen, aber zuerst wollen wir uns an den Satz halten.

DIANNE: Jetzt entdecke ich mein Bein. Jetzt entdecke ich meine Arme – Punkt. Jetzt entdecke ich den Lärm – Punkt. Jetzt entdecke ich das Pochen meines Herzens – Punkt. Jetzt entdecke ich meine Ellenbogen. Jetzt entdecke ich deine Hand (Sie hebt die Stimme.) – Punkt. Jetzt entdecke ich meine Stimme – Punkt.

FRITZ: Du hast sie wiederentdeckt.

DIANNE: Jetzt entdecke ich mein Unbehagen – Punkt. Jetzt entdecke ich die Ameise – Punkt. (Lachen.) Den Schatten – Punkt. Den Glanz deines Kopfes – Punkt.

FRITZ: Wie kommt es, daß es immer so lange dauert, bis du deine Periode kriegst? (Die Gruppe lacht.)

DIANNE: Die Pille. Empfängnisverhütung.

FRITZ: Schau mal, du sprichst das Wort »Punkt« aus. Du wartest ein Weilchen und dann hängst du das Wörtchen tatsächlich pflichtbewußt an, aber trotzdem ist der Satz noch keine vollständige Aussage. Er ist noch keine *Gestalt*. Er ist noch immer offen.

DIANNE: Jetzt endecke ich deinen Mund, Punkt.

FRITZ: Diesmal ist die Trauer deiner Aussage in das Wort »Punkt« geflossen.

DIANNE: Jetzt entdecke ich, wie du dir die Nase putzt – Punkt. Und ein Lächeln – Punkt. Und diesen Seitenblick – Punkt. (Sie lacht.) Und meine Füße – Punkt. Meinen Zeh und meine anderen Zehen. Zigarette – Punkt.

FRITZ: Ich fürchte, ich muß eine Interpretation geben. Es ist so, als könntest du es nicht leiden, deinen Mund leer zu haben. Er muß ständig gefüllt sein.

DIANNE: Das ist wahr. (Sie lacht.) Aber womit? Jetzt entdecke ich mein weißes Bein. (Sie seufzt.) Ich entdecke mein Seufzen, meine Konfusion – Punkt. Jetzt entdecke ich, daß ich mich fühle, als versteckte ich mich.

FRITZ: Okay. Unterscheide jetzt danach, ob *du* etwas entdeckst oder ob irgend etwas *dich* entdeckt – dich überrascht.

DIANNE: Zwischen etwas, das mich entdeckt, und meiner eigenen Entdeckung. (Sie seufzt.) Jetzt entdecke ich Dick – Punkt. (Dick ist der Kameramann, der den Film dreht.)

FRITZ: Sag das noch einmal.

DIANNE: Jetzt entdecke ich Dick – Punkt.

FRITZ: Noch einmal.

DIANNE: (Mit wachsender Ängstlichkeit.) Jetzt entdecke ich Dick – Punkt.

FRITZ: Noch einmal.

DIANNE: Jetzt entdecke ich Dick – Punkt. (Sie beginnt zu weinen.) Jetzt entdecke ich Dick – Punkt.

FRITZ: Gut. Was erlebst du jetzt?

DIANNE: (Sie seufzt.) Eine Aufwallung von Gefühlen, dann das Abbrechen und dann den Verlust des Jetzt, und dann das Beurteilen.

FRITZ: Okay. Schließ jetzt die Augen. Du sagtest, du hättest Dick entdeckt. Kannst du mir erzählen, was du entdeckt hast?

DIANNE: Sein weißes Hemd, und wie er mich angeschaut hat. (Sie weint.) Und mein Bedürfnis, mein Bedürfnis nach Kontakt. (Sie seufzt, weint.) Ich entdecke, wie sehr ich meine Gefühle zurückhalte. Jetzt entdecke ich, daß ich über mein Weinen urteile. Ich bewerte, ob es echt ist oder nicht.

FRITZ: Komm zu Dick zurück.

DIANNE: (Heftiges Atmen, Weinen.)

FRITZ: Schließ die Augen und geh wieder weg.

DIANNE: Ich entdecke meinen Atem. Mein Mund ist trocken. Daß mein Mund leer ist. (Sie lacht, und ihr Lachen geht in ein Schluchzen über.) Mein Mund ist leer. Ich spüre das Bedürfnis, meinen Mund zu füllen.

FRITZ: Okay. Öffne die Augen. Mach die Augen auf. Friß Dick auf, schluck ihn runter.

DIANNE: (Sie schluchzt auf, und ihr Weinen wird zu einem Lachen.)

Stotterer-Therapie*

FRITZ: Dein Vorname ist . . .?

FRED: Fred.

FRITZ: Fred?

FRED: Ja, Fred Vaughn.

---

* Media-Psych. Corporation

Fritz: Was nimmst du gerade wahr?

Dick: Willst du auf dem anderen Stuhl sitzen, damit dich die Kamera ins Bild bekommt? (Dick verläßt seinen Platz und nimmt auf einem anderen Stuhl Platz.)

Fritz: Was erlebst du, Fred?

Fred: Jetzt gerade?

Fritz: Ja.

Fred: Das ganze ... Wie ... Es ist ein Gefühl, wie ... wie wenn es in meinen Armen und im Brustkorb pulsieren würde. Und ich fühle mich, als wäre ich außer Atem.

Fritz: Schließ die Augen. Und zieh dich in dich selbst zurück. Nimm Kontakt auf mit all deinen Symptomen. So ... Was erlebst du?

Fred: Ich spüre, wie ich wirklich heftig atme. Obwohl ich nicht weiß, wieso. Mein Atem ist etwas ruckartig. Ich fühle es noch immer durch die ganze Brust und durch die Stirn pulsieren. Das scheint sich etwas zu legen, wenn ich rede.

Fritz: Wenn du Aufmerksamkeit und Wahrnehmung zur Integration bringen kannst, wirst du sehen, was passiert. Richte deine volle Aufmerksamkeit einfach auf das, was du wahrnimmst. Komm in Kontakt mit deinem Erleben.

Fred: Alles, was ich zunächst wahrgenommen habe, scheint dann abzusterben. Ich ... ich kann meinen Herzschlag kaum noch spüren.

Fritz: Ich will, daß du dein Lampenfieber überwindest. Wir wollen uns einmal unser Publikum anschauen. Wie erlebst du dein Publikum?

Fred: Überwiegend Gesichter, ein Haufen Farbe, sprachlos, still.

Fritz: Komm nun zu deinen anderen Erfahrungen zurück.

Fred: Nun, ich ... ich f. . .fühle, wie mein Herz anfängt, sch ... sch ... sch ... schneller zu schlagen.

Fritz: Okay. Zieh dich in dich selbst zurück und wende dich deinen Symptomen zu. (Pause.) Bitte verändere jetzt nicht, was du gerade mit deiner rechten Hand machst. Beschreibe, was du mit der rechten Hand tust.

Fred: Ich nehme meinen Daumen und reibe ihn mit der Spitze des Zeigefingers der linken Hand.

Fritz: Kannst du die rechte Hand mit der linken sprechen lassen? Gib ihr etwas, was sie sagen kann. Erfinde einen Dialog zwischen der rechten und der linken Hand.

FRED: (Stotternd.) Die linke Hand reibt den Handballen, die Fingerspitzen der rechten Hand.

FRITZ: Spiele die rechte Hand: »Ich reibe ...«

FRED: Ach,ich verstehe.

FRITZ: ... deinen Ballen.

FRED: (Stotternd.) Ich reibe deinen Ballen, damit er sich besser anfühlt. Er fühlt sich nicht besser an.

FRITZ: Ich habe gemerkt, daß du stotterst. Könntest du das Stottern übertreiben?

FRED: T-t-t-t-t-t-t-t-t-t-t-t-t-t-t, d-d-d-d-d-d-d-d-d-do.

FRITZ: Was spürst du in der Kehle? Was spürst du in der Kehle?

FRED: Ach, ein Abblocken, ein Vollsein, das bis hoch in die Gaumengegend reicht. Jetzt gerade spüre ich, wie sich das richtig verhärtet.

FRITZ: Wir wollen sehen, ob wir eine Abkürzung nehmen können. Kommst du mal zu mir? Nimm meinen Arm und fang an, meinen Arm mit beiden Händen zu würgen, als wäre es dein Hals.

FRED: Würgen, als wäre es mein Hals.

FRITZ: Ja, und sage dabei zu mir: »Ich würge dich, bis du krepierst.«

FRED: Ich würge dich, bis du krepierst und nicht mehr sprechen kannst.

FRITZ: Los, weiter.

FRED: Ich quetsche ihn und drücke so fest zu, daß du keine Luft mehr kriegst. Dann kannst du überhaupt nichts mehr machen.

FRITZ: Was war mit deinem Stottern?

FRED: Ich habe nicht daran gedacht.

FRITZ: Genau. Weil du nämlich mich umgebracht hast statt dich selbst. Sag das zu dir selbst: »Fred, ich drücke dir so die Kehle zu, daß du nichts mehr sagen kannst.«

FRED: Fred, ich drücke dir derart die Kehle zu, daß du nichts mehr sagen kannst.

FRITZ: Noch einmal.

FRED: Fred, ich drücke dir derart die Kehle zu, daß du nichts mehr sagen kannst.

FRITZ: Leg alles hinein.

FRED: Fred, ich drücke dir derart die Kehle zu, daß du nichts mehr sagen kannst. (Er brüllt.)

FRITZ: Noch einmal.

FRED: Fred, ich drücke dir derart die Kehle zu, daß du nichts mehr sagen kannst, du Dreckschwein. (Er brüllt.)
FRITZ: Leg jetzt dein ganzes Selbst, pack deine ganze Wut hinein.
FRED: Fred, ich drücke dir derart die Kehle zu, daß du nichts mehr sagen kannst. (Er brüllt noch lauter.)
FRITZ: Okay, danke. So wirst du dein Stottern los. So mußt du es machen.
FRED: Wütend werden?
FRITZ: Ist hier unter den Zuhörern jemand, den du strangulieren willst?

Tovas Trauer

TOVA: Ich bin im Haus meiner Eltern, wo ich bis zu meinem Auszug gelebt habe. Mein Papa und sie, sie stehen beide auf dem kleinen Balkon, der zu meinem Zimmer gehörte. Ich bin im Zimmer und schaue ihnen zu, wie sie dort stehen, ans Geländer gelehnt, und sich unterhalten oder spielen. Ganz plötzlich macht mein Papa eine unerwartete Bewegung und stürzt über das Geländer. Und in diesem Moment wache ich auf, sehr erregt und voller Sorge. Nach dem Aufwachen hat es ein paar Minuten gedauert, bis ich mich beruhigte. Das ist der ganze Traum.
FRITZ: Was hast du gegen David?
TOVA: Meinen Papa?
FRITZ: Ja.
TOVA: Was ich gegen meinen Papa habe?
FRITZ: Du mußt jetzt umschalten, von Anfang an.
TOVA: Was habe ich gegen dich? Ich habe dich sehr lieb.
FRITZ: Ich glaube es dir.
TOVA: Du bist sehr liebenswürdig und charmant. Was habe ich also gegen dich? (Sie tauscht die Plätze.) Im Augenblick hast du nichts gegen mich. Wann tue ich dir weh? Manchmal dann, wenn ich . . . wenn ich . . . wenn ich nicht das tun will, was du mir vorschreibst. Und auch, wenn es nicht besonders wichtig zu sein scheint, dann wirst du ganz verrückt und jagst mir Angst ein. Ich sehe deinen verängstigten Gesichtsausdruck, und ich kann nichts dagegen tun. Falls . . .
FRITZ: Halt . . .
TOVA: Es ist . . .

FRITZ: Laß uns . . .

TOVA: . . . Es ist . . .

FRITZ: Sag zu dir selbst: »Schau genau hin und kontrolliere alles.« Und dann sag: »Ich kontrolliere alles, und wenn ich jemanden nicht unter meine Fuchtel kriege, werde ich ganz verrückt.«

TOVA: Ich kontrolliere alles, und wenn ich jemanden nicht unter meine Fuchtel bekomme, werde ich ganz rasend. – Es ist noch zu allgemein für mich. Wenn ich . . . wenn ich es mir in den Kopf gesetzt habe, daß du was Bestimmtes tust, dann ist es wichtig für mich, daß etwas geschieht. Ich kann es nicht leiden, wenn du dich weigerst, es zu machen. Ich werde es nicht akzeptieren, und dann werde ich dich schon dahin kriegen, daß du es machst. Und so werde ich ganz rasend deinetwegen, ich werde deinetwegen ganz rasend. (Sie tauscht die Plätze.) Okay, es geht ja für dich in Ordnung, daß du meinetwegen verrückt spielst. Ach, . . . solange ich sage, daß es in Ordnung ist, ist es in Ordnung. Solange ich es akzeptieren kann. Aber es gibt eine Grenze. Falls ich dich nicht mehr akzeptieren kann, wenn du verrückt spielst, werde ich dir schon Bescheid sagen.

FRITZ: Gut. Sei jetzt die Wohnung deiner Eltern.

TOVA: (Sie weint.) Laß mich beim Traum bleiben. (Sie unterbricht das Weinen.) Ich will nicht. Ich will nicht dort sein. Noch immer vollgepfropft mit Sachen, die ich nicht vergessen kann.

FRITZ: Zum Beispiel?

TOVA: Diese gedrückte Atmosphäre. Meine Mutter ist dort; die Art, wie es dort aussah, die Art, wie es dort aussah, habe ich nie gemocht. Die Möbel dort, und es war trist und eng. Ich sehe noch immer das Zimmer meiner Eltern und meine Mutter. Ich sträube mich dagegen, das Zimmer zu betreten.

FRITZ: Dann sei das Zimmer.

TOVA: Ich bin also dieses Ding, dieses Bücherregal, der runde Tisch und der Spiegel, drei Stühle aus Holz, ein Holzschrank mit Schubladen und den Teilen, an denen die Kleider aufgehängt wurden; eine Couch, aus der man ein Bett machen konnte, und Mutters kleiner Tisch. Ach, so viele Möbel, daß kaum Platz ist, sich zu rühren.

FRITZ: Sag das . . . Ich bin . . .

TOVA: Ich bin vollgestopft, bin völlig zugestellt; in mir ist kaum ein freier Platz. Und die Sachen, die ich in mir habe, sehen nicht gut aus. Es sind alte Möbel, die gar nicht zueinander passen. Jedes einzelne Stück stammt aus einer anderen Zeit. Aber jedes hat eine bestimmte Funktion, alles hat einen ganz bestimmten Zweck. Die Menschen, die in mir wohnen, brauchen jeden dieser Gegenstände, und es ist einfach so, daß nicht viel Platz vorhanden ist, um sie irgendwoanders hinzustellen, mehr Platz ist halt nicht da. Ich habe ein schönes großes Fenster, das große Fenster holt die Straße rein. Wenn man ... wenn man an meinem Fenster steht, kann man tatsächlich mehr auf der Straße sein als drinnen in mir. Du kannst die Leute vorbeigehen sehen, du kannst ... du bekommst frische Luft.

FRITZ: Sei wieder Tova.

TOVA: Die stärkste Erinnerung an meine ... an diesen Raum dort ist meine Mutter, wie sie tot auf der Couch liegt. (Sie weint.)

FRITZ: Geh zu ihr, geh zu ihr hin.

TOVA: Sie sieht schrecklich aus.

FRITZ: Sag zu ihr »du«.

TOVA: Du siehst schrecklich aus, und dieser tumbe Doktor sitzt einfach da rum und tut nichts, und ich ...

FRITZ: Du fühlst dich hilflos?

TOVA: Nein, ich bin nur traurig. Und ich sage zu ihm: »Was muß getan werden?« Und er sagt: »Es ist zu spät.« Und gehe zu dir und drücke dir die Augen zu, ich umarme und küsse dich und sage dir Lebwohl. (Sie schluchzt.) Ich kann mich nur so an dich erinnern. Das ist die einzige Erinnerung, die ich habe. Dein Gesicht kann ich nicht sehen. Ich sehe dich bloß auf der Couch liegen und mich anschauen. (Sie schluchzt.) Und nachdem ich dir Lebewohl gesagt habe, ziehe ich die Bettdecke über dich und schicke den Doktor weg und wimmle alle ab, die gerade bei uns sind. (Sie schluchzt.) Ganz plötzlich, keine Vorwarnung, nichts. Und dann kommt mein Vater herein, und ich gehe zu ihm hin, ich umarme ihn und sage ihm, daß Mutter von uns gegangen ist. (Pause.) Und ich versuche, ihn zu trösten.

FRITZ: Was sagt er?

TOVA: »Du bist so gut.« Er weiß nicht, was er tun soll. Er ist schokkiert. Und um nicht zusammenzuklappen, fängt er an ... Er fängt an, sich um diese ganze Prozedur und um derlei Dinge zu kümmern, und auf diese Weise kann er etwas tun, weil es ja zu spät war, noch irgend etwas zu tun.

FRITZ: Tova, du vertraust mir, nicht wahr?

TOVA: Ja.

FRITZ: Gut. Ich muß dich bitten, die ganze Szene noch einmal zu wiederholen. (Er macht eine Pause.) Sie liegt tot auf der Couch, der Doktor steht einfach da. Geh noch einmal dorthin zurück.

TOVA: (Sie tauscht die Plätze.) Ich gehe in das Zimmer – ich hatte bereits vorher Angst, weil mir auf der Straße zu unserem Haus eine Nachbarin begegnet war und mir gesagt hatte, daß meine Mutter sich nicht wohl fühle, und das brachte mich in Panik, denn wie sollte sie wissen, daß es meiner Mutter nicht gut geht? Mutter fühlt sich häufig unwohl, aber keiner weiß davon. (Pause.) Muß ich da noch einmal reingehen?

FRITZ: Deine Nachbarin hat dir eben gesagt, daß deine Mutter sich nicht wohl fühlt. Was ist, bevor du hineingehst? Was passiert da?

TOVA: Von dem Moment an beginne ich zu laufen. Es war zwei Häuser vor unserem Haus.

FRITZ: Ja.

TOVA: Und ich laufe, so schnell ich kann, weil ich nämlich begreife, daß etwas Schreckliches passiert sein muß, wenn diese Frau Bescheid weiß, daß es meiner Mutter nicht gut geht; man muß nämlich dazu sagen, daß sie nicht mit uns im selben Haus wohnte.

FRITZ: Wie gelangst du durch die Tür?

TOVA: Die Tür ist offen. Ich . . . ich renne ins Haus, öffne die Tür, stürze ins Zimmer . . . und sehe diesen Mann da auf dem Stuhl sitzen, niemand ist bei ihm. Und eine andere Nachbarin sagt zu mir, er sei Arzt, und dann drehe ich mich um und sehe meine Mutter. (Schluchzen.) . . . Ich begreife gleich, daß sie nicht bei Bewußtsein ist, und sie sieht schrecklich aus, und ich wende mich an den Arzt, und ich sage: »Was kann ich tun?« (Schluchzen.) Und er sagt, es sei zu spät. Ich gehe zu ihr (lautes Schluchzen), und ich schließe ihr die Augen und hebe ihren Kiefer an, damit ihr Mund zu ist, und ich . . . habe sie geküßt und umarmt (Schluchzen) und die Decke über sie gelegt. (Heftiges Schluchzen.) Ich rede noch etwas mit dem Doktor. Ich frage ihn, was passiert ist. Und er sagt, als er kam, sei es schon zu spät gewesen. Daß sie schon tot war, als er ankam, und deshalb wußte er nicht, woran sie gestorben war. Er macht mich ganz wahnsinnig. Ich . . . ich kann's nicht . . . ich kann's nicht ertragen. Ich bin ja auch lange nicht an diesem Ort gewesen.

FRITZ: Es tut mir leid, Tova, aber du mußt noch einmal durch.

TOVA: Was für eine Art von Folter ist denn das?

FRITZ: Es wird dir helfen.

TOVA: (Sie schluchzt.) Ich will es nicht immer und immer wieder machen.

FRITZ: Gibt es irgend etwas an ihrem Tod, um dessentwillen du dich quälst?

TOVA: Nicht, daß ich wüßte. Das einzige ist, daß ich mir manchmal vorstelle – ich habe danach Träume, daß sie noch krank war, so daß ich mich um sie kümmern konnte. Aber ich habe diese Träume seit langem nicht mehr gehabt. Es war lediglich unmittelbar, nachdem sie gestorben war. Und ich habe noch immer das Gefühl, daß ich keine Chance hatte, etwas für sie zu tun.

FRITZ: Kannst du das ausprobieren: Sie hat dir keine Chance gegeben?

TOVA: Weil ich so spät aus der Schule komme?

FRITZ: Ja, ohne dir eine Warnung zukommen zu lassen.

TOVA: Aber wir sind ganz plötzlich morgens auf die Straße gegangen, und ich bin meiner Wege gegangen, und zur Mittagessenszeit bin ich wiedergekommen, und da warst du tot. (Pause. Sie fährt flüsternd fort.) Es war solch ein Schock.

FRITZ: Versuche, ob das paßt: »Wie konntest du mir das antun?«

TOVA: Wie konntest du mir das antun? Wie konntest du mir das antun? (Pause.) Ich fühle das Gegenteil, Fritz.

FRITZ: Ja?

TOVA: Ich habe das Gefühl, daß sie mir damit eine Wohltat erwiesen hat, gerade dann zu gehen.

FRITZ: Ach so. Dann sag ihr das.

TOVA: Gott. Es ist schwer, dir das zu sagen. Aber ich habe das Gefühl, es war gut für mich, allein klarzukommen. (Schluchzen.) Seit damals auf eigenen Füßen zu stehen. (Lange Pause.) Damals, als es passierte, wußte ich es nicht, aber jetzt habe ich das Gefühl, daß es mir das Leben leichter gemacht hat. Nun ja. (Lange Pause.) Als Folge davon habe ich von einem Tag auf den anderen mein Leben in die eigenen Hände genommen. Und fing an, die Sachen zu machen, von denen ich das Gefühl hatte, ich sollte sie tun. (Pause.) Und du, wenn du dageblieben wärst, hätte ich die Sachen einfach laufen lassen. Ich hätte keine eigenen Schritte unternommen. Insofern war es gut für mich, daß du gegangen bist, daß du uns verlassen hast. (Pause.) Ich vermisse dich nicht einmal mehr sehr oft. Ich habe jahrelang nicht mehr von dir geträumt. (Im Flüsterton.) Ich fühle mich sehr heiß.

FRITZ: Okay, zieh dich in dich selbst zurück.

TOVA: (Schließt die Augen und atmet tief.)

FRITZ: (Nach einiger Zeit.) Was ist in deinem Bauch los?

TOVA: Ich finde es schwer, mich zu entspannen. Aber langsam entspannt sich doch alles.

FRITZ: Komm zurück zu uns, vor allem zu Shima (Tovas Mann). (Daraufhin weint sie, geht zu ihm, umarmt ihn und kehrt zum heißen Stuhl zurück.)

FRITZ: Was hast du beim Zurückgehen gefühlt?

TOVA: Seltsam – ich bin schon so viele Male hier in diesem Raum gewesen, und gerade jetzt habe ich das Gefühl, es ist wie »ein weiteres Mal«. Aber diesmal war es kein Terror. Sonst war es immer welcher.

FRITZ: Du arbeitest etwas durch.

TOVA: (Sie unterbricht ihn.) Ich habe nicht verstanden, was du sagst.

FRITZ: Ich sagte, wenn du etwas durcharbeitest, »die anderen schockieren«, und »alles wertschätzen, was immer es ist«, glaube ich.

TOVA: Nur, daß ich nichts Neues bei dem empfinde, was gerade passiert. Ich habe nicht entdeckt: »Ich habe mich nie vorher in dieser Weise ausgedrückt.« (Sie lacht.)

FRITZ: Wie wär's damit: »Das Ganze noch einmal«? . . .

TOVA: Fritz, ich vertraue dir, und ich weiß, daß das, was ich jetzt im Moment fühle, nicht das ist, was ich morgen fühlen werde. Und ich vertraue dir, daß es mir morgen besser gehen wird. Ja, das tue ich wirklich. (Lange Pause.)

FRITZ: Noch einmal: Wir müssen viele Male, immer und immer wieder da hindurchgehen; es gibt Einzelheiten, die vergessen, die ausgelassen worden sind. Dann erst haben wir die Aufdeckung der Gestalt, wenn sie in einem entlegenen Teilstück enthalten ist. Aber wir bekommen dann Zugang zu einer weitaus rationaleren Würdigung der Dinge. Doch es gibt noch immer etwas, das mein Wissen bremsen kann, irgendeine Art von Fähigkeit, diesen Prozeß zu kontrollieren.

TOVA: Ich weiß nicht. (Pause.) Doch. Ich glaube, ich weiß Bescheid.

Fritz: Weißt du, du schaust dir das alles noch immer unter dem Aspekt an, wie du dich dabei gefühlt hast. Es berührt dich nicht, du bist obenauf: du willst sehen, wie du es handhabst – anstatt zu sehen, wie es dich zerstört.

Tova: Nun ja, das sehe ich bislang auch noch nicht. Damit habe ich gerade begonnen – so zu sein. Ich verstehe. Ich habe einen ersten flüchtigen Blick darauf geworfen. (Lange Pause.) Mit meinem Vater geht es leicht, wenn ich da hinschaue.

Fritz: Ich gebe dir noch einen Tip. Eine der Manipulationsmethoden, die du hauptsächlich anwendest, ist das Aussitzen . . . Aussitzen. Wenn ich lange genug warte, kommst du vorbei, du kannst dich dann ja äußern.

Echter Kummer und falscher Kummer*

Fritz: Du bist nicht bereit wahrzunehmen, was du ihm antust.

Nancy: Ich bin noch immer stocksauer auf dich.

Fritz: Du gehst wieder zurück.

Nancy: Ich muß das nicht hinnehmen. Ich muß es von keinem der Anwesenden hier hinnehmen.

Fritz: Du brauchst das jetzt nicht zu überprüfen. Gut. Wer noch?

Nancy: Ich hatte vor kurzem zwei Träume, und letztlich haben beide mit meinem Vater zu tun. Einer spielte in unserem Haus, und eine Gruppe von Verwandten ist bei uns zu Besuch, und du, Fritz, kommst auch in dem Traum vor. Gegen Ende haben wir dich über Gestalttherapie ausgefragt, und du sagst zu meinem Vater: »Das ist eine trübe Funzel.« Mein Vater sitzt da. Es handelt sich auch um ein Symbol für Tod. Du kannst mit dem Todessymbol reden; und dann kann ich mich nicht mehr erinnern, was passierte, bis . . . Jedenfalls sagte mein Vater etwas in der Art wie: »Ich merke, daß ich da rausgekommen bin, und ich will, daß du meine Stimme wieder aufnimmst.«

Fritz: Du bist die einzige, zu der ich unverschämt war.

Nancy: Danke schön, Fritz.

Fritz: Ich war ein Ekel.

Nancy: Okay, du bist ein bißchen zu langatmig.

---

* Media-Psych. Corporation

NANCY: Warum hältst du nicht die Klappe? (Laut.) Ich glaube, ich befürchte, wenn ich gemein bin, weisen die Leute mich ab, sie mögen mich dann nicht. Weißt du, ich habe mir etwas eingefangen, mir ist elend, ich bin müde, und du sitzt da und kicherst gottverdammt nochmal die ganze Zeit.

FRITZ: Ich liebe dich.

NANCY: Dieser Mann ist ein Scheusal.

FRITZ: Ich fühle mich lebendig.

NANCY: Und du, Neville, siehst aus wie der Teufel, wenn du dir so auf die Lippe beißt. Neville, Neville, the Devil. Und du, Ed, du gehst mir auf die Nerven. Das einzige, was ich sehen kann: es interessiert dich wirklich nicht die Bohne.

FRITZ: Und ich weiß, daß noch mehr da ist.

NANCY: Ich habe Phantasien über sie. Ich projiziere meine ganzen Unzulänglichkeiten auf alle Leute. Du bringst mich dazu, daß ich mir dämlich vorkomme. Du bringst mich dazu, daß ich mich wie ein GLA fühle.

FRITZ: Wenn du kannst, sagt mir doch etwas Nettes.

NANCY: Ich komme mir blöde vor. Ich fühle mich elend. Und du hängst mir zum Hals raus, wenn ich dich jedesmal so gottverdammt gelangweilt rumsitzen sehe, wenn ich hier vorne bin.

FRITZ: Tust du dir leid?

NANCY: Kannst du nicht nett sein?

FRITZ: Wenn du dich entsprechend verhältst.

NANCY: Ich werde mich nicht daneben benehmen. Was meinst du denn, wer ich bin? Ich bin doch keine Marionette.

FRITZ: O doch, das bist du.

NANCY: Ja, verdammt, das bin ich, jedenfalls die meiste Zeit. (Sie lacht.)

FRITZ: Rede. Sei du selbst.

NANCY: Kannst du nicht nett sein? Wenn du auf mich zukommst, bin ich nicht mehr gemein. Was denkst du eigentlich, wer ich bin? Ich bin doch keine Puppe.

FRITZ: Doch, du bist eine.

NANCY: Verdammt! Gut, ich bin eine.

FRITZ: Sei eine garstige Puppe.

NANCY: Ich bin zu niemandem garstig. Wir sitzen hier alle zusammen.

FRITZ: Du hast es mir gesagt. Daß du außerdem eine Dilettantin bist.

NANCY: Darüber war ich stocksauer.
FRITZ: Dilettantin?
NANCY: Was mich wirklich auf die Palme gebracht hat: Als ihr beide über geistige Tradition gesprochen habt, wart ihr ausschließlich an den Dollars und Cents interessiert.
FRITZ: Und das in Israel.
NANCY: Was ist, wenn . . . ach, scheißegal, was sie sagen.
FRITZ: Was . . . was . . . (Sehr laut.)
NANCY: Gut, das ist auch in Ordnung. In Istanbul, auf der ganzen Welt, Fritz. Die Vereinigten Staaten sind für dich nicht groß genug.
FRITZ: Nein, sie sind's nicht.
NANCY: Das ist nicht gemein. Natürlich bist du eine angehende jüdische Mutter.
FRITZ: Ich bin mehr als das.
NANCY: Die Vereinigten Staaten sind dir nicht gut genug. In deiner Umgebung waren bloß Quatschköpfe (yenta). Du bist selbst nichts anderes als ein yenta, ein Klatschweib.
Auweia, Fritz. Wenn dich jetzt deine Mutter sähe. Du bist der Arzt, den ich gerne als Sohn haben wollte, mein Therapeut. Der Arzt, den ich zum Sohn haben wollte. Bist größer als Ford. Jetzt fühle ich mich kopflastig.
FRITZ: Mach es jetzt mit deinem Vater.
NANCY: Ich würde lieber meine Mutter spielen.
FRITZ: Nein, nein, den Vater, mach deinen Vater. (Bis hierher hatte Nancy gelacht und Witze gerissen, war allerdings zuweilen sehr wütend. An diesem Punkt bricht sie in schrilles Schreien und unkontrolliertes Schluchzen aus).
NANCY: Ach, Vati, warum kannst du nicht erwachsen werden? Du bist jetzt sechsundvierzig und noch nicht erwachsen. Kannst du Mutter denn überhaupt nichts entgegensetzen? Ich möchte, daß du ein Mann bist.
FRITZ: Sag das noch einmal.
NANCY: Ich möchte, daß du ein Mann bist, Vati. Aber du bist es nicht. Du bist keiner. Bitte, sei ein Mann. Du bist schon tot, du kannst keiner mehr sein. Du bist wie ein hart schuftender Packesel. Du hast dein ganzes Leben geschuftet, um uns etwas bieten zu können. Du bist nicht stark. Du bist nicht stark. Ich möchte, daß du erwachsen wirst. Ich wollte immer, daß du mich

beschützt, dazu warst du aber nie in der Lage. (Sie schluchzt.) Du warst niemals richtig greifbar. Du hast immer gearbeitet und hast für uns Sachen angeschafft. Ich weiß, daß du mich geliebt hast, aber das war nicht genug. Du warst so schwach. Du konntest Mutter nicht Paroli bieten. (Sie weint.) Vati, ich wollte, du wärst hier. Ich will nicht, daß du tot bist. Du kommst nicht wieder. Mein ganzes Leben lang wollte ich dich stark sehen. Aber du hast nur dabeigestanden. Die meiste Zeit wußtest du nicht einmal, daß ich da war. Du hast allem gegenüber die Augen verschlossen. Verantwortung wolltest du nicht übernehmen. Du verbringst die Zeit damit, Geld heranzuschaffen. Du bist sanft, aber das war Schwäche. Du bist nie aus der Haut gefahren, hast dich nie behauptet.

FRITZ: Kannst du sagen, daß er dich nie vor Mutter in Schutz genommen hat?

NANCY: Du hast mich nie vor Mutter in Schutz genommen. Du hast nie gewußt, was abläuft. Du warst so blind. Du wolltest glauben, alles wäre in Ordnung, aber du hast es mir nicht einmal abgenommen, wenn ich dir erzählte, was sie mir angetan hat. Aber sie hat es getan. Auch als ich dir gesagt habe, was sie getan hat. Du hast einfach gesagt, sie kann das nicht gemacht haben, aber sie hat es getan. Sie hat mich einmal sogar gewürgt, und du hast es mir nicht geglaubt. Du warst so verdammt blind. Nun ja, ich war nicht so glücklich, wie du denkst. Jetzt ist es zu spät. Du bist tot, du bist gegangen. Ich möchte dich zurückhaben. Aber es war nicht alles schlecht. Zeitweise hast du die Führung übernommen.

FRITZ: Okay, das genügt. Komm zu uns zurück.

NANCY: (Sie versucht, sich zu beruhigen, beginnt dann aber beinahe wieder zu weinen.)

FRITZ: Geh zu deinem Vater zurück.

NANCY: Ach, Vati, immer wieder sehe ich dich neben dem Rabbi stehen, als ich aus der Schule kam. Du hattest den ganzen Tag auf mich gewartet. Ich sagte dir, daß ich dich liebe, ja ich liebe dich. Ich habe dich wirklich lieb, Vati. (Sie schluchzt.) Ich liebe dich, ich liebe dich, Vati. Ich liebe dich. Ich liebe dich. Ich möchte, daß du es mir glaubst. Ich habe nie gespürt, daß du es mir geglaubt hast. Aber es stimmt. Ich habe dich wirklich lieb.

FRITZ: Jetzt glaube ich es dir.

NANCY: Es stimmt. Ich liebe dich. (Sie beruhigt sich und beginnt tief zu atmen.)

FRITZ: Geh in deinen Atem. Bleibe bei deinem Atem.

NANCY: (Sie atmet tief.) Ahh. Ahh. Ich fühle mich frei.

FRITZ: (Er reicht ihr ein Papiertaschentuch.) Sag es uns.

NANCY: Ich fühle mich frei. (Sie schaut auf.) Ich spüre meinen Atem bis hier unten.

Das Mini-Satori*

FRITZ: (Seine Stimme ist dem Film als Kommentar unterlegt.) Im Zen heißt das Ziel Erleuchtung bzw. Satori. Es bedeutet das Erwachen aus der Trance des Maya, aus der Nichtwirklichkeit unseres Denkens. Normalerweise ist uns nicht bewußt, daß wir vollkommen und auf Ewigkeit in einem Trancezustand leben, meist in verbaler Trance, in Vorurteilen, Hemmungen und dergleichen. Wenn wir aus dieser Trance erwachen, nennen wir das in der Therapie die kleine Entdeckung, ein Mini-Satori. Das große Satori, das endgültige Aufwachen, die letzte Erleuchtung, ist sehr selten. Aber wir stoßen ziemlich oft auf einen Patienten, der ein Mini-Satori hat, er wacht auf und rutscht in eine mildere Form der Trance zurück. Hier, im nachfolgenden kurzen Film, haben wir ein vorzügliches kleines Beispiel einer tiefen Trance, einer Art Entpersönlichung, aus der sich eine Art Erwachen aus der Trance zum klaren Blick auf die Welt ergibt, strahlend und lebendig.

(Muriel, eine Frau in den Mittdreißigern, ist Teilnehmerin an einem einmonatigen Workshop im Esalen Institut in Big Sur. Vor dieser Sitzung hatte sie wiederholt mit Dr. Perls gearbeitet. Diesmal ging sie ruhig zum heißen Stuhl, betrachtete jedes Mitglied der Gruppe und nahm Platz. Der Gruppenraum wurde extrem ruhig und war ganz frei von den üblichen kleinen Geräuschen, wie sie entstehen, wenn man Papier, Aschenbecher und dergleichen bewegt. Es hatte den Anschein, als sei etwas Übernatürliches unmittelbar präsent.)

MURIEL: Ich möchte euch um mich haben, damit ich bei euch sein

* Media-Psych. Corporation

kann und mich auf den heißen Stuhl setzen kann, wenn ich gerade genug Courage aufbringe, und auf diese Weise kannst du jeden kurieren. – Ich fühle mich nur benommen, starr.

FRITZ: Geh in die Starre hinein. (Er berührt ihre Hand.)

MURIEL: Das hat sie gleich schwächer gemacht. Sie ist einfach sehr, sehr stark – besonders in meinem Gesicht –, wie irgend ein zähes, dickes Zeug, das an mir klebt, um mein Gesicht herum. Und jetzt weitet es sich aus. Ah. Ich bin nicht mehr benommen.

FRITZ: Was jetzt kommt, ist ein Experiment. Ich habe keine Ahnung, ob wir auf der richtigen Fährte sind oder nicht. Würdest du zu deiner Jugend Lebewohl sagen?

MURIEL: Ich habe jetzt gerde das Gefühl, ich sei mittendrin. Ich sehe mich gerade als ungefähr Achtjährige.

FRITZ: Kannst du dem achtjährigen Mädchen Lebewohl sagen?

MURIEL: Gehst du wirklich? Ja, sie sagt ja, und sie dreht sich um und geht weg. Sie löst sich auf, genau unter Steves Socken dort.

FRITZ: Geh zum Spiegel zurück. Kannst du zu der Person dort Lebewohl sagen?

MURIEL: Ich kenne diese Person nicht.

FRITZ: Sprich zu ihr. Ist sie ein Mann oder eine Frau?

MURIEL: Eine Frau, ich bin's!

FRITZ: Nun, zunächst muß du dich mit ihr bekannt machen.

MURIEL: Ich tue es nicht in Wirklichkeit, oder?

FRITZ: Doch.

MURIEL: Nun, sie ist einfach dort im Spiegel.

FRITZ: Sprich mit ihr.

MURIEL: Wer bist du? Ich habe dich nie vorher gesehen. Ich erkenne dich nicht. Ich habe nicht das Gefühl . . . Ich habe nicht das Gefühl, dich zu kennen . . . Ich habe dich vorher nie gesehen. Normalerweise sehen deine Augen nicht so aus.

FRITZ: Wie sehen ihre Augen jetzt gerade aus?

MURIEL: Nun, sie sind braun, es sind meine Augen. Sie sind braun und sie sind geöffnet. Und in beiden ist ein kleines Funkeln zu sehen, das ungefähr ein Zwanzigstel so groß ist wie das, was ich normalerweise im Spiegel sehe, und in beiden ist so etwas wie ein blinder Fleck . . . so ungefähr.

FRITZ: Tausch jetzt die Plätze. (Muriel begibt sich auf einen ihr direkt gegenüberstehenden Stuhl und schaut auf den heißen Stuhl.)

MURIEL: Dort. Sie sagt nichts. Sie schaut nur, und ihr Ausdruck ändert sich nicht.

FRITZ: Gib ihr eine Stimme.

MURIEL: Okay.

FRITZ: Ich glaube es nicht, dieses »Ich sage kein Wort«.

MURIEL: Okay, okay, ich sage gar nichts. Ich bin einfach ... ich bin hier und halte Ausschau nach dir ... Ausschau nach dir halte ich, und ich spüre keinerlei Leben in mir. Und ... und ... und diese zwei kleinen Flecken, die du in meinen Augen siehst – das ist bloß das Licht draußen, das kommt nicht von mir. (Sie begibt sich zurück zum heißen Stuhl) Wo kommst du her? Du weißt, so bin ich nicht, und ... und du bist meine Reflexion im Spiegel. Also ...

FRITZ: Sag das noch einmal, dieses »So bin ich nicht«.

MURIEL: So bin ich nicht.

FRITZ: Noch einmal.

MURIEL: So bin ich nicht.

FRITZ: Noch einmal.

MURIEL: So bin ich nicht!

FRITZ: Noch einmal.

MURIEL: Du bist nicht *ich*.

FRITZ: Noch einmal.

MURIEL: So bin ich nicht!

FRITZ: Noch einmal.

MURIEL: Und ich bin's nicht.

FRITZ: Deine Stimme wird echt. Sei also wieder sie.

MURIEL: (Sie begibt sich wieder zum anderen Stuhl.) Wer macht denn die Reflexion dort im Spiegel? Ha, ha, ha, das bist du, Schätzchen. (Sie geht zum heißen Stuhl zurück.) Ich habe für dich keine Antwort parat. Es ist halt so: du bist meine Spiegelung.

FRITZ: Sag das zur Gruppe.

MURIEL: »Es ist halt so: Ihr seid meine Spiegelung?«

FRITZ: Ja.

MURIEL: Es ist halt so: Ihr seid meine Spiegelung. Es ist halt so: Ihr seid meine Spiegelung. Es ist halt so: Ihr seid meine Spiegelung. Es ist halt so: Ihr seid meine Spiegelung. Nun ja.

FRITZ: Was erlebst du jetzt gerade?

MURIEL: Nun – ich habe das Gefühl, als wollte sich mein Oberkörper hin- und herbewegen, und als wäre hier Blut drin.

FRITZ: Bewege ihn, jedenfalls ein wenig. (Muriel fängt an, ihren Oberkörper in einer wiegenden Bewegung hin und her zu schaukeln.) Etwas stärker.

MURIEL: (Sie schwitzt dabei.) Au weia, hier drinnen ist ja Luft. Ich spüre die Luft. Das ist toll. Mensch, wo bin ich eigentlich gewesen?

FRITZ: Wo *bist* du denn gewesen?

MURIEL: Ich weiß es nicht.

FRITZ: Als du zu diesem Stuhl hier kamst, wast du in einem Trancezustand; du warst gar nicht hier.

MURIEL: Verrückt.

FRITZ: Ja, nicht von dieser Welt.

MURIEL: Verrückt.

FRITZ: Kapiert?

MURIEL: Klar. Ich dachte gerade daran, wie Abe gestern abend im Massagekurs die Hypnose gemacht hat.

FRITZ: In die Trance zurück?

MURIEL: Ja, stimmt.

FRITZ: Gut, geh wieder in deine Trance zurück.

MURIEL: Also, jetzt spüre ich diese ganze Bewegung in meinem Kopf, den Nacken hinunter – diese ganze Bewegung.

FRITZ: Es ist so schwierig, zurückzugehen zu versuchen.

MURIEL: Ja . . .

Der Dämon*

FRITZ: Es folgt nun ein sehr interessanter Film aus dem Blickwinkel des Dämonen. Er handelt von der Besessenheit durch jemand anderen. Die Schwierigkeit liegt hier darin, daß der Dämon nicht als ein Teil Nevilles, sondern als Projektion, als Verfolgung auftaucht. Neville hat das Gefühl, von dem Dämon verfolgt zu werden. Wie stets in der Gestalttherapie bringen wir den Patienten dazu, sich mit den verschiedenen Rollen und Projektionen zu identifizieren, damit er sich auf diese Weise zurückholt, was ihm gehört. Es gibt eine Stelle in dem Film, wo ihr vielleicht nicht verstehen werdet, was ich tue. Ich habe plötzlich nach sei-

* Transkription eines Tonbandes – mit freundlicher Genehmigung von John Stevens.

ner Mutter gerufen. Dafür hatte ich meine Gründe. Denn seine gesamte vorangegangene Therapie hatte den Haß gegen seine Mutter zum Mittelpunkt gehabt. Indem wir ihn als Dämonen begreifen, hilft uns das zu verstehen, daß er hier und jetzt die ersten Schritte tun konnte, um mit seiner Mutter ins reine zu kommen.

NEVILLE: (Sitzt neben Dr. Perls und umklammert mit den Armen seinen Stuhl.) Ich ... ich ... ich habe das Gefühl, gewürgt zu werden.

FRITZ: Ja. Sag das jetzt ... »Ich ...« »Ich bin die Hände«.

NEVILLE: Die Hand.

FRITZ: Ich bin die würgende Hand.

NEVILLE: Ich bin die würgende Hand, aber ich hänge an langen Armen. Meine Finger sind lang.

FRITZ: Sprich zur Gruppe.

NEVILLE: Und sie packen mit Krallen zu, ich habe Krallen. Ich werde dich erdrosseln. (Er verliert die Kontrolle über sich und beginnt zu schreien.) Ich erdrossele dich. (Er schreit und beginnt zu schluchzen.) Ich werde dich nicht atmen lassen.

FRITZ: Sag das zu jemand hier: Ich werde dich nicht atmen lassen. Ich lasse dich nicht atmen.

NEVILLE: (Er schaut einen Mann in seiner Nähe an.) Ich lasse dich nicht atmen! (Er schluchzt.) Ich lasse dich nicht atmen, du gottverdammter ...! (Neville attackiert ihn mit den Fäusten).

FRITZ: He, he, he hör auf! (Neville wird zurückgehalten.) Das ist ein ganz anderes Problem.

NEVILLE: (Er weint und schluchzt.)

FRITZ: Schließ deine Augen und geh hinunter zum Tauchbecken (von Esalen, d. Ü.). Ja, ganz allein, und schau auf die Wellen hinaus.

NEVILLE: Ich fühle mich klein und zusammengeschnürt.

FRITZ: Noch nicht, laß ... laß deinen Alptraum noch ein Weilchen warten. Öffne die Augen und schau uns mit deinen Augen an, nicht mit den Augen des Dämon.

NEVILLE: Ich sehe euch alle, aber zwischen uns ist Nebel.

FRITZ: Natürlich, natürlich. Du bist nicht bei uns. Du bist noch immer bei dem Dämon. Na, dann erzähle uns von deinem Dämon.

NEVILLE: Mein Dämon, ich bin der Dämon. Ich ... ich schwebe über Neville ... die ganze Zeit. Ich warte ab, daß du eine Bewegung machst. Ich bin hier um, dich zu stoppen und dir Angst einzujagen. Wenn die Hände ... wenn meine Hände nicht ausreichen, nehme ich noch die Augen dazu. Die helfen mir dann, die Sache zu bewerkstelligen.

FRITZ: In Ordnung. Komm jetzt zu uns zurück und nimm wieder jemanden von uns hier anstelle von Neville, und mach es mit uns.

NEVILLE: June, ich bin dein Dämon. Ich will dich packen und ich will jeden Lufthauch aus dir herausquetschen. Und wenn das passiert, starre ich dich dabei an; ich werde dich anstarren, und du wirst derart Angst haben, daß du nicht mehr weißt, wie dir geschieht. Und das wird die allerschrecklichste Wegstrecke sein, die zu gehen du dir vorstellen kannst. Meine Klauen werden sich in deinen Nacken treiben.

FRITZ: Was fühlst du, wenn du der Dämon bist?

NEVILLE: Wie ein Dämon.

FRITZ: Spürst du irgendwelche Kräfte?

NEVILLE: Meine Hände. Ja, ich fühle Kräfte. Es ist sehr beängstigend.

FRITZ: Sicher. Sag: »Ich bin beängstigend.«

NEVILLE: Ich bin beängstigend; wenn ich meine Kräfte zur Verfügung habe, bin ich beängstigend.

FRITZ: Sag: »Ich mache euch mit meinen Kräften Angst.«

NEVILLE: Ich mache euch mit meinen Kräften Angst.

FRITZ: Wo spürst du deine Kraft? In deinen Händen, in deinen Muskeln, wo noch?

NEVILLE: In meinen Augen.

FRITZ: Augen. Wir wollen's mal probieren. Schließ deine Augen. Wir wollen's mit deiner Mutter ausprobieren.

NEVILLE: Laß uns probieren.

FRITZ: Mit deiner Mutter. Sei ein Dämon ihr gegenüber.

NEVILLE: Ich bin ... ich bin dein Dämon. Ich würde dich gerne packen und dich kaltmachen und dich in tausend Stücke zerreißen. Ich werde dich würgen, bis du tot bist – genauso wie du mich gewürgt hast. (Er schluchzt.) Ich werde dich erwürgen.

FRITZ: Okay. Mach eine Verschnaufpause.

NEVILLE: Ich werde dich erwürgen, du dreckiges Miststück. (Er schluchzt.) Ich krieg' dich.

FRITZ: Nimm besser die Augen.

NEVILLE: Ouuch.

FRITZ: Ich hätte gern, daß du jetzt in eine andere Phantasie überwechselst. Ich möchte, daß du dir eine Brustwarze vorstellst und sie zwischen die Zähne nimmst und sie zerquetschst und zermalmst. In deiner Phantasie, meine ich. Gut, daß sie nicht hier ist. (Er lacht still in sich hinein.) Nur mit den Zähnen. Keine Hände, keine Augen. Bloß die Zähne.

NEVILLE: (Er würgt.) Ouuch.

FRITZ: Zermalme sie.

NEVILLE: Ouuch.

FRITZ: Kräftig zubeißen.

NEVILLE: Ouuch. Ouuch. Ouuch.

FRITZ: Wie schmeckt es?

NEVILLE: Ouuch. Grauenhaft. Ouuch.

FRITZ: Sag es noch einmal.

NEVILLE: Ouuch.

FRITZ: Jetzt sag »Ouuch« zu deiner Mutter.

NEVILLE: Ouuch ... Ouuch ... Ouuch ... Ouuch .... Mir wird übel.

FRITZ: Welche Gefühle rufst du in mir hervor? (Pause.) Welche Gefühle rufst du in mir hervor?

NEVILLE: Jetzt bringst du mich zum Kotzen. Du bringst mich zum Kotzen. Du machst mir speiübel. Du machst mir speiübel.

FRITZ: Das reicht. Schließ wieder die Augen. Jetzt ist deine Mutter in deinem Magen.

NEVILLE: (Er hustet.)

FRITZ: Sie schläft. Hoffst du, daß sie in deinem Magen sitzt?

NEVILLE: Laß sie draußen. (Er hustet. Pause.) Du bist in meinem Magen. Du stehst mir im Weg. Ich will nicht, daß du mein Essen bist. Du stehst mir im Weg. Scher dich hier raus. Zur Hölle, scher dich hier raus. Ouuch. (Pause.) Ich ... ich ... ich ... ich ... kann da jetzt nicht weitermachen. Ich spüre nicht, daß es sich bewegt.

FRITZ: Gut. Gut. Wir wollen jetzt eine vollkommen andere Phantasie spielen. Stell dir vor, du bist deine Mutter, und du bist schwanger mit Neville.

NEVILLE: Ach du grüne Neune!

FRITZ: Er ist ein Monster.

NEVILLE: Jesus Christus – noch eins, und dabei habe ich schon vier.

Um Gottes Willen, wozu brauche ich noch eins mehr. Ich werde versuchen, ihn loszuwerden. Ich will ihn nicht. Es reicht. Lausige, lumpige Kinder; ein fünftes kann ich nicht gebrauchen. Ich werde ihn loswerden. Aber ich werde es nur probieren. Ich will den Weg nicht zu Ende gehen. Ich nehme irgendein Mittel; und wenn's nicht klappt, dann stecke ich halt fest. (Pause.) Oh, Mist. Wozu brauch ich ihn hier denn? Meinen blöden Mann kann ich sowieso nicht leiden. Wozu brauche ich von ihm noch ein Kind? Hat mich dazu verführt. Ouuch. Ouuch. Nein. Ich kann nichts daran machen. Er steckt fest. Ich stecke dadrin fest. (Er macht eine Pause.)

FRITZ: Wie fühlst du dich?

NEVILLE: Ich bin weniger angespannt. Ich bin nicht mehr so völlig verängstigt.

FRITZ: Nein, nein. Das erstaunt mich jetzt. Du bist jetzt raus aus deiner Trance. Schau, in welch starkem Maß du jetzt in Kontakt bist.

NEVILLE: Jane ... ich ... (Er lacht.) Stuart, du ... du schaust direkt durch mich hindurch. Du schaust mich an, Virginia, in deinem Gesicht sehe ich eine Menge Sympathie. Philip, auch in deinem Gesicht sehe ich Sympathie. Jimmy, in deinem Gesicht sehe ich Stolz. Frank ...

FRITZ: Also, ich bin froh, daß wir jetzt die ganze Geschichte kennen; wir wissen jetzt auch, was in der DMZ abläuft. Wir hatten uns vorgenommen, einen Teil deines Inneren auszuschalten: um dir die Kräfte zurückzugeben, die im Dämon gebunden waren.

NEVILLE: Ja. Das will ich. Ganz bestimmt hast du mich verletzt. (Pause.) Nichts wird dich verletzen. (Pause.) Ich spüre, wie mein Herz schlägt.

Die Sackgasse

Engagiertsein in der Langeweile*

FRITZ: Ich hätte jetzt gerne jemanden ohne Träume. (Zu Marty:) Du träumst nicht?

MARTY: Ich träume schon, kann mich aber nicht an die Träume erinnern.

* Media-Psych. Corporation

FRITZ: Gut. Nimm Platz. Und laß eine Begegnung mit deinen Träumen stattfinden. Fang an mit: »Träume, ich erinnere mich nicht an euch!«

MARTY: Träume, ich erinnere mich nicht an euch.

FRITZ: Tausch die Plätze. Du bist jetzt die nicht erinnerten Träume.

MARTY: Nicht erinnerte Träume: warum erinnert ihr euch nicht an mich? Manchmal habe ich das Gefühl, ihr könntet euch an mich erinnern, wenn ihr es ein wenig ernsthafter versuchen würdet, denn träumen tut ihr ja. Ich könnte mich an euch erinnern, wenn ich Papier und Bleistift hätte, um euch aufzuschreiben.

FRITZ: Was blockst du jetzt ab?

MARTY: Ich denke, daß kleine Blitzlichter von Träumen auftauchen, aber ich kann kein Bild daraus formen. Kleine Traumblitzlichter habe ich, kleine Bilder.

FRITZ: Was blockst du jetzt ab? Laß uns einen Vertrag machen. Gestern haben wir mit Auseinandersetzung und Rückzug gearbeitet. Und wenn du dich in einer Situation nicht behaupten kannst, dann schlage ich vor, daß du dich an einen Ort zurückziehst, wo du etwas Unterstützung bekommst. Zieh dich einfach zurück. Dann wird etwas auf der Bühne passieren, wohin du dich zurückgezogen hast. Kannst du auch hin- und herwechseln, wenn du etwas findest und eine Begegnung stattfindet? Versuche, dich an einen Traum zu erinnern. Ich weiß nicht, was du tust. Zieh dich entweder in dich selbst zurück oder geh weg und komm danach auf die Träume zurück. Achte darauf, was dann passiert.

MARTY: Etwas ... Etwas von einem »Safeway« *-Fleischergeschäft, einem Supermarkt ... und ganz urplötzlich verändert es sich, ich kann mich zwar nicht erinnern, in was es sich verändert, aber es ist ein völliger Wechsel. Es ist eine wirklich riesige Veränderung, aber es wird in dem Augenblick nicht registriert, daß eine Veränderung stattfindet. Es ist etwas, das mit einem Fleischerladen, einem Lebensmittelgeschäft nicht das geringste zu tun hat.

FRITZ: Sei der Fleischerladen – das Lebensmittelgeschäft. Wie heißt du?

---

* Lebensmittel-Ladenkette in England und in den USA, d. Ü.

MARTY: Marty.

FRITZ: Marty. So, Marty und der Lebensmittelladen oder Supermarkt – oder um was auch immer es sich handelt – begegnen sich.

MARTY: Ich bin ... ich bin ein »Safeway«-Super-Lebensmittelladen, ein Supermarkt. Ich verkaufe den Leuten die Lebensmittel, die sie möchten. Manchmal regen sie sich auf, weil sie nicht haben, was ich möchte; das was sie möchten, habe ich nicht da.

FRITZ: Sei jetzt die Leute.

MARTY: Was ist denn das hier für ein Laden, nicht mal Lebensmittel hast du da, du hast nicht einmal die Sachen auf Lager, die man einfach auf Lager haben muß.

MARTY: (Er tauscht die Plätze.) Wie kann ich dafür verantwortlich sein? Die Leute kaufen mir von irgendeiner Ware alles weg, und mehr habe ich nicht. (Er tauscht die Plätze.) Ich scheine damit nicht weiterzukommen.

FRITZ: Ich weiß. Ich will ein Beispiel, in dem jemand nicht bereit ist, an einem Traum zu arbeiten. Man findet das sehr häufig – Leute, die dem existentiellen Dilemma nicht ins Auge schauen wollen. In so einem Fall muß man ein wenig Arbeit im Vorfeld erledigen. Tust du mir jetzt einen Gefallen? Entweder du scheißt, oder du nimmst den Arsch vom Pott. Was ist passiert? Ich habe dich um einen Gefallen gebeten.

MARTY: In meinem Kopf herrschte einfach völlige Leere. Mein Kopf war einfach leer. Ich ... ich habe eindeutig den Willen, es zu versuchen, aber ich kann's nicht. – Wenn ich hier sitze und dir von diesem Supermarkt erzähle, vergeude ich bloß deine Zeit; das ist nämlich gar nichts, und ich ... kann einfach nicht; es ist nicht so, daß ich es nicht versuchen wollte. Ich will ja. Es ist bloß so, daß ich damit nicht weiterkomme.

FRITZ: Komm zurück. Also, wenn das kein klarer Fall von ausweichendem Verhalten und Umgehen des Themas ist, dann weiß ich nicht, was es sein soll. So – du hast eben etwas zu mir gesagt. Ich überreiche dir jetzt ein Geschenk. Eine Verkörperung von Fritz. Setz mich in den Stuhl dort und erzähl ihm das, was du eben zu mir gesagt hast.

MARTY: Ich vertue deine Zeit, Fritz.

FRITZ: Spiel Fritz.

MARTY: (Als Fritz.) Ja, das stimmt. Was ist es, das du zu vermeiden suchst? (Er tauscht die Plätze.) Ich habe keine Ahnung. Du sagtest zu mir, ich sollte scheißen oder den Arsch vom Pott hochkriegen. Das hat mir Angst gemacht, Fritz. Dadurch habe ich mich irgendwie noch mehr zurückgezogen (Pause), und je größere Anstalten ich mache, desto größer ist die Leere.

FRITZ: Ja. Wir haben hier ein sehr gutes Beispiel für die Sackgasse. Ihr seht, wie er feststeckt. Das Zukleistern dessen, was geschieht. Macht sich blind; Deckel drauf. Wir hatten diese Sackgasse bereits, ein kleines Stück davon jedenfalls, als wir über Ehen sprachen, nicht wahr? Ich erinnere mich nicht, ob wir sie schon in dieser Gruppe hatten. Hast du das Gefühl, daß du in einer Sackgasse steckst?

MARTY: Ja, habe ich.

FRITZ: Das ist jetzt das Phänomen. Das ist das, was offensichtlich ist. Kannst du uns davon erzählen, wie es ist, wenn man feststeckt?

MARTY: Es ist Frustration. Anspannung ist dabei. Aber es ist noch immer eine Leere. Ich weiß nicht einmal, was ich da angeblich verstecke. Was ich gesagt habe, hat mir keinerlei Aufschlüsse gegeben oder mir irgendeine Vorstellung von etwas gegeben, das für mich Bedeutung haben könnte, oder . . . Ich . . . habe einfach keine Ahnung.

FRITZ: Ja. Bist du dir bewußt, daß es sich bei dem wiederkehrenden Satz um zwanghafte Wiederholung handelt? Du wiederholst den Satz: »Ich habe keine Ahnung.« Laß uns von dort aus arbeiten. Er tauchte das erste Mal auf, als du sagtest: »Was versteckst du gerade?« Du sagtest: »Ich habe keine Ahnung.« Du versteckst »Ich habe keine Ahnung«. Laß uns also von da aus arbeiten. Setz dich wieder auf diesen Stuhl. Und die Person auf dem Stuhl dort sagt zu Marty: »Du solltest aber eine Ahnung davon haben.«

MARTY: Marty, du solltest eine Ahnung davon haben. (Pause.) Ich weiß, ich sollte es wissen. Es macht keinen Sinn. Da ist jetzt sogar noch stärker ein Gefühl von Verwirrung.

FRITZ: Ja. Beschreib diese Erfahrung.

MARTY: Es ist . . . Alles schlägt Purzelbäume.

FRITZ: Ja.

MARTY: Ich versuche, irgend etwas zu fassen zu kriegen, irgendwie –, und ich . . .

FRITZ: Ich habe bemerkt, daß du mit der rechten Hand etwas zu fassen versucht hast. Greife mit der linken Hand
(Pause. – Im Hintergrund klingelt das Telefon.)

MARTY: Ich habe gemerkt, daß ich in dem Moment, als das Telefon klingelte, anfing ... daß ich geradewegs etwas zu fassen gekriegt habe.

FRITZ: Ja. Sprich mit dem Telefon.

MARTY: Telefon, warum klingelst du?

FRITZ: Nun – ich glaube nicht, daß du die Wahrheit sagst. Mein Eindruck war, daß du die Störung dazu benutzt hast, dich von mir zurückziehen zu können, das heißt aus der Situation heraus, hin zum Telefon. Stimmt's? Sprich also mit dem Klingeln des Telefons wie mit deinem Retter.

MARTY: Tele ... Telefonklingeln, ich bin ... (Er hustet.) Ich habe dich dazu benutzt, mich aus einer peinlichen Situation herauszuholen.

FRITZ: Ach! Du fühlst dich verlegen.

MARTY: Nicht ... nicht eigentlich verlegen ... das ergäbe keinen Sinn.

FRITZ: Dann schließ die Augen. Geh jetzt weg von all dem hier, weg aus dieser fürchterlichen Situation hier. (Pause.) Verlier dich einfach irgendwo und komm zurück zu uns. Wo warst du?

MARTY: Ich war angeln.

FRITZ: Ja.

MARTY: An ... (Er seufzt) ... an einer Stelle in den Bergen, in Kalifornien, die ich wirklich sehr mag.

FRITZ: Gut. Schließ die Augen, geh zu der Stelle zurück und erzähl uns, was du dort machst.

MARTY: Ich stehe ... ich stehe oben auf ein paar Felsen, und ich sitze auf einem Felsbrocken mitten im Fluß und sehe das Wasser vorbeifließen (Er hustet.) ... und ich habe Angst, ins Wasser zu fallen. Aber das ergibt genausowenig irgendeinen Sinn, weil ich keine Angst hatte, ins Wasser zu fallen, als ich dort war.

FRITZ: So komm zurück zu uns. Wie erlebst du es, hier zu sein?

MARTY: Die Farben sind leuchtend. Alle schauen mich sehr intensiv an; erwartungsvoll.

FRITZ: Geh jetzt wieder weg. Geh wieder zu deinen Fischen, und ich schlage vor, fall ins Wasser. Achte darauf, was passiert. Hmm? Was geschieht jetzt?

MARTY: Nein, nichts, ich bin bloß ins Wasser gefallen.
FRITZ: Und?
MARTY: Ich bin bloß in ... in einem Teich gelandet. Und bin zum Rand gegangen und herausgestiegen.
FRITZ: Dann komm zurück zu uns. Bist du zu uns zurückgekommen?
MARTY: (Er seufzt.)
FRITZ: Nein. Jetzt schau mich an. Wie erlebst du mich?
MARTY: Als ... als weisen alten Mann mit Bart.
FRITZ: Was hast du an mir auszusetzen?
MARTY: Ich spüre etwas ... etwas Kaltes. Etwas in dir, das ein bißchen kalt ist.
FRITZ: Kannst du mich als den Supermarkt sehen, der dir nicht gibt, was du brauchst?
MARTY: Ja. Irgendwie ja.
FRITZ: So. Sag noch einmal, was du an mir nicht leiden kannst.
MARTY: Ich ... ich kann an dir nicht leiden, daß du manchmal unpersönlich bist oder unpersönlich scheinst.
FRITZ: Und bei jedem Groll gibt es eine Forderung, die dahintersteht. Erzähl mir also, welche Forderung steht hinter deinem Unwillen? Wie sollte ich sein?
MARTY: Es ... mir scheint's nicht fair, dich zu bitten, persönlicher zu sein, weil du ja du bist.
FRITZ: Okay. Nun, hier geht es halt nicht fair zu. Setz den idealen Fritz dorthin und spiel ihn so, wie er sein sollte. Laß den idealen Fritz mit Marty reden. (Er hustet.) Nein. Sei dieser Fritz und gib dem Marty alles, was er sich wünscht.
MARTY: Hallo, Marty. Es freut mich, dich hier zu treffen.
FRITZ: In Ordnung. Mach das mit jedem Gruppenmitglied. Spiel den Fritz. Sei Fritz. Mit jedem Gruppenmitglied. Steh auf und gehe herum.
MARTY: Hallo, ... Uh ... nun ... (Er seufzt.)
FRITZ: Ja. Ja. Ja.
MARTY: Es scheint ... es scheint einfach so verdammt blöd. Ich ... ich ... ich ... es wäre wie ein Tonbandgerät. Hallo, hallo, hallo, hallo.
FRITZ: Spiel das Tonbandgerät. Hallo, hallo, hallo. Spiel es, mach es, mach daraus eine Karikatur oder eine Komödie.
MARTY: Hallo. (Er lacht.) Hallo, he. Hallo. He. Wie geht's? Wie geht's? Hallo. Hallo. He. Hallo. Hallo (Lachen).

FRITZ: Und was ist mit mir? Du schüttelst noch immer den Kopf.
MARTY: Es ist nicht so einfach. Ich bin bloß . . . ich . . .
FRITZ: Du hast zu mir nicht »Hallo« gesagt.
MARTY: Hallo, Fritz.
FRITZ: Meinst du das jetzt wirklich?
MARTY: Nein, tue ich nicht.
FRITZ: Versuch's noch einmal.
MARTY: Hallo, Fritz.
FRITZ: Ernstgemeint?
MARTY: Ja, ich meine es so.

Selbstsabotage*

Abe ist Psychiater, Mitte Vierzig, er nimmt an einem einmonatigen Workshop teil. Seine Arbeit mit Dr. Perls befindet sich in einem fortgeschrittenen Stadium. Die Sackgassen, in die Abe gerät, sind komplex und nicht leicht aufzulösen. Zu Beginn dieser Sitzung ist Abe entspannt, aber es drängt ihn zu arbeiten.

FRITZ: (Seine Stimme ist dem Film unterlegt.) Wir sind oft erstaunt darüber, daß bei den Leuten, die jahre-, jahrzehnte- und jahrhundertelang zur Psychotherapie gehen, sehr wenig passiert. Sie haben immer und immer wieder den Beweis geliefert, daß sich wirklich gar nichts ändert, daß nichts passiert. Und wir gehen wie selbstverständlich davon aus, daß kleinere Veränderungen immer nur willkommen sind.
Über diese traurige Tatsache hat sich noch niemand wirklich Gedanken gemacht, doch die Russen haben hierzu immer eine etwas andere Auffassung vertreten. Sie gehen davon aus, daß in jeder Neurose ein toter Punkt existiert, und sie behaupten, daß dieser tote Punkt nicht überwunden werden kann. Insofern resignieren sie vor diesem Faktum und organisieren ihre Anstrengungen um den toten Punkt herum.
Ich sehe die Situation anders. Ich sehe den toten Punkt als eine Art Sackgasse. Als Ort, an dem die Leute festsitzen, sei es in ihrer Ehe, sei es in ihrer Therapie, sei es in ihrem inneren Kon-

* Media-Psych. Corporation

flikt, und das gesamte Sinnen und Trachten des Patienten geht dahin, den Status quo aufrechtzuerhalten. Bestenfalls führt der tote Punkt die Therapeuten hinters Licht, oder das, worum es in dem inneren Konflikt inhaltlich geht, wird trickreich ausgeblendet, und sie bekommen ihre Scheidung, und sie geraten wieder in den gleichen Schlamassel – aber die grundlegende Stagnation, die Sackgasse bleibt.

Im folgenden Film sehen wir Abe an einem solchen toten Punkt, und es ist kein leichter toter Punkt. Er steckt mit sich selbst fest. Man sieht, wie dieser innere Konflikt zwischen seinem »Topdog« bzw. »Über-Ich« und seinem »Underdog« – wie diese beiden Teile miteinander kämpfen und sich gegenseitig lahmlegen. Wie sie sich quälen, wie sie sich gegenseitig ihren Rang streitig machen, alles sehr subtil, unmerklich, scheinbar kooperativ, aber stets auf Sabotage bedacht und darauf, sich selbst ein Bein zu stellen.

Zu keinem Zeitpunkt sehen wir, daß Abe aus dieser Sackgasse herauskommt. Insofern wird die Dynamik des Stillstands, wird die Fähigkeit, den Status quo aufrechtzuerhalten und nicht zur authentischen Persönlichkeit vorzustoßen, sehr schön gezeigt, ganz im Gegensatz zu anderen Sackgassensituationen. Man sieht, wie der Stillstand sich in Explosionen auflöst, und wie von dort der Zugang zur authentischen Persönlichkeit eröffnet wird.

ABE: (Auf dem heißen Stuhl.) Ich tue nichts daran. Ich warte ab und hoffe. Ich lese, ohne zu verstehen. – Etliche Male ist das Loch verschwunden, während gerade hier jemand saß, und ich war einen halben Tag lang guter Dinge.

FRITZ: (Er beginnt, auf deutsch zu singen.) Kannst du das singen?

ABE: (Er singt dasselbe Lied.) Mit dem Text bin ich mir nicht sicher.

(Fritz und Abe singen das Lied anfangs zusammen, Abe beendet es allein.)

FRITZ: Steig ins Grab.

ABE: Ich bin jetzt im Grab. Es ist friedlich und still, niemand belästigt mich. Ich werde von meinen eigenen Stimmen belästigt, die zu mir sagen: »Du solltest hier nicht friedlich und still herumliegen; du solltest etwas tun, du solltest Kontakte anknüpfen.«

FRITZ: Okay, das ist der Topdog. Kannst du ihn uns zeigen?

ABE: (Er setzt sich auf einen Stuhl, der vor ihm als der Topdog steht.) Was machst du bloß, liegst im Grab, schon vor deiner Zeit tot. Du solltest diesen Frieden und dieses Totsein nicht genießen. Komm in Gang! Tu etwas, egal was. Tu etwas. Du liegst da bloß herum. (Er setzt sich, als Underdog, wieder auf den heißen Stuhl.) Scher dich zum Teufel! Gar nichts will ich tun. Das will ich im Augenblick tun: Gar nichts. Ich will hier liegen. Ich habe mich lange gequält. Ich weiß, wozu ich Lust hatte. Aber jetzt habe ich keine Ahnung, wozu ich Lust habe. Zum Herumliegen und zum Ausspannen, dazu habe ich Lust. Ich kann ja in Gang kommen, wenn ich mich eine Zeitlang herausgehalten habe. Dann kann ich ein paar Kontakte zu Leuten haben, und das macht mir dann bestimmt Spaß. Ich bleibe nicht allzu lange dort und gehe wieder weg – das macht mir Spaß. Ich mag deine Stimme nicht, wenn sie sagt: »Bleib doch länger, Abe, es war ja bloß eine kurze Stippvisite.« Junge, Junge, ist mein Mund trokken.

FRITZ: Mich interessiert mehr, was deine Bedürfnisse sind und wo seine Bedürfnisse liegen. Du merkst, daß die beste Unterstützung, die du kriegen kannst, von deinen inneren Bedürfnissen kommt und nicht von externen Befehlen. Wir wollen also einmal herausbekommen, was deine Bedürfnisse sind und was seine.

ABE: (Setzt sich auf den anderen Stuhl.) Ich weiß, daß meine Bedürfnisse darin bestehen, in Interaktion mit Menschen zu treten. Mir ist nicht klar, wie ich diese Bedürfnisse hintertreibe.

FRITZ: Okay. Ich würde jetzt gerne noch einmal diese Geschichte zurückspulen, um mehr Klarheit über dich und deinen verstorbenen Vater zu bekommen. Spiel das – du und dein toter Vater.

ABE: Das einzige, was mir jetzt einfällt, ist etliche Jahre vor seinem Tod passiert. Wenigstens einmal waren wir in der Lage, offen und mit Gefühlen miteinander zu reden. Du hast gesagt, daß du stolz auf mich bist. Ich sagte, daß ich dich liebe. Sogar dabei mußte ich meine Tränen hinunterschlucken. Ich konnte lediglich ein paar Tränen zulassen. Aber wie schön war es für mich, die Arme um dich zu legen und diesen Augenblick von Gefühl zwischen uns zu erleben, und wie froh bin ich, daß wir wenigstens einmal vor deinem Tod in der Lage waren, dies zuzulassen! (Er begibt sich, als sein Vater, zum heißen Stuhl.) Für mich war das auch wichtig, Abe. Ich hatte viel mehr Gefühle für dich, als ich sagen konnte. Ich weiß nicht, ob du das gewußt hast. Aber ich denke, du weißt ganz bestimmt, welch große Schwierigkeiten ich hatte, meine Gefühle zum Ausdruck zu bringen. Danke, Abe. Ich habe jetzt ein paar Dinge, die ich dir sagen kann. Wie gut es doch für mich ist, dich diese Dinge sagen zu hören! Wie sehr ich es begrüße, daß du mir diese Dinge sagst. Ich hatte nämlich, wegen meiner Distanz, Angst davor. Wie hätte ich auch wissen können, welche Gefühle du gehabt hast! Es hat so viele Zeiten gegeben, in denen du nicht geschrieben hast oder in denen kein Kontakt zu dir bestanden hat, und deshalb war ich mir deiner Liebe nicht sicher. Und ich war mir der Liebe meiner anderen Kinder auch nicht sicher.

FRITZ: Ich werde die Szene jetzt noch einmal verändern. Ich möchte eine Art Neuauflage dieses Spiels zwischen deinem »Topdog« und dem »Underdog«. Ich möchte, daß Abe vom Topdog nicht sehr günstig beurteilt wird.

ABE: (Er begibt sich als Topdog zu dem besagten Stuhl). Ich bin zwar ein ziemlicher Tyrann, aber ich schätze dich, Abe. Allerdings fällt mir die Wertschätzung deiner Person jetzt gerade etwas schwer.

FRITZ: Kannst du jetzt anfangen: »Abe, in dir gibt es nichts, was man gutfinden kann.«

ABE: Ich empfinde das wirklich nicht so.

FRITZ: Ach?

ABE: Abe, ich habe bis jetzt noch nicht herausbekommen, was man an dir gutfinden könnte. Ich weiß zu schätzen, daß viel mehr in dir steckt, als du zeigst. Ich weiß zu schätzen, daß du eine Menge Liebe in dir hast, die du manchmal verbergen mußt. Ich weiß zu schätzen, daß manchmal deine Verspieltheit und die Freude und der Spaß zum Vorschein kommen, und das alles kann dann wunderschön sein. Ich weiß zu schätzen, daß du interessiert und engagiert bist.

FRITZ: Weißt du, ich sehe deine Arbeit teilweise so, als wärst du jederzeit bereit, sie ins Lächerliche zu ziehen.

ABE: Nun ja, zeitweise bin ich mir bewußt, daß ich damit beschäftigt bin, Witze zu zensieren, aber ich glaube nicht, daß ich das jetzt gerade tue. Nein, im Augenblick habe ich nicht das Gefühl, daß ich zum Witzereißen aufgelegt bin. Ja, ich fühle mich mit meiner Ernsthaftigkeit sogar recht schwer beladen.

FRITZ: Sag das zu uns hier im Raum.

ABE: (Er begibt sich wieder zum heißen Stuhl.) Ich fühle mich mit meiner Ernsthaftigkeit schwerbeladen; ich projiziere Ungeduld auf euch. Aber sobald ich euch anschaue, kann ich nichts dergleichen feststellen. Dafür sehe ich eine Menge interessierte Anteilnahme. In ein paar Gesichtern sehe ich allerdings nichts davon, das ist aber auch in Ordnung so, weil ich's in vielen Gesichtern wirklich sehe.

FRITZ: Ich kann in keinem einzigen Gesicht etwas davon sehen.

ABE: Dein Gesicht, Jenny, erscheint mir jetzt weicher, als ich es je gesehen habe, und so gefällt es mir wirklich gut, du gefällst mir so. Ich hatte vorher nie daran glauben können, bzw. habe nie viel Weiches bei dir entdeckt.

FRITZ: Dann geh zurück zu deinem eigenen Gefühl von Totsein oder von Lebendigkeit, je nachdem.

ABE: Ich war verwirrt und verängstigt. Nun habe ich mich ziemlich beruhigt. Jetzt spüre ich eine Art von Vibration, die mir durch den Oberkörper geht.

FRITZ: Kannst du zurückgehen und an uns nicht viel finden?

ABE: Ja, ganz plötzlich habe ich ganz viel an Stuart gefunden, dafür nicht so viel an Tommy, und Diana schien mir weit weg zu sein, deshalb habe ich nichts an ihr gefunden.

FRITZ: Dann zieh dich noch einmal zurück und schau nach, was du in dir selbst findest.

ABE: (Er stampft mit den Füßen auf den Boden.) Wacht auf! Die Füße sind bestimmt wach. Auf diese Weise könnt ihr nicht schlafen. Jetzt gerade habe ich das Gefühl, viele Menschen verloren zu haben. Wenn ich der Gruppe etwas vorführe, sage ich: »Das war eine gekünstelte, unechte Bewegung«, aber meine Antwort darauf ist: »Leck mich am Arsch, das war keine gekünstelte Bewegung, sondern das, was ich tun wollte, und ich hab's getan.« (Fritz sagt: »Mit wem sprichst du gerade?«) Ich habe etwas zur Gruppe gesagt. Alles aufwachen! Und für dich, Topdog, habe ich eine überraschende Schicksalswendung; bin mal gespannt, wie du mit einem langsamen, qualvollen Tod fertigwirst. Also, Topdog, gibt es etwas, das ich für dich tun soll, irgend etwas, von dem du möchtest, daß ich's tue? Los, mach schon. Ich bin Wachs in deinen Händen. Los, mach du weiter. (Er begibt sich, als Topdog, zum Stuhl hinüber). Ja, ich habe eine ganze Menge Sachen für dich parat. Erstens, diese Gesellschaft hier lebendig machen, wach machen, sie unterhalten, sie entgiften, ins Leben zurückbringen. (Er begibt sich, als Underdog, zum heißen Stuhl.) Topdog, für dich würde ich alles tun. (Er schnarcht und tut so, als schlafe er.) 'Tschuldigung, hast du etwas gesagt? Ach ja. Okay. (Er tut wieder so, als würde er schlafen). Worum geht's, Topdog? Du bist ja nicht gerade sehr bei der Sache. Bist ein wenig geschrumpft. Noch etwas, das ich für dich tun soll? Du weißt ja, du hast immer eine Menge Anweisungen auf Lager, hast immer eine Menge Anweisungen. Hol die Liste raus und lies ein paar davon vor. Also, wer ist hier der Topdog? (Er begibt sich als Topdog zum Stuhl.) Okay, Abe. Rede mit warmer, natürlicher Stimme, die bei den Leuten ankommt. Du kriegst es jetzt hin. (Er geht wieder zum heißen Stuhl.) Okay, Topdog, alles für dich. Ich werde interessante, lebendige Sachen von mir geben, mit warmer, vor Leben sprühender Stimme. Hör mir jetzt genau zu, weil du ja kein einziges Detail versäumen willst. Das reicht für dieses Spiel. Du bist nur zum Teil vergiftet, du machst bloß zur Zeit ein bißchen schlapp, ich habe dich ja noch nicht allzu hart getroffen. Laß uns damit zu Rande kommen.

(Er begibt sich zum Stuhl, auf dem er sich als Topdog niederläßt.)

Eigentlich müßtest du raffiniert und erfinderisch sein und mich mit einem einzigen Puster erledigen. Du müßtest kreativ sein und müßtest aus deinen eigenen Quellen schöpfen. Furchtbar, wenn du's nicht bist; und wenn du schlau und originell bist und mich tatsächlich rumkriegst und mich vergiftest, dann werden alle lachen und sich freuen, und eine Menge Spaß haben werden sie, und sie werden dich lieben, Abe. Vielleicht nehmen sie dich wieder in den Klub auf. Ich bin ein viel besserer Giftmischer als du, Abe. Ich bin nämlich schon länger dabei. Ich habe Erfahrungen mit Vergiftungsmethoden, von denen du nur träumen kannst. Zum Beispiel – dies nur als kleine Kostprobe – kann ich dich randvoll mit Gift füllen, indem ich dich lediglich daran erinnere, daß Stewart und Jane eingeschlafen sind; sie langweilen sich. Schau, sieh es dir an, du bist schon fix und fertig. Du bist kein besonders starker Gegner. Du bis schon vergiftet, oder? (Er begibt sich zum heißen Stuhl.) Ja, ich bin nicht besonders eifrig bei der Sache. Stewart und Jane sollten nicht schlafen.

FRITZ: Vergifte sie jetzt für ihr Verbrechen.

ABE: Ihr sollt nicht einschlafen, Stewart und Jane. Ich werde euch fürs Einschlafen vergiften. Ich muß es allerdings nicht. Ihr seht aus, als wärt ihr vergiftet. Ich bin jetzt gerade dabei, euch zu vergiften. Ich bin zurückgekommen, mich selbst zuvergiften.

Tonys Sackgasse

(Tony, ein junger Mann, sitzt im Stuhl neben Dr. Perls. Mehrere Minuten lang spricht keiner der beiden ein Wort. Schließlich ruft Dr. Perls einem anderen Gruppenmitglied etwas zu.)

FRITZ: Dick, hast du mir nicht erzählt, daß Tony an einem Traum arbeiten wollte?

TONY: (Stockend.) Ich hatte neulich einen Traum, in dem ... ich die Gelegenheit bekam, ins Ausland zu gehen. Ich bin nie aus New York herausgekommen. Ich war nie in Europa. Und ich hatte die Möglichkeit, nach Europa zu fahren, und ich sollte von New York abfliegen, mußte aber einen Flug von Ohio, wo ich wohne, erwischen.

FRITZ: Erzähle es bitte in der Gegenwartsform.

TONY: Okay, ich muß nach New York fahren.

FRITZ: Was macht dein linker Fuß?

TONY: Er lehnt sich gegen diesen kleinen Hocker.

FRITZ: Schließ die Augen und geh in deinen Körper. Beschreibe, was du körperlich fühlst.

TONY: Angst. Körperlich bin ich warm. Ich atme schwer, und mein Herz pocht.

FRITZ: Welche Art von Stimme benutzt du?

TONY: Sie klingt sicherer, als sie's in Wirklichkeit ist. Sie ist bewegt.

FRITZ: Also, ihr seht, es ist klar, daß er viel zu sehr mit dem Lampenfieber beschäftigt ist, als daß er bereit wäre, wirklich an dem Traum zu arbeiten. Wir werden zunächst ein wenig Arbeit hier machen. Nun, kannst du die Zuhörer anschauen? Was erlebst du dort?

TONY: (Er schaut sich schweigend im Raum um.) Ich ... fühle mich besser. Ich spüre ...... eine Art von Geduld, und ich denke, sie haben ein ...

FRITZ: Schließ die Augen und zieh dich wieder zurück. Gibt's irgendeinen Ort, wo du gerne hingingest? Wohin würdest du gehen?

TONY: Meinst du in meinem Körper?

FRITZ: Wo du dich wohler fühlen würdest, weg von uns. – In deinem Körper, deiner Phantasie – ich weiß nicht, geh einfach weg.

TONY: Ich bin draußen auf einem der Felsen, draußen im Meer.

FRITZ: Ja. Was tust du dort?

TONY: Ich schaue nach Esalen zurück, auf das ganze Anwesen.

FRITZ: Ja. Bist du ganz alleine dort?

TONY: Ja.

FRITZ: Was ist das für ein Gefühl, allein zu sein?

TONY: Nun, ich fühle mich sicher dadurch, daß ich dort draußen bin. Und doch fühle ich mich unvollständig insofern, als ich eigentlich zurück sein sollte, um dort mit Leuten zusammenzusein.

FRITZ: Okay, öffne die Augen und begegne Menschen.

TONY: (Er hält eine lange Zeit inne, während er die Gruppenmitglieder anschaut.)

FRITZ: Was erlebst du?

TONY: Wieder erlebe ich eine . . . Geduld und eine Art Ruhe und . . . äh . . . ein gutes Gefühl . . . ein Verbundensein.

FRITZ: Ein gutes Gefühl. Ich sehe, daß deine rechte Hand das tut. (Tonys rechte Hand umklammert sein Knie). Was bedeutet das? Wie erlebst du das?

TONY: Als Spannung.

FRITZ: Was für eine Spannung? Darf ich's interpretieren? Darf ich einen Fehler machen? Für mich sieht es aus wie wegschieben. Okay. Schließ deine Augen wieder und zieh dich in deinen Traum zurück. Was siehst, fühlst und hörst du? Ich möchte keine Story. Ich möchte bloß sehen, auf was du stößt, wenn du in deinen Traum hineingehst.

TONY: Scham.

FRITZ: Ja. Wofür schämst du dich?

TONY: Daß ich es nicht schaffe. – Danach kleine Dinge.

FRITZ: Zum Beispiel?

TONY: Ich habe schon genug Zeit vertan, so daß ich das Flugzeug und die Gelegenheit, nach Europa zu fahren, verpaßt habe. Ich . . .

FRITZ: Warst du schon einmal in Europa?

TONY: Nein.

FRITZ: Laß deine Augen geschlossen. Geh nach Europa. Was auch immer Europa für dich bedeutet. Geh nach Europa. Was passiert? Nimm das Flugzeug. Ich lasse dich nicht das Flugzeug verpassen. Ich setze dich ins Flugzeug.

TONY: Äh ... Äh ... neue Leute. Eine Menge neuer Leute, die ich nicht kenne, und sie kennen mich auch nicht ... äh neue Persönlichkeiten, die ... ich meine ... die ... sie sind alle in Bedrängnis, in Not.

FRITZ: Dafür mußt du nach Europa fahren?

TONY: Ich weiß nicht, ob das wirklich mein Motiv ist. – Das sehe ich, wenn ich dorthin komme. Das ist eines der ersten Dinge, die ich erlebe.

FRITZ: Okay, jetzt setze ich dich wieder ins Flugzeug. Das Flugzeug landet in Monterey, und ich setze dich in einen Helikopter, der dich nach Esalen bringt. Du gehst zu Fritz' Zimmer hoch, machst die Augen auf – und was passiert hier? Mach die Augen auf.

TONY: (Einige Minuten Pause.) Ich möchte dich fragen, was ich nach deiner Vorstellung tun würde. Ich bin nicht so, wie du es dir vorstellst.

FRITZ: Okay, produziere ein paar Erwartungen.

TONY: Sir?

FRITZ: Produziere ein paar Erwartungen. (Tony sitzt auf Dr. Perls' »leerem Stuhl«, und sie sitzen schweigend, etliche Minuten lang.) Verändere deine Haltung nicht. Was tun deine rechte und deine linke Hand? Wie verhalten sie sich zueinander?

TONY: (Er stößt mit seiner rechten Faust in seine hohle linke Hand.) Es ist eine Begegnung: Spannung.

FRITZ: Kannst du dich hierher setzen und die Körperhaltung beibehalten? (Dr. Perls bedeutet Tony, zu seinem Stuhl zurückzugehen, was er auch tut. Er legt seine rechte Hand in seine Linke.) Was sagt die rechte Hand, und was sagt die linke Hand?

TONY: Die linke Hand stoppt die rechte Hand in ihrer Bewegung – aber die rechte Hand hat einen festen Griff, eine Art Haken – sie hält die linke Hand.

FRITZ: Gib ihnen Worte. »Ich halte dich auf«, »Ich halte mich an dir fest.« Mach ein Kasperletheater draus. Mach es wie zwei Puppen, die miteinander sprechen.

TONY: Die linke Hand sagt »Stop«.

FRITZ: Sag es noch einmal.

TONY: Stop!

FRITZ: Noch einmal.
TONY: Stop!
FRITZ: Lauter.
TONY: Stop!
FRITZ: Lauter.
TONY: Stop!
FRITZ: Lauter.
TONY: Stop!
FRITZ: Was sagt die rechte Hand?
TONY: (Er sitzt für ein paar Sekunden schweigend da.) Die rechte Hand geht irgendwohin, aber das ist ihr egal, weil . . .
FRITZ: Jetzt sag: »Mir ist es egal.«
TONY: Mir ist es egal.
FRITZ: Noch einmal.
TONY: Mir ist es egal.
FRITZ: Noch einmal.
TONY: Mir ist es egal.
FRITZ: Noch einmal.
TONY: Mir ist es egal.
FRITZ: Noch einmal.
TONY: Mir ist es egal.
FRITZ: Okay, geh jetzt in den Dialog hinein.
TONY: Du mußt aufhören zu stoßen. Nein, tue ich nicht. Hör sofort auf zu stoßen!
(Der Film bricht hier ab, eine neue Filmspule wird eingelegt. Während dieser Zeitspanne beendet Tony den Dialog zwischen der linken und der rechten Hand – ein Gespräch, das in einer Sackgasse endet. Dr. Perls lenkt Tonys Aufmerksamkeit zur Gruppe hin. Hier setzt der Film wieder ein.)
TONY: (Er beobachtet still die Gruppe.) Es ist keine Angst, aber ich spüre, daß andere Menschen . . . eine Art Einblick . . ., vielleicht in mich, bekommen.
FRITZ: Andere Menschen bekommen Einblick, du dagegen nicht. Esist noch immer da: Andere Menschen.
TONY: Ja. Ich beginne, etwas zu formulieren.
FRITZ: Ich weiß. Aber zwinge dich nicht. Da ist eine Sache, auf die ich hinweisen wollte – ihr habt es vielleicht schon gemerkt. Tony ist ein Beispiel für die Ebene der Implosion. Das hier ist eine Implosion. (Fritz zeigt diese Ebene, indem er Tonys Handdialog

nachspielt.) Er paralysiert sich. Beide Seiten üben den gleichen Druck aus, deshalb kommt es im Ergebnis zu einem Tauziehen, bei dem keine Partei gewinnt. So hält er sich selbst in dieser Position des Beinahegelähmtseins fest. Er muß die beiden Seiten voneinander lösen, und er muß sie getrennt voneinander sich in Bewegung setzen lassen. (Er wendet sich Tony zu und schüttelt ihm die Hand.) Okay?

Auferstehung: Dick*

FRITZ: (Seine Stimme ist dem Film unterlegt.) Wir werden durch die Gestalttherapie wirklich verdorben. Wir sind dermaßen daran gewöhnt, daß sich Dramatisches ereignet, sind so darauf eingestellt, große Durchbrüche verbuchen zu können. Die Möglichkeiten des Selbstausdrucks ergeben sich manchmal innerhalb einer halben Stunde. Aber wir müssen auch eine andere Möglichkeit in Betracht ziehen: Manche Entwicklung kann Wochen dauern oder, wie im folgenden Beispiel, einen Monat. Mit anderen Worten, wir bringen nicht immer die sofortige Heilung zustande.
Dick war auf einem vierwöchigen Workshop. Er trifft als halbe Leiche ein, wirklich implodiert und starr; keine große Chance, ihn in Bewegung zu bringen. Aber man sieht eine Entwicklung, von Woche zu Woche. Hier ist er in seiner ersten Woche zu sehen.
(Dick ist 36. Er sitzt neben Dr. Perls und weint, voller Schmerz. Sein Schluchzen wird nur von tiefem, angestrengtem Luftholen unterbrochen.)

DICK: Ich habe mich jetzt wieder unter Kontrolle.

FRITZ: Dann wollen wir das Gegenteil tun. Sag zu Tony: »Fehler zu machen ist bloß eine andere Art zu handeln.«

DICK: Tony, Fehler zu machen ist bloß eine andere Art zu handeln. Neville, Fehler zu machen . . . Jetzt bin ich der Computer.

FRITZ: Versuch zu sagen, . . .

DICK: Es tut weh. Es drückt mich runter.

FRITZ: Wie?

* Media-Psych. Corporation

DICK: Genau hier, genau hier in der Brust.
FRITZ: Und wie?
DICK: Ein drückendes Gefühl.
FRITZ: Ist es weich? (Dick drückt auf Fritz' Brust.) Du tust mir nicht weh, tu es mit mir.
DICK: Es drückt dich ein.
FRITZ: Ich drücke dich ein.
DICK: Ich drücke dich ein.
FRITZ: Stärker.
DICK: Ganz stark. Ich mache mich schwer.
FRITZ: Stärker.
DICK: Auf deine Brust – ganz stark.
FRITZ: Stärker.
DICK: Ich stütze mich auf dich. Ich spüre mich ganz schwer auf dir. Durch mich hältst du die Luft an. Ich weiß nicht, was ich tue.
FRITZ: Du hilfst mir, besser durchzuatmen. (Gelächter.)

FRITZ: (Seine Stimme ist dem Film unterlegt.) Nach der ersten Woche begeben wir uns jetzt in die zweite Woche.
Fang an und sag: »Ich will dir keine Vorwürfe machen.«
DICK: Ich will dir keine Vorwürfe machen.
FRITZ: Noch einmal.
DICK: Ich will dir keine Vorwürfe machen.
FRITZ: Lauter.
DICK: *Ich will dir keine Vorwürfe machen.*
FRITZ: Noch einmal.
DICK: Ich will dir keine Vorwürfe machen. (Er weint.) Ich will dir Vorwürfe machen. (Weich.) Ich will dir Vorwürfe machen. Ich fühle mich hilflos mit dir. Ich kann mit dir nicht so umgehen, wie ich es tun müßte.
FRITZ: Laß uns den Satz probieren: »Ich versuche immer, das Richtige zu tun.«
DICK: Ich versuche immer, das Richtige zu tun. Ich versuche immer, das Richtige zu tun.
FRITZ: Kannst du mit denen dort über Fehler sprechen? Wie gehst du mit Fehlern um?
DICK: Ich war ein einziger Fehlschlag. Du warst auch so ein Fehlschlag. Du hältst alles, was ich tue, für selbstverständlich.

FRITZ: (Seine Stimme ist dem Film unterlegt.) Jetzt sind wir in der dritten Woche . . .

(Dick: liegt auf dem Fußboden vor dem heißen Stuhl und schlägt mit den Fäusten um sich.)

DICK: Ich spüre, wie mein Herz schlägt. Ich will nicht zu einer anderen verdammten Schlampe gehen. Ich sehe bei meiner Mutter, wie das anfängt. Ich denke, wir haben es jetzt mit denselben Dingen zu tun. Alles, was ich darüber weiß . . .

FRITZ: Dick, siehst du mich?

DICK: Ich sehe dich.

FRITZ: Dann geh wieder in dich hinein. (Dick fährt fort, den Fußboden mit den Fäusten zu traktieren.)

FRITZ: Wie alt bist du jetzt gerade?

DICK: Das erste, was mir in den Kopf kommt, ist vierzehn.

FRITZ: Und dein wirkliches Alter?

DICK: Sechsunddreißig.

FRITZ: Sechsunddreißig. Kannst du mal für einen Moment versuchen, sechsunddreißig zu sein? Sei in deinem Alter und zieh mal die Möglichkeit in Betracht, dich mit dieser Frau, die man gemeinhin Mutter nennt, auseinanderzusetzen. Probier es mal für einen Augenblick so, wie ein Computer funktioniert.

DICK: Warum bist du bloß eine Frau wie jede andere? Es war doch purer Zufall, daß du es warst, die mich bekommen hat. Das ist bloß einer von diesen Zufällen, die das Leben bereit hält, jetzt bin ich da raus, und ich bin weg. Ich habe dich kaum gekannt. Als ich mich hier gewehrt habe, habe ich mich für einen Augenblick gefühlt wie Atlas: die Hände waren oben, und die Wut und die Welt trug ich auf meinem Rücken. Und ich übernehme die Verantwortung, übernehme die Verantwortung für sie. Ich übernehme die Verantwortung für dich, übernehme die Verantwortung für dich und für Papa . . . ich hab's nicht gewollt.

FRITZ: Was bezweckst du damit? Verschafft es dir das Gefühl, edel zu sein?

DICK: Ich fühle mich schuldig dadurch.

FRITZ: Wenn du die Verantwortung übernimmst, fühlst du dich schuldig?

DICK: Nein, nein. Ich übernehme die Verantwortung, weil ich mich schuldig fühle. Ich nehme es dir übel, daß du nicht so bist, wie ich dich gebraucht hätte.

FRITZ: Jetzt fängst du an, vernünftig zu klingen. Kannst du meinen Satz verwenden: »Du hast meine Erwartungen nicht erfüllt.«

DICK: Du hast meine Erwartungen nicht erfüllt. *Du* hast meine Erwartungen nicht erfüllt.

FRITZ: Und das verzeihe ich dir nie.

DICK: Und das verzeihe ich dir nie. Ich habe es dir nie verziehen. Ich nehme es dir übel, daß du so mit mir umgegangen bist. Für mich würdest du nie die Verantwortung übernehmen. Ich werde für Dich keine Verantwortung übernehmen.

FRITZ: (Seine Stimme ist dem Film unterlegt.) Und endlich, zum guten Schluß, kommen wir zur Auferstehung . . . die Explosion, das Auseinanderbrechen in zwei Teile.

(In einer Schlußsitzung bemerkt Dick die Unterstützung der Gruppe und macht die Erfahrung einer Freuden-Explosion. Er steht von Dr. Perls' heißem Stuhl auf und umarmt weinend und lachend alle Gruppenmitglieder.

FRITZ: (Seine Stimme ist dem Film unterlegt.) Wenn man sich vor Augen hält, wie lange es gedauert hat, um Dick in Gang zu bringen, dann weiß man die enorme Wirkung zu würdigen, die es auf ihn und die Gruppe hatte, als er schließlich in Freude ausbrach. Daß jemand in Selbstmitleid, Wut und sogar in Trauer ausbricht, kommt in der Therapie nicht selten vor. Aber echte Freude findet man nicht so leicht. So etwas wie eine Verabreichung von Sofortheilung gibt es nicht, es gibt auch nicht sofort die Sinneswahrnehmung. Die Probleme müssen durchgearbeitet werden, und wirklicher Sinn, echte Bedeutung müssen erworben werden.

Auferstehung: Nancy

(Nancy sitzt neben Dr. Perls auf dem heißen Stuhl. Sie ist eine junge Frau um die Dreißig, extrem abgemagert, mit einem Kindergesicht.)

NANCY: Ich fühle mich sehr ängstlich.

FRITZ: Wie? Erzähle uns ein paar Einzelheiten von dem, was du erlebst. Der einfachste Weg, zum »Wie« zu kommen, ist die Frage nach Einzelheiten. Wenn du das tust, beginnt automatisch eine Entwicklung.

NANCY: Mein Gesicht fühlt sich sehr heiß an. Unter meinen Armen spüre ich ein Brennen. Meine Hände fühlen sich ganz kalt an. Und meine Stimme ist ganz brüchig. In den Zehen spüre ich Kälte. Hier im Arm spüre ich ein Brennen.

FRITZ: Was?

NANCY: Brennen, hier im Arm. Meine Kehle ist ganz trocken. Ich habe geschluckt. (Pause.) Ich spüre meine Beine auf dem Stuhl.

FRITZ: Du schaust mich an. Was sagen deine Augen?

NANCY: Hilf mir.

FRITZ: Lauter.

NANCY: Hilf mir.

FRITZ: Lauter.

NANCY: Hilf mir.

FRITZ: Schrei es.

NANCY: (Sie schreit.) *Hilf mir!*

FRITZ: Schrei es!

NANCY: (Sie schreit lauter.) *Hilf mir!*

(Sie weint. Lange Pause.)

(Fritz raucht.)

FRITZ: Was sagen deine Augen jetzt?

NANCY: Hilf mir.

FRITZ: Wie? Womit?

NANCY: Mit irgend etwas. Was du hast.

FRITZ: Was für Hilfe brauchst du? (Lange Pause.)

NANCY: Ich möchte, daß du mir etwas sagst. (Pause.) Ich möchte, daß du mich magst.

FRITZ: Sag das noch einmal.

NANCY: Ich möchte, daß du mich magst.

FRITZ: Magst du mich denn?

NANCY: Ja.

FRITZ: Was magst du an mir?

NANCY: Ich mag deine Augen, und ich mag deine Freundlichkeit.

FRITZ: Kannst du uns allen in einem oder zwei Sätzen sagen, was du an jedem von uns magst?

NANCY: (Sie geht im Raum umher und spricht jede(n) einzeln an.) Ich mag dein Stirnrunzeln. Und ich mag deine Sanftheit. Und

Paul, ich bewundere dich, weil du hier bist. Und Barbara, ich mag, wie du dich gefühlt hast, als du über deinen Mann gesprochen hast, und ich mag dich, wenn du mit der kleinen Katze spielst.

Und Dick, dich mag ich, wenn du weich bist. Und Page, ich mag dich, weil du ein echter Mensch bist.

FRITZ: Setz jetzt einmal die Nancy hier auf den Stuhl und erzähl ihr, was du an ihr magst.

NANCY: Es fällt mir schwer, an Dinge zu denken, die ich an dir mag.

FRITZ: Was?

NANCY: Ich habe gesagt, es fällt mir schwer, an Dinge zu denken, die ich an mir mag.

FRITZ: Du lügst.

NANCY: (Pause. Dann, zu sich selbst:) Ich mag dich, weil du mit den Menschen einfühlsam umgehst.

FRITZ: Mach weiter.

NANCY: (Pause.) Und du kannst in sie hineinsehen. (Pause.) Und du kannst ihnen zuhören.

FRITZ: Was noch? (Lange Pause.) Los, sei nicht so gemein.

NANCY: (Sie lacht, ist mit ihrem Stuhl beschäftigt.) Ich mag dich, weil du intelligent bist. Mehr noch mag ich dich, weil du warmherzig bist . . .

FRITZ: Jetzt tausch die Plätze. »Ach, das ist doch gar nichts« . . .

NANCY: Die Plätze tauschen?

FRITZ: Antworte ihr. Du hast dir eben Bestätigung verschafft. Jetzt mußt du das, was du gekriegt hast, abwerten. (Nancy tauscht die Plätze.)

NANCY: Das ist gar nichts. Intelligent sind eine Menge Leute.

FRITZ: Ja, weiter so. Verspotte sie.

NANCY: (Mit sarkastischer Stimme.) Was soll's also? Großartig. (Pause.) Du kannst also in andere reingucken, du bist warmherzig . . . (Sie murmelt, schüttelt den Kopf. Lange Pause.) Mehr fiel mir nicht ein, was ich sagen könnte. (Pause.)

FRITZ: Tausch die Plätze.

NANCY: (Sie setzt sich wieder auf den heißen Stuhl.) Vielleicht, wenn du etwas gründlicher hinschaust.

FRITZ: Jetzt wollen wir das Gegenteil tun. Sag ihr, was du an ihr nicht leiden kannst.

NANCY: (Sie schnieft, putzt sich die Nase.) Die Höhnische?

Fritz: Häh?

Nancy: Die Spötterin? Was ich an ihr nicht leiden kann?

Fritz: Ja. Nenne sie die Spötterin und so weiter. Was kannst du an Nancy nicht leiden?

Nancy: (Langsam.) Ich mag deine Schmächtigkeit nicht. Ich mag nicht, daß du immerzu denkst. Ich mag nicht deine Starrheit und deine Anspannung. (Sie sitzt sehr still und macht eine Pause.)

Fritz: Kannst du mir eine klare Antwort geben, wenn ich dich etwas frage? Ohne nachzudenken? Das erste, was dir einfällt, ja? Wann bist du gestorben?

Nancy: (Sofort.) Jetzt! (Sie weint.) Ich spüre . . . deine Hand. (Sie schluchzt, nimmt Fritz' Hand, führt sie an ihr Gesicht. Dann schaut sie Fritz an, berührt sein Knie, steht auf und umarmt ihn.)

Fritz: Würdest du etwas für mich tun? Steh auf und tanze. (Nancy erhebt sich und tanzt im Kreis offen und frei.)

Fritz: Kannst du beim Tanzen etwas singen?

Nancy: (Sie lacht und weint und tanzt.) Ich habe eine fürchterliche Stimme. Yeah. Yeah. (Allgemeines Lachen, Nancy tanzt im Kreis weiter und singt, fällt dann über andere hinweg in Fritz' Schoß.)

Fritz: Du spürst ein bißchen Leben?

Nancy: (Sie schnieft.) Ja. (Sie setzt sich auf ihren Stuhl und schaut sich lächelnd im Raum um.)

Fritz: Laß los. Laß los! Tu, was immer du willst! (Allgemeines Lachen.)

(Nancy geht zu jedem im Raum, umarmt und küßt alle, schüttelt ihnen die Hände, schaut dabei jeden einzelnen ruhig an, verteilt stürmische Umarmungen, lachend und voller Freude, mit vielen verwirrten Kommentaren und kurzen Wortwechseln.)

Fritz: Das ist das, was man gewöhnlich Auferstehung nennt. (Nancy setzt sich hin und berührt mit ihrer Hand ihr Gesicht.)

Explosionen

Evelyn

(Evelyn, eine schwere blonde Frau um die Fünfzig, sitzt neben Fritz. Fritz spricht mit ihr.)

FRITZ: Ich möchte noch einmal deine Eltern spielen, wie sie das Baby zur Post geben.

EVELYN: (Als ihr Vater.)
Also gut, Betty, verpack das Baby vorsichtig im Karton. (Als Stiefmutter.) Reg, bist du sicher, daß sie es aushält? Ich habe keine Ahnung. Es macht mich richtig nervös, wenn ich darüber nachdenke. Glaubst du wirklich, sie wird's aushalten? (Als Vater.) Du weißt genau, sie wird. Sie ist doch immer hilfsbereit, und sie sagt, sie wird uns immer zur Hand gehen. Sie war die einzige, die uns ermutigte, weiterzumachen und zu heiraten, und ich ... (Als Stiefmutter.) Nun ja, Reg, ich mache mir Sorgen darüber, über die Verschickung des Babys per Post.
(Evelyn, als sie selbst.) Sie ist eine sehr hysterische, dumme Frau.

FRITZ: Sprich mit ihr.

EVELYN: Betty, du bist eine hysterische und dumme Frau. Aber darüber, daß du Vater geheiratet hast, bin ich froh. Ich finde es gut, daß du dich um ihn kümmerst, wenn er alt ist und nicht mehr für sich selbst sorgen kann. Ich finde, der Rest der Familie ist ... dumm, wenn sie dich dafür verurteilen, daß du ihn geheiratet hast. Und ich würde von dir jedes verdammte Baby übernehmen, das du mal bekommen hast, nur damit du dich um Papa kümmerst. (Allgemeines Lachen.) Dafür liebe ich dich. Er ist ein Scheusal, und ich weiß Bescheid. Papa – ach, er war zur Familie, zu jedem einzelnen in der Familie gemein. Aber die Tatsache, daß du vorhast, ihn zu lieben und für ihn zu sorgen – ich denke, das ist großartig, einfach großartig!

FRITZ: Kannst du deinen Papa als Baby akzeptieren, als dein Baby?

EVELYN: Meinen Papa als ...?

FRITZ: Dein Vater. Er braucht Fürsorge.

EVELYN: Papa, für dich zu sorgen, wird furchtbar hart. Ich glaube nicht, ich ... ach, ich bin mir verdammt sicher, daß ich's nicht könnte. Ich habe einfach zuviel Abneigung gegen dich: wegen der Art, wie du mit Mutter und uns sechs umgesprungen bist.

FRITZ: Okay. Fang an mit: »Papa, ich nehme dir übel . . .«

EVELYN: Papa, ich nehme dir übel, daß du soviel getrunken hast. Papa, ich nehme dir übel, daß du meine Brüder mit dem Gartenschlauch verprügelt hast. Papa, ich nehme dir übel, daß du unsere Küken umgebracht hast. Papa, ich nehme dir übel, daß du das Klavier kaputtgeschlagen hast, nur weil du es nicht leiden konntest, wie ich darauf gespielt habe. Papa, ich nehme dir den ständigen Gebrauch unflätiger Ausdrücke übel. (Pause.) Aber ich finde es gut, daß du in all den Jahren für die Familie gearbeitet und für uns gesorgt hast.

FRITZ: Mach weiter mit dem, was du anerkennst.

EVELYN: Ich finde gut, daß du uns nie im Stich gelassen hast, als deine Brüder sich von ihren Frauen getrennt haben. Ich finde gut . . . die Tatsache, daß du immer da warst. Ich finde gut, daß du immer stolz auf mich warst, daß du immer etwas Positives über mich zu sagen wußtest, und ich finde gut, daß du . . . Du hast mich in den Wald laufen lassen und bist nie hinter mir hergekommen.

FRITZ: Weißt du, du sprichst mit ihm wie im Juristenkauderwelsch, als würdest du ihn verurteilen.

EVELYN: Sehr offiziell . . .

FRITZ: Ja. Ja.

EVELYN: Das spüre ich.

FRITZ: Du läßt alle Gefühle draußen.

EVELYN: Jedenfalls versuche ich's, weil ich fair mit ihm umgehen will.

FRITZ: Sag das jetzt zu ihm.

EVELYN: Ich möchte fair mit dir sein, Papa. Jahrelang war ich nicht fair zu dir. Ich konnte dich immer nur verurteilen, verurteilen. Und wenn ich zurückschaue, weiß ich jetzt, daß so viele gute Seiten an dir gewesen sind, die ich damals nicht gesehen habe. (Pause.) Und ich will nicht, daß du stirbst; ich will, daß du lebst.

FRITZ: Sag das noch einmal.

EVELYN: Es gab eine Zeit, da wollte ich, daß du stirbst, jeden Tag in meinem Leben. Ich dachte immer, das Wunderbarste, was passieren konnte, wäre, aufzuwachen und dich tot vorzufinden.

Aber jeden Tag warst du noch da. Jetzt bin ich verdammt froh, daß du da warst. Ich weiß nicht, was wir ohne dich gemacht hätten.

FRITZ: Mach die Augen zu. Schau ihn an. Was siehst du?

EVELYN: Ich sehe einen hilflosen alten Mann.

FRITZ: Sag ihm das. Immer noch mit diesem Bild vor Augen.

EVELYN: Im Grunde warst du kein Scheusal, du warst bloß ein hilfloser alter Mann. Und bist jetzt ein hilfloser alter Mann, der meine Hilfe braucht. Du bist bloß bemitleidenswert. Und keiner kümmert sich um dich, keiner will dir helfen. Keiner will dich, Papa. Nicht einer. Weil niemand dir all das verzeiht, was du getan hast.

FRITZ: Versuche: »Papa, ich verzeihe dir dies und das und jenes.«

EVELYN: Papa, ich verzeihe dir das alles. (Sie weint.) Ich verzeihe dir das Fluchen. Ich verzeihe dir das Besoffensein. Ich verzeihe dir dein brutales Verhalten. Ich verzeihe dir, daß du mir die Schuld an Mutters Tod gegeben hast. (Sie weint und schluchzt. Lange Pause.)

FRITZ: Kannst du ihm sagen, daß er nun in Frieden sterben kann?

EVELYN: (Sie weint.) Du kannst in Frieden sterben.

FRITZ: Was fühlst du jetzt?

EVELYN: Erleichterung. Ungeheuer große Erleichterung.

FRITZ: Könntest du noch einmal die Augen schließen? Geh noch einmal zu ihm. Berühre ihn. Faß ihn an, und sag ihm, daß du ihm verzeihst.

EVELYN: Ach Papa, ich verzeihe dir. (Sie schluchzt.) Ja, das tue ich. Ich verzeihe dir. Bitte, glaub mir. Bitte . . .

FRITZ: Nimmt er es an?

EVELYN: Ja. Ich habe das Gefühl, ich müßte sofort in ein Flugzeug steigen und das jetzt tun, schnurstracks. (Sie weint.)

FRITZ: Ruf ihn an.

EVELYN: Hallo Papa, hier ist Evelyn. Ich muß dir etwas sagen. Bitte, hör mir zu. Höre gut zu, es bedeutet mir nämlich sehr viel, und wenn ich dir das sagen könnte und du es verstehen würdest, das wäre – das ist – . . . ich weiß, es würde mir in einigen meiner Beziehungen sehr helfen. Ich habe dir lange Zeit nicht verziehen für all die Dinge, die du getan hast – und die ich für so falsch hielt. Und ich hatte einen großen Groll gegen dich, und diesen Groll, ich . . . dieses Gefühl habe ich nicht mehr, und ich möchte, daß du es erfährst, daß das alles vorbei ist und daß ich keine Vorbehalte mehr gegen dich habe.

FRITZ: Kannst du ihm sagen »Ich hasse dich nicht mehr«?

EVELYN: Ich hasse dich nicht mehr. (Sie weint.) Ich hasse dich überhaupt nicht. Ich habe dich lieb, Papa. Ich liebe dich.

FRITZ: Sag das noch einmal.

EVELYN: Ich liebe dich, Papa. Du bist der einzige Papa, den ich je haben konnte. (Sanft.) Ich liebe dich. (Pause.) Weißt du, was er eben gesagt hat?

FRITZ: Was hat er gesagt?

EVELYN: Er sagte »Herrgott, ich hab's doch gewußt«. Er sagte: »Was zum Kuckuck ist mit dir los, Evelyn. Ich habe es doch gewußt.« (Lachen.)

Eine Sache auf Gegenseitigkeit*

(Bob, ein kräftig gebauter Mann um die Vierzig, sitzt auf dem heißen Stuhl. Er ist Psychiater und hat in der Gestalttherapie einiges an Arbeit hinter sich.)

FRITZ: Was machst du mit deinem Mund?

BOB: Ich beiße mir auf die Unterlippe.

FRITZ: Was hat das mit dem zu tun, worüber wir gerade nachdenken?

BOB: Ich dachte über das Anklammern nach. Weil – immer, wenn ich jemanden liebe, halte ich mich an ihm fest. Ich war mir dessen bewußt.
Ich habe es gemerkt, und das - äh - etwas in der Art habe ich dann mit der Lippe gemacht.

FRITZ: Wo ist – wer ist die erste Person, die dir in den Sinn kommt, wenn du über dieses Anklammern sprichst?

BOB: Meine Frau.

FRITZ: Können wir einen leeren Stuhl bekommen? (Jemand stellt einen leeren Stuhl vor Bob hin.) Jetzt triff dich mit deiner Frau und sprich über dieses Anklammern.

BOB: (Er plaziert seine Finger sorgfältig auf den Knien und beugt

* Media-Psych. Corporation

sich zum leeren Stuhl vor.) Alice, ich benehme mich häufig, als bräuchte ich dich überhaupt nicht, und es ist schwer für mich, etwas körperlich auszudrücken, weil ich ... ich werde vorsichtig, wenn klar wird, wie stark ich an dir hänge.

FRITZ: Stell sie dir jetzt vor, wie sie dir antwortet. Tausch die Plätze. Sie sitzt hier. Du spielst sie.

BOB: (Tauscht die Plätze; er spricht als Alice.) Ich möchte ja, daß du an mir hängst.

FRITZ: Jetzt schreib dir dein eigenes Drehbuch.

BOB: (Er setzt sich wieder auf den heißen Stuhl, spricht als Bob.) Ich weiß, aber ich bin ... mein Bedürfnis, mich an dir festzuhalten, wird ... (Pause.) Ich habe das Gefühl, daß irgend etwas nicht stimmt. Ich kriege kein ... Ich habe kein angenehmes Gefühl dabei.

FRITZ: Zu wem sagst du das?

BOB: Ich sage das zu mir.

FRITZ: Sag es zu Bob.

BOB: Bob, Ich ... du ... äh ... Zeitweise tust du nur so als ob und hoffst, daß es echt wird, wenn du nur weitermachst.

FRITZ: Was sagt Bob?

BOB: Äh – Das könntest du auch machen, so verhält es sich nämlich gerade, und wenn du dabei bleibst, dann ... dann wird es schon echt werden.

FRITZ: Mit anderen Worten, du springst aus der Gegenwart in die Zukunft. Mit anderen Worten, du vermeidest irgendeine Erfahrung. Was erlebst du gerade?

BOB: Ein Gefühl von Hitze in meiner Brust.

FRITZ: Bleib einfach dabei. Laß es sich entwickeln.

BOB: Na ja, ich habe das oft. Es ist ein Schmerz und ... äh ...

FRITZ: Jetzt flüchtest du in die Vergangenheit. Du gibst mir ein Stückchen Geschichte und nicht das, was du erlebst. Das muß ja ein wichtiges Bild sein, dem du gerade ausweichst.

BOB: Ich habe ein Gefühl, als würde mich jemand heftig drücken.

FRITZ: Hmm. Spiel diesen Jemand. Willst du, daß ich wieder Bob bin, und mich dann drücken?

BOB: Nein, dieser »Jemand« ist ein ... ich kann es nicht leiden. Weil es mich völlig überfährt; es drückt mich derart, daß ich keine Luft kriege.

FRITZ: Sag das jetzt zu ihr.

BOB: Sie?

FRITZ: Es ist im Zusammenhang mit deiner Frau hochgekommen, also vermute ich, daß es mit ihr zu tun hat.

BOB: Das Wort, das mir sofort in den Sinn kommt, ist »bedürftig«. Und ... ich ... Daß du mich derart brauchst, erdrückt mich. Ich ...

FRITZ: Es erdrückt dich. Also, wir haben eine Regel in der Gestalttherapie. Wir versuchen, das »es« durch »ich« oder »du« zu ersetzen, anstatt diese vage Projektionsleinwand hier zu benutzen.

BOB: *Du* erdrückst mich.

FRITZ: Ja. Sag das noch einmal.

BOB: Du erdrückst mich mit deiner Umarmung. Und alles ... und (Lange Pause.).

FRITZ: Hört sie zu?

BOB: Nein.

FRITZ: Kannst du es so sagen, daß du das, was du sagst, rüberkriegst?

BOB: Was ich gern tun würde, ist wütend werden, das ist es nämlich, was ich wirklich dabei fühle.

FRITZ: Sag das zu ihr.

BOB: Ich wäre gern stocksauer auf dich, ich kann's aber nicht, weil du dann ... heulst. (Er lacht.) Du gestattest mir nicht ...

FRITZ: Was würde sie jetzt dazu sagen?

BOB: Weißt du, ich könnte das besser machen, wenn es um meine Mutter ginge.

FRITZ: In Ordnung, wenn du zu deiner Mutter überwechseln willst. Schau, ich gebe dir lediglich zurück, was hochkommt – Feedback –, und verstärke deine Erfahrungen. Ich versuche, dich sozusagen auf Kurs zu halten, bei deinen Erfahrungen zu bleiben.

BOB: Etwas an deinem Unglück erdrückt mich.

FRITZ: Du sprichst zu deiner Mutter?

BOB: Ja.

FRITZ: Was würde sie antworten?

BOB: Sie würde sagen, nun ja, ich weiß nicht, was du damit meinst. Und weißt du, ich würde dann wahrscheinlich aufgeben. Aber ...

FRITZ: Laß mich mal eine Möglichkeit ins Spiel bringen, und du findest heraus, ob es paßt. Dieses Weinen, könnte das eine vorgetäuschte Nummer, eine Rolle sein? Eine Erpressungs-Nummer zum Beispiel?

BOB: Ja, ich habe das Gefühl, als ob es so wäre.

FRITZ: Dann sag es ihr.

BOB: Dein ständiges Traurigsein, verdammt nochmal, erlaubt mir nicht, wütend auf dich zu werden. Weil ich . . .

FRITZ: Es? *Du* erlaubst mir nicht, wütend auf dich zu werden.

BOB: Du erlaubst mir nicht, wütend auf dich zu werden.

FRITZ: Erzähl ihr, wie sie dich bremst, wütend zu werden.

BOB: Du bremst mich, wütend zu werden, indem du ständig derart verletzt bist.

FRITZ: Derart verletzt?

BOB: Aussiehst, als wärst du verletzt.

FRITZ: Probier das durch: indem du die Verletzte mimst; indem du das beleidigte Kind oder die Königin aus der Tragödie spielst, indem du mit düsteren Blicken um dich wirfst, oder welche Rolle auch immer du bei ihr entdeckst.

BOB: (Pause.) Ich werde das ertragen. Das zu spielen, ist zu schwer für mich.

FRITZ: Kannst du ihr sagen, was sie tut? Was sie spielt? Kannst du für einen Augenblick der Psychiater sein statt das Kind?

BOB: Ja. (Er schlägt die Beine über, verschränkt die Arme und beugt sich nach vorne.)

FRITZ: Achte mal darauf: Genau in dem Augenblick, als ich das Wort Psychiater fallen ließ, wurdest du zum geschlossenen System. Du hast zugemacht. Vorher warst du offen. Jetzt paß auf, was passiert, wenn du dich wieder öffnest. Und sprich zu deiner Mutter als Psychiater. Achte darauf, ob du das auch in einer offenen Haltung tun kannst.

BOB: (Er öffnet die verschränkten Arme und Beine, spricht zum leeren Stuhl, zu seiner Mutter.) Dein Gesicht sieht aus, als würdest du dich fortwährend von der Welt abkapseln. Du siehst aus, als würde irgendwer dich ständig verletzen, und ich wüßte gerne, wie das auf die Leute wirkt, mit denen du zu tun hast. Mir scheint, die werden leicht das Gefühl bekommen, daß du so aussiehst . . .

FRITZ: Zeig's ihr. Zeige ihr, wie sie aussieht. (Er macht ein verkniffenes, trauriges Gesicht.) Was würde sie sagen, wenn du ihr das zeigen würdest?

BOB: Sie würde bloß noch mehr so aussehen.

FRITZ: Also sag ihr das.

BOB: Ich kann nicht gewinnen! Jesus Christus, weil dich alles, was ich dir sage, nur noch mehr verletzt. Zum Schluß bist du dann nur noch ein Trauerkloß.

FRITZ: Hmm, soso. Sag das noch einmal. Du bist nur ein Trauerkloß.

BOB: Nein, das paßt nicht. Du bist wirklich eine ... (Er stößt den leeren Stuhl aus Metall mit großer Wucht quer durch den Raum.) Ähh! ...

FRITZ: Was hast du mit deiner armen Mutter gemacht? (Allgemeines Lachen.)

(Bob schlägt mit Wucht in die Luft, stößt Luft aus.)

FRITZ: Willst du mit diesem Explodieren weitermachen?

BOB: Ja. (Er steht auf.)

FRITZ: Gut. (Er steht auf und zeigt auf den großen, gepolsterten Sessel, in dem er gesessen hat.) Das ist deine Mutter. Gib ihr Prügel.

BOB: Es ist schwer in einer falschen Szenerie wie hier.

FRITZ: Nun ja, das hier ist eine Übergangsphase von einer möglichen Implosion zu einer Explosion.

BOB: (Er schaut auf den Sessel, steht davor, zögernd.) Je länger ich warte, weißt du ...

FRITZ: Sag ihr das.

BOB: Je länger ich warte, desto schwerer ist es. (Er geht mit Schwung auf den Sessel zu, schlägt auf ihn ein, und dann prügelt und schlägt er mit viel Kraft drauf los. Er tritt und trommelt mit soviel Wucht auf ihm herum, daß er ihn hin- und herstößt. Pause. Er hält sich eine Hand, betastet sie und atmet dabei aus.) Ich denke, ich habe mir die Hand gebrochen.

FRITZ: Glaubst du?

(Bob schaut Fritz an, seufzt und schüttelt den Kopf.) Sag das zu ihr: »Du hättest mir fast die Hand gebrochen.«

BOB: (Er nimmt wieder auf dem heißen Stuhl Platz.) Ich will's wirklich nicht.

FRITZ: Sag das.

BOB: (Er lehnt sich im Stuhl zurück und seufzt leise.) Ich will dir noch nicht einmal sagen, daß ich mir die verdammte Hand an dir gebrochen habe. (Er lacht, schließt die Augen.)

FRITZ: Kannst du zu ihr sagen: »Schau, was du mir angetan hast?«
BOB: Schau, was du mir angetan hast. (Pause.) Schau, was du mir angetan hast.
FRITZ: Ich würde jetzt gerne auf das Anklammern zurückkommen. Klammerst du dich an sie, oder klammert sie sich an dich?
BOB: (Lacht.) Ich denke, das beruht auf Gegenseitigkeit.

Marykays Fall *

(Marykay ist eine junge Frau um die Zwanzig, blond und attraktiv. Sie sitzt auf dem Stuhl neben Dr. Perls, auf dem heißen Stuhl. Ihr gegenüber steht ein leerer Stuhl.)

FRITZ: Marykays Fall zeigt ein paar Paradoxien. Ich könnte dies einen Fall nennen, in dem jemand den falschen Baum anbellt. Was auffällt, ist, daß sie offensichtlich ihre Mutter haßt und bekämpft und große Schwierigkeiten mit ihr hat. An der Oberfläche scheint sie ein offener, freundlicher Mensch zu sein. Wenn es aber darum geht, Zuneigung und Nähe auszudrücken, ist sie dazu nicht in der Lage. Wie dieses Paradox aufgelöst wird, ist Thema des Films, der in den nächsten Minuten zu sehen sein wird.
FRITZ: So, nun setz die Mama auf diesen Stuhl hier: »Mama, ich bin sauer auf dich.«
MARYKAY: »O Mama, ich bin wirklich sauer auf dich.« (Sie lächelt.)
FRITZ: Also, achtest du auf dein Gesicht? Hast du bemerkt, daß du gelächelt hast?
MARYKAY: Ich hab's nicht gemerkt, aber ich ... ich denke, es stimmt.
FRITZ: Ja. Also, die Äußerung von Abneigung und das Lächeln passen nicht zusammen. (Sie lächelt wieder.) Du machst wieder so ein Gesicht. Merkst du's? Spürst du dein Gesicht?
MARYKAY: Ja, ja, ja. (Pause. Sie wird ernst.) Mutter, ich bin einfach sauer auf dich. Warum kannst du mich nicht einfach in Ruhe lassen?
FRITZ: Sag das noch einmal.

* Media-Psych. Corporation

MARYKAY: Warum kannst du mich nicht einfach in Ruhe lassen? Verstehst du, warum kannst du mich nicht einfach ich sein lassen?

FRITZ: Mach dein Anliegen deutlicher. Sprich im Imperativ.

MARYKAY: Mutter, laß mich einfach ich sein. Verstehst du. Warum begreifst du nicht, daß ich einfach ich bin, und du bist du, und ich bin ich. Und warum gibst du mir das Gefühl, als wärst du ...

FRITZ: Nja, nja, nja, nja. (Sie lacht kurz auf.) Warum, warum, warum ...

MARYKAY: Stimmt, okay. In Ordnung. In Ordnung.

FRITZ: Mach das mit deiner Mutter.

MARYKAY: In Ordnung, okay. Laß mich doch ich sein, Mutter. (Sie schlägt mit der Hand auf.)

FRITZ: Mach das noch einmal. Mach das mit deiner Mutter.

MARYKAY: Ach, ich kann sie doch nicht schlagen.

FRITZ: Du kannst deine Mutter nicht schlagen? Erzähl ihr das.

MARYKAY: Nun ja, ich kann dich nicht schlagen, Mutter. Ich kann dich nicht schlagen, aber ... weißt du, manchmal würde ich dir wirklich gerne eine runterhauen.

FRITZ: Sag das noch einmal. Sag das nochmal. »Manchmal würde ich dir gerne eine runterhauen.«

MARYKAY: Manchmal ...

(Zu Fritz.) Ich weiß nicht, ob ich sie jemals hätte schlagen wollen. Ich weiß bloß, ich will einfach, daß sie mich in Ruhe läßt. Weißt du, damit sie begreift und mir nicht das Gefühl gibt, immer wäre etwas verkehrt an mir. Ich *will* kein »Du-sollst« – Mensch sein. Verstehst du. Warum sind meine Gefühle denn verkehrt?

FRITZ: Kannst du deine Stimme hören? – Nja, nja, nja, nja, nja.

MARYKAY: Nein, aber jetzt, wo du es gesagt hast, kann ich's.

FRITZ: Jetzt spiel deine Mutter.

MARYKAY: (Sie wechselt, setzt sich auf den anderen Stuhl, spielt ihre Mutter.)

Marykay, ich verstehe dich einfach nicht. Du weißt doch, daß ich dich liebe. Ich liebe dich so sehr, Marykay. Aber wir sind nicht gleich, und ich werde dich einfach nie verstehen. (Mit weinerlicher Stimme.) Ich werde dich nicht verstehen. (Sie tauscht wieder die Plätze. Als Marykay:) Ich weiß, daß wir nicht gleich sind, Mutter, und genau darum geht es. Wieso kannst du nicht du sein und ich ich: Auf die Weise sind wir nicht gleich. Ich will nicht wie du sein. Ich will nicht wie du sein, du bist all das, was ich nicht will. (Sie schimpft:) Also, warum gibst du mir das Gefühl, ich müßte wie du sein? – Weil ich nicht sein will wie du.

FRITZ: Hörst du deine Stimme? Daß du jetzt mehr Mumm kriegst? Das war jetzt weniger Gejammer. Mach weiter. Mach weiter.

MARYKAY: (Als Mutter.) Ich lasse dich doch du sein. Ich will, daß du du bist. Genau das möchte ich doch: das ist alles, was ich für meine Kinder will, daß sie sie selbst sind. Ich möchte, daß du ... Weißt du, ich habe dich einfach lieb, aber wir verstehen uns nicht. Du hast alle diese verrückten Freunde. (Sie weint ein wenig.) Du hast diese schlechte Laune. Du hast diese schlechte Laune – ich verstehe dich einfach nicht. Ich war so eine schreckliche Mutter. Ich habe bei allen Kindern versagt.

FRITZ: Mea culpa. Mea culpa.

MARYKAY: Das ist sie, das bin nicht ich. Ja. Bestimmt.

FRITZ: Ja. Erzähl ihr davon. (Er lacht.)

MARYKAY: Okay, weißt du, das hängt also an dir. Ich muß dich nicht lieb haben, bloß weil du meine Mutter bist.

FRITZ: Sag das noch einmal.

MARYKAY: Verstehst du, du kriegst Liebe. Bloß wird sie dir nicht deshalb gegeben, weil du mich bekommen hast. Jede auf der Welt hätte mich bekommen können. Ich muß dich nicht lieben, weil du mich bekommen hast. Die Sache ist die ... ich muß dich lieben, weil sie dir zusteht, meine Liebe, und weil ... weil du mir das Gefühl gibst, daß ich ein Mensch bin und daß meine Gefühle auch in Ordnung sind.

FRITZ: Ich will dich für einen Moment unterbrechen. Mach die Augen zu und geh dem nach, was du jetzt spürst, körperlich. Irgend etwas scheint abzulaufen. (Marykay schließt die Augen.) Was spürst du?

MARYKAY: Ich spüre ... äh ... immer bloß ein ... Totsein. In der Art wie: »Wozu das alles?« Und dahinter ist noch ... ist dieser Groll.

FRITZ: Kannst du jetzt dasselbe zu deiner Mutter sagen?

MARYKAY: Du gibst mir das Gefühl, tot zu sein. Du gibst mir das Gefühl, ich wäre rein gar nichts. Und ich weiß, daß du es nicht so meinst. Ich weiß, es liegt daran, daß du Angst hast, und ich weiß, wenn ... Und ich weiß, daß du mich liebst. Und ich weiß, daß du Angst hast. Aber warum mußte ich das Opfer deiner Angst sein? Warum mußte es dahin kommen, daß ich das Opfer deiner riesigen Bedürfnisse bin?

FRITZ: Tausch wieder die Plätze. (Sie tut es.) Du merkst jetzt, die Auseinandersetzung beginnt sich ein wenig in Richtung gegenseitiges Verstehen zu verändern.

MARYKAY: (Als Mutter.) Ich wollte nie, daß es dahin kommt. Alles ... Ich wollte auf keinen Fall, daß es dahin kommt. Ich schätze, ich konnte meine eigenen Bedürfnisse bloß nicht eingestehen. Ich wollte ... Ich bin stolz auf dich, ich bin wirklich stolz auf dich, Marykay.

FRITZ: Sag das noch einmal.

MARYKAY: Ich bin wirklich stolz auf dich, verstehst du. An meinem Arbeitsplatz zeige ich allen dein Foto. (Sie weint.) Und ich ... (Als Marykay, zu Fritz:) ... Mir tut sie leid.

FRITZ: Kannst du dir vorstellen, daß du zu ihr hingehst und sie in den Arm nimmst?

MARYKAY: Nein! (Sehr heftig.) Nein, kann ich nicht! Ich kann's nicht. Ich kann mir nicht vorstellen ... ich kann mir nicht vorstellen, ... irgendwen zu umarmen. Ach, ich konnte nicht einmal Papa umarmen, als ich gegangen bin. (Sie weint bittere Tränen.) Du kannst einfach keine ... Du kannst einfach keine Gefühle zeigen. Die sind nicht in Ordnung.

FRITZ: Jetzt zeigst du Gefühle. (Sie schluchzt heftig.) Komm her, Marykay. (Sie wendet sich Fritz zu.)

MARYKAY: (Sie bricht ab.) Ach, bitte ... Ach, bitte. (Sie ergreift seine Arme, schaut ihn an, schluchzt.) Ach, ach ich liebe dich. (Sie schaut Fritz an und weint in seinen Armen.)

FRITZ: Geht es dir besser?

MARYKAY: Ich muß aufhören. Ich muß aufhören. Ich muß aufhören, weil man immer aufhören und auf sich achtgeben muß. (Etwas ruhiger.) Ja, man muß wirklich gut auf sich achtgeben, und darin bin ich gut.

FRITZ: Weißt du, mir fehlt etwas. Das Handwerkszeug des Therapeuten besteht aus fachlichem Können und Taschentüchern. Wo sind sie? (Beide lächeln. Jemand gibt Fritz ein Papiertaschentuch, das er an Marykay weitergibt).

Konzepte der Humanwissenschaften

Die 100 Bücher für die Sozial- und Erziehungsberufe

Standardwerke der Psychologie

Albert Bandura
Sozial-kognitive Lerntheorie

D. E. Berlyne
Konflikt, Erregung, Neugier
Zur Psychologie der kognitiven Motivation.

Urie Bronfenbrenner
Ökologische Sozialisationsforschung

George A. Miller, Eugene Galanter, Karl H. Pribram
Strategien des Handelns
Pläne und Strukturen des Verhaltens.

Ulric Neisser
Kognitive Psychologie

Kurt Pawlik (Hrsg.)
Diagnose der Diagnostik
Beiträge zur Diskussion der psychologischen Diagnostik in der Verhaltensmodifikation.

Jean Piaget
Biologische Anpassung und Psychologie der Intelligenz

Walter J. Schraml
Einführung in die moderne Entwicklungspsychologie
Für Pädagogen und Sozialpädagogen.

Entwicklungspsychologie/ Kinderanalyse/Kinder- und Jugendlichen-psychotherapie

Helen I. Bachmann
Malen als Lebensspur
Die Entwicklung kreativer bildlicher Darstellung.

Bruno Bettelheim
Liebe allein genügt nicht

Bruno Bettelheim
So können sie nicht leben

Peter Blos
Adoleszenz
Eine psychoanalytische Interpretation.

John Bowlby
Das Glück und die Trauer
Herstellung und Lösung affektiver Bindungen.

Madeleine Davis, David Wallbridge
Eine Einführung in das Werk von D.W. Winnicott

Françoise Dolto
Praxis der Kinderanalyse

Mia Kellmer Pringle
Was Kinder brauchen

Evelyne Kestemberg, u. a.
Schauplatz Familie
Psychoanalytiker beobachten frühe Mutter-Kind-Beziehungen im Alltag.

Rosine und Robert Lefort
Die Geburt des Anderen
Bericht einer Kinderanalyse aus der Lacan-Schule.

Ashley Montagu
Körperkontakt
Die Bedeutung der Haut für die Entwicklung des Menschen.

Violet Oaklander
Gestalttherapie mit Kindern und Jugendlichen

René A. Spitz
Vom Dialog
Studien über den Ursprung der menschlichen Kommunikation.

D.W. Winnicott
Piggle
Eine Kinderanalyse.

D.W. Winnicott
Vom Spiel zur Kreativität

D.W. Winnicott
Aggression
Versagen der Umwelt und antisoziale Tendenz.

Elizabeth R. Zetzel
Die Fähigkeit zu emotionalem Wachstum

Michel Zlotowicz
Warum haben Kinder Angst?

Psychoanalyse

Michael Balint, Enid Balint
Psychotherapeutische Techniken in der Medizin

Gertrude und Rubin Blanck
Angewandte Ich-Psychologie

Gertrude und Rubin Blanck
Ich-Psychologie II

Rubin und Gertrude Blanck
Ehe und seelische Entwicklung

Luc Ciompi
Affektlogik
Über die Struktur der Psyche und ihre Entwicklung. Ein Beitrag zur Schizophrenieforschung.

Peter Fürstenau
Zur Theorie psychoanalytischer Praxis

Heinz Hartmann
Psychoanalyse und moralische Werte

James Masterson
Psychotherapie bei Borderline-Patienten

Michael Lukas Moeller
Anders helfen
Selbsthilfegruppen und Fachleute arbeiten zusammen.

Wolf-Detlef Rost
Psychoanalyse des Alkoholismus
Theorie, Diagnostik, Behandlung.

Joseph Sandler, Christopher Dare, Alex Holder
Die Grundbegriffe der psychoanalytischen Therapie

Elaine V. Siegel
Tanztherapie
Ein psychoanalytisches Konzept.

Paul L. Wachtel
Psychoanalyse und Verhaltenstherapie
Ein Plädoyer für ihre Integration.

D.W. Winnicott
Bruchstück einer Psychoanalyse

Neue Therapien/ Humanistische Psychologie/ Transpersonale Psychologie

Anthony Barton
Freud, Jung, Rogers. Drei Systeme der Psychotherapie

Ruth C. Cohn
Von der Psychoanalyse zur themenzentrierten Interaktion
Von der Behandlung einzelner zu einer Pädagogik für alle.

Rudolf Dreikurs
Grundbegriffe der Individualpsychologie

Gerald Epstein
Wachtraumtherapie

Meine Stimme begleitet Sie überallhin
Ein Lehrseminar mit Milton H. Erickson, hrsg. von Jeffrey K. Zeig.

Mary McClure Goulding und Robert L. Goulding
Neuentscheidung
Ein Modell der Psychotherapie.

John Grinder, Richard Bandler
Therapie in Trance
Hypnose: Kommunikation mit dem Unbewußten. Neurolinguistische Programme.

Stanislav Grof
Topographie des Unbewußten
LSD im Dienst der tiefenpsychologischen Forschung.

Stanislav Grof, Joan Halifax
Die Begegnung mit dem Tod

Stanislav Grof
LSD-Psychotherapie

Diana Sullivan Everstine,
Louis Everstine
Krisentherapie

Hildegard Katschnig/
Esther Wanschura
Familientherapie in den Ferien

Frederick S. Perls
Gestalt-Therapie in Aktion

Frederick S. Perls
Das Ich, der Hunger und die Aggression
Die Anfänge der Gestalt-Therapie.

Frederick S. Perls,
Ralph F. Hefferline, Paul Goodman
Gestalt-Therapie. Lebensfreude und Persönlichkeitsentfaltung

Frederick S. Perls,
Ralph F. Hefferline, Paul Goodman
Gestalt-Therapie. Wiederbelebung des Selbst

Diane und Albert Pesso
Dramaturgie des Unbewußten
Eine Einführung in die psychomotorische Therapie.

Mary Priestley
Analytische Musiktherapie
Vorlesungen am Gemeinschaftskrankenhaus Herdecke.

Carl R. Rogers
Entwicklung der Persönlichkeit
Psychotherapie aus der Sicht eines Therapeuten.

Carl R. Rogers, Rachel L. Rosenberg
Die Person als Mittelpunkt der Wirklichkeit

Carl R. Rogers
Der neue Mensch

Ruth Ronall, Bud Feder
Gestaltgruppen

Anne Schützenberger
Einführung in das Rollenspiel
Anwendungen in Sozialarbeit, Wirtschaft, Erziehung und Psychotherapie.

Charles T. Tart
Das Übersinnliche
Forschungen über einen Grenzbereich psychischen Erlebens.

Lewis Yablonsky
Psychodrama

Lewis Yablonsky
Synanon
Selbsthilfe der Süchtigen und Kriminellen.

Texte zur Familiendynamik

Maurizio Andolfi, u. a.
Das Spiel in der Maske
Therapeutischer Wandel in rigiden Familiensystemen.

Ivan Boszormenyi-Nagy,
Geraldine M. Spark
Unsichtbare Bindungen

Josef Duss-von Werdt,
Rosemarie Welter-Enderlin (Hrsg.)
Der Familienmensch
Systemisches Denken und Handeln.

Theodore Lidz, Stephen Fleck
Die Familienumwelt der Schizophrenen

Salvador Minuchin, u. a.
Psychosomatische Krankheiten in der Familie

M. Selvini Palazzoli, u. a.
Paradoxon und Gegenparadoxon
Ein neues Therapiemodell für die Familie mit schizophrener Störung.

Mara Selvini Palazzoli
Magersucht

Helm Stierlin
Von der Psychoanalyse zur Familientherapie

Helm Stierlin, u. a.
Das erste Familiengespräch

Michael Wirsching, Helm Stierlin
Krankheit und Familie

Sozialarbeit

Martin Bonhoeffer,
Peter Widemann (Hrsg.)
Kinder in Ersatzfamilien

Arthur W. Combs, u. a.
Die helfenden Berufe

Helga Kaminski, Walter Kast,
Anne Dore Spellenberg
Das Leben Geistigbehinderter im Heim

Helmut Ortner, Reinhard Wetter
Sozialarbeit ohne Mauern
Anstöße zu einer „befreienden“ Gefangenenarbeit.

Isca Salzberger-Wittenberg
Die Psychoanalyse in der Sozialarbeit

Harald Hottelet, u. a.
Offensive Jugendhilfe

Angewandte Sozialwissenschaften

Mihaly Csikszentmihalyi
Das flow-Erlebnis
Jenseits von Angst und Langeweile: im Tun aufgehen.

Adolf M. Däumling, u. a.
Angewandte Gruppendynamik

Gerhard Kaminski (Hrsg.)
Umweltpsychologie

Lisl Klein
Sozialwissenschaftliche Beratung in der Wirtschaft
Eine Einzelfallstudie.

Lothar Krappmann
Soziologische Dimensionen der Identität

Joseph Luft
Einführung in die Gruppendynamik

Max Pagès
Das affektive Leben der Gruppen
Eine Theorie der menschlichen Beziehungen.

Albert E. Scheflen
Körpersprache und soziale Ordnung

Hugo Schmale
Psychologie der Arbeit

Mara Selvini Palazzoli u. a.
Hinter den Kulissen der Organisation

Mara Selvini Palazzoli u. a.
Der entzauberte Magier
Zur paradoxen Situation des Schulpsychologen.

Burkhard Sievers (Hrsg.)
Organisationsentwicklung als Problem

Manès Sperber
Individuum und Gemeinschaft
Versuch einer sozialen Charakterologie.

Rolf Verres, Ingrid Sobez
Ärger, Aggression und soziale Kompetenz
Zur konstruktiven Veränderung destruktiven Verhaltens.

Gunnar Westerlund, Sven-Erik Sjöstrand
Organisationsmythen

Pädagogik/Sonderpädagogik/Pädagogische Modelle

Christoph Ertle, Andreas Möckel (Hrsg.)
Fälle und Unfälle der Erziehung

Kurt Guss
Psychologie als Erziehungswissenschaft
Eine theorienkritische Untersuchung des Themas Lohn und Strafe.

Gerhild Heuer
Selbstmord bei Kindern und Jugendlichen

Erhard Meueler
Erwachsene lernen

Reinhilt Plinke, Inga und Herbert Sell
Erziehung in der Pflegefamilie

Paul Scheid, Herbert Weidlich (Hrsg.)
Beiträge zur Montessori-Pädagogik 1977

Peter Schneider
Einführung in die Waldorfpädagogik

Myrna B. Shure, George Spivack
Probleme lösen im Gespräch
Erziehung als Hilfe zur Selbsthilfe.

Willem ter Horst
Einführung in die Orthopädagogik

Reinhard Voß
Anpassung auf Rezept
Die fortschreitende Medizinisierung auffälligen Verhaltens von Kindern und Jugendlichen.